高等教育工程管理专业“十三五”规划教材

工程项目管理理论与应用

侯学良　王　毅　著

科学出版社
北　京

内 容 简 介

本书以工程项目管理理论为基础，以工程项目各阶段所管内容为主线，分别以工程项目的前评估、管理模式的构建、多方案评选、管理指标赋权、数据处理、信息管理系统的设计与开发、后评价为专题，就如何利用工程项目管理理论知识来有效解决工程实际问题进行详细的解析。在这七个专题中，每个专题都包含理论论述和应用案例两大部分。其中，理论论述主要讲解与此专题有关的工程项目管理理论；应用案例则是对所述理论使用方法的具体说明与指导。通过系统学习本册所述知识，读者能够更加深入地了解和掌握工程项目管理的专业知识及其应用方式。

本书以理论应用为主要论述内容，使用对象主要是工程管理专业的硕士研究生。但基于这些管理技术与方法的实用性和普适性，本书也可作为政府工程建设主管部门、工程科研院所、工程建设等单位工程项目管理者和决策者的参阅书目及培训教材，还可作为工程项目管理在职硕士学位教育的专业教材。

图书在版编目（CIP）数据

工程项目管理理论与应用/侯学良，王毅著. —北京：科学出版社，2017.9
高等教育工程管理专业“十三五”规划教材
ISBN 978-7-03-053195-7

Ⅰ. ①工… Ⅱ. ①侯… ②王… Ⅲ. ①工程项目管理-高等学校-教材 Ⅳ. ①F284

中国版本图书馆 CIP 数据核字（2017）第 128231 号

责任编辑：方小丽 / 责任校对：郑金红
责任印制：吴兆东 / 封面设计：蓝正设计

科学出版社出版
北京东黄城根北街 16 号
邮政编码：100717
http://www.sciencep.com

北京中科印刷有限公司 印刷
科学出版社发行 各地新华书店经销

*

2017 年 9 月第 一 版 开本：787×1092 1/16
2019 年11月第 三 次印刷 印张：12 1/4
字数：290 000

定价：45.00 元

序

在高等教育的人才培养体系中，对不同专业、不同层次的人才培养提出了不同的培养目标和教学要求，这就需要在各类不同层次人才的培养中施以不同的教学方式和教学内容。特别是在同一学科、同一专业的人才教育与培养中，由于在专业知识的学习上需要从初级到高级、从理论到实践、从认识到升华、从感悟到创新的渐进性累积过程，就更需要通过科学的教育方式和适宜的教学材料给予学生更好的教育与引导，而该套丛书正是将这一思想转化为现实的最新教学科研成果。

该套丛书是为高等院校培养工程管理专业的本科生、硕士生和博士生而编写的工程项目管理专业系列教材。该套丛书共分三册，第一册为《工程项目管理理论》，主要供本科生使用；第二册为《工程项目管理理论与应用》，主要供硕士生使用；第三册为《工程项目管理理论与创新》，主要供博士生和博士后参阅。

该系列教材以我国项目管理知识体系为框架，以工程项目管理为主题，以作者多年的教学和科研成果为基础，以大量的工程实际项目为案例，对工程项目管理知识进行了系统、全面、深入的科学阐述。与其他同类书籍相比，该系列教材具有三大显著特点：一是具有系统性，是我国工程项目管理领域第一套本硕博工程项目管理专业课程的成套系列书籍；二是具有层次性，是为我国培养工程管理专业本硕博不同层次人才而编写的同一学科不同层级的专业书籍；三是具有科学性，所述内容不仅全面系统、逻辑清晰，而且深入浅出、推陈出新，在保留工程项目管理核心知识和经典理论的基础上，融入了现代工程项目管理的新思想、新观点、新理念、新技术和新方法，为该专业学生系统学习专业基础理论知识、了解理论应用的主要法则、掌握科学研究的基本思路、感悟科学研究的哲理之道，以及实现多学科知识的综合集成与创新提供了一套全新的专业书籍。因此，该系列教材的出版不仅是管理科学与工程教育领域的一项新成果，而且是工程项目管理科研领域的一项新成就，具有很高的理论价值和实用价值。

在该系列教材中，管理与创新为主旨内容，也是当今工程项目管理领域的时代主题。特别是在当前经济环境下，为激发我国经济发展潜力、增强我国经济发展动力、提升我国经济发展实力，如何在管理中促改革、在改革中求发展、在发展中寻创新、在创新中出效益已成为当今时代的主旋律和社会的最强音。而要达到这一目的、实现这一目标，不仅需要管理创新、制度创新和科技创新，更需要思想创新和知识创新。因此，在科技和教育这一前沿领域，如何教育和引导学生不断学习并汲取新的知识、形成新的思想、提出新的观念、取得新的进步，并在进步中提升、在提升中创新，破除阻碍创新的禁锢，越过约束创新的藩篱，就成为当今人才培养中需要高度重视且必须解决的一项重要问题。而该系列教材正是在此方面进行的新探索、开展的新尝试、开辟的新路径。因此，在高等教育和人才培养方面，该系列教材的出版将具有非常重要的指导意义和引领价值。

鉴于该系列教材所述内容在工程项目管理方面所具有的前沿性、创新性和引导性以及在工程实践中所具有的实效性，值作者结笔之际，有感于作者编辑此书历时三年之久的辛勤耕耘和为我国高层次人才培养所做的重要贡献，特此作序，同甘协励。相信该套丛书的出版必将为我国工程项目管理人才的培养和工程项目管理水平的提高发挥积极有益的促进作用。

牛东晓：长江学者特聘教授、新世纪百千万人才工程国家级人选、国务院政府特殊津贴获得者、中国科学技术协会决策咨询专家、国家自然科学基金评议专家。华北电力大学教授，博士生导师。

前　言

专业人才的培养是一个从初级到高级、从基础到专业、从理论到实践的渐进过程，在这个过程中，不同专业、不同层次的学生所需学习、了解和掌握的专业知识各有不同。面对不同专业、不同层次的学生，如何通过相应的教育引导和相关的课程教材，使之了解和掌握相应的专业知识并拥有相应的专业技能，是高等教育和人才培养中需要认真思考并解决的一个重要问题。特别是对于同一专业不同层次的人才培养，如何使之完成从理论学习到实践应用、从实践应用再到知识创新的转化，并同时具备各层次人才所应具有的专业学识和专业技能则是当今专业人才教育和培养中最为关切、也最需解决的主要问题之一。而本套教材正是针对这一问题，以工程项目管理这一最具普适性、广泛性和代表性的专业为例，为满足高等院校本硕博同一专业不同层次的人才教育和培养而编写的一套专业系列教材。

为了便于高等院校教师对工程管理这一专业的本硕博学生进行不同的教育与培养，同时也为了便于该专业不同层次的学生能够系统逻辑条理地学习和掌握不同层次的专业知识，本套教材在编写中以工程项目管理为主题，以我国项目管理知识体系为框架，以作者多年的研究成果为基础，以大量的工程实践成果为案例，对工程项目管理专业知识进行了系统全面的阐述。本套教材共分三册，第一册以工程项目管理理论为核心，对工程项目所包含的各个管理对象及其基本概念、基本原理、性质特点、技术机理、使用方法等内容进行了详细的介绍；第二册以工程项目管理理论应用为主题，在工程项目管理理论论述的基础上，结合工程实际案例，就如何应用工程项目管理理论来解决工程实际问题进行了系统的阐述；第三册以工程项目管理理论创新为中心，分别以如何在科研中获得思想创新、模式创新、技术创新、方法创新、机制创新为研究范例，就其创新背景、创新构思、创新过程和创新启发进行了详细的解析。本书为第二册。这三个分册所阐述的内容相互衔接、逐层递进，理论部分是应用部分的基础，应用部分是理论部分的深化，创新部分是理论和应用部分的升华。虽然各册各有侧重，但不论是本科生，还是硕博研究生，都可分开阅读，也可完整阅读。特别是全部阅读完该套书籍后，无论在知识的深度上还是广度上，读者都将会对工程项目管理从理论到实践所涉及的相关知识有一个更新的认识、更深的感悟与更高的提升。

在编写过程中，作者参阅和借鉴了国内外较多的相关文献，这些资料与文献对确保丛书所述知识的科学性、系统性、完整性和正确性发挥了非常重要的作用。丛书中所涉及的创新成果与实际案例已先后得到了工程实践的多次验证，取得了良好效果，并获得了多项省部级科学技术进步奖。同时，丛书中所涉及的各个创新主题，还先后得到了国家自然科学基金项目、国家社会科学基金项目、国家教育部新世纪优秀人才项目、北京市自然科学基金项目及中央高校科研基金等项目的大力资助。更重要的是，鉴于丛书编写的意义和价值，在丛书的编写过程中，还得到了华北电力大学工程管理专业在校本硕博学生的大力支持，尤其是本研究团队的谢智慧、王毅、侯植元、唐辉等优秀硕博研究生，他们以极高的热情参与了本丛书的编写，并从学生如何更好地了解和掌握这一专业知识的角度以及他们学习的体会和切身的感受为本丛书提出了许多宝贵的建议。同时，在本丛书的写作过程中，我国著名项目管理专家、长江学者特聘教授、新世纪百千万人才工程国家级人选、国务院政府特殊津贴获得者牛东晓博士生导师也给予了极大的关怀，并在百忙之中为本丛书作序。在本丛书出版之际，华北电力大学教务处处长柳长安博导专门以华北电力大学教育教学与改革的高度，给予了专项支持；科学出版社的编辑同志也给予了极大的支持和帮助，使本丛书得以顺利出版。在此，对他们一并致以崇高的敬意和诚挚的感谢。

目前，在我国七百余所工科院校中，工程管理专业已成为一门普遍开设的专业，工程项目管理这一课程也成为该专业的必修课程。同时，再加上工程项目管理这一知识的普适性，其在工程项目的建设中已被广泛使用并成为工程项目管理必不可少的重要工具。可以确信，工程项目管理这一专业知识必将有更光明的前程、更美好的前景及更大的发展空间。因此，在出版之际，作者衷心期望丛书的出版不仅能为我国工程管理专业教育的发展和高层次人才的培养产生积极的促进作用，带来有益的学术影响，也期望为从事工程项目管理研究的有关科技人员、从事工程项目管理的政府主管部门人员及企事业单位的工程项目管理人员在解决工程实际问题方面带来有益的指导和启发。同时，鉴于作者有限的学识和研究水平，书中可能存在若干不足之处，为此，欢迎读者交流指正，为促进我国工程管理教育事业的发展和工程项目管理水平的提高而共同努力。

作　者

2017年1月

目　　录

第1章

工程项目的前评估理论与方法

——以工程项目社会风险评估为例

任何工程项目的建设都有其预期的目标，为了实现这一目标，都需要提出相应的设想、计划及工程建设方案。但要判断和确定这些设想是否正确、计划是否周全、方案是否可行，以及在工程项目的建设中可能会遇到哪些问题，就需要工程项目管理者和决策者应用有关技术与方法预先对工程项目建设计划、实施方案进行评估，以便通过科学的评估来发现工程项目在其今后建设中可能存在的问题与潜在风险，并据之制定出相应的对策，为工程项目的顺利实施并实现其预期目标提供有效的保障。因此，工程项目的评估理论与方法在工程项目的建设管理中就具有十分重要的作用。

1.1 理论论述

1.1.1 工程项目的前评估

在工程项目建设之前，为了分析和判定拟建项目是否符合当地区域的发展需求、是否具有良好的发展前景或投资价值、能否获得较高的经济效益并产生良好的社会效益，工程建设单位或业主都会对拟建项目展开全面的调查和研究，并从工程建设理念方面论证拟建项目是否具有先进性，在技术方面是否具有可靠性，以及在经济方面是否具有合理性、社会方面是否具有价值性、环境方面是否具有公益性和设计方案是否具有科学性。在此基础上，根据这些分析结果来估测项目的可行性，为工程项目是否建设做出最终的判定。在工程项目管理领域，由于这些工作都是在项目实施前开展的，都是对拟建项目的分析、估计与预测，属于评估的范畴，因此，一般将这些工作称为工程项目的前评估。

在工程项目中，工程项目的前评估分为广义和狭义两种类型，狭义的工程项目评估主要是对工程项目决策阶段拟建项目的可行性分析与评价，而广义的工程项目评估不仅包含了工程项目决策阶段所需评估的内容，还包含了对工程项目准备阶段的施工方案、风险识别和建设计划的评估，以及施工阶段拟采用的新技术、新工艺和新材料，工程完工后拟采用的管理新方法，工程今后运行的新模式等内容的评估。因此，工程项目前评估的范畴就包含了工程所有未实施前的建设计划、方案、措施、对策、设想等内容，其目的就是从技术、经济、社会、环境等多个角度就工程项目的建设能否达到该项目的预期目的、实现预期目标进行分析、预测与评判。

由此可以看出，工程项目前评估作为一种工程项目分析决策方法，由于在工程项目的评估中包含了技术、经济、社会、环境等较多对象，涉及了工程技术科学、经济管理科学和自然科学等较大的范围，因此，工程项目前评估就成为一门横跨多学科知识的综合性分析、评价和决策管理技术。

1.1.2 工程项目前评估的内容

工程项目的前评估是对工程项目管理对象未实施前就其能否达到预期目标所进行的分析和预测。当工程项目的类别不同时，需要评估的内容有很大的差异，但从宏观角度来看，工程项目前评估可分为技术类、经济类、环境类、风险类和综合类五大类内容。

（1）技术类评估内容。工程项目的技术类前评估主要是从技术角度对拟建项目所用的技术是否先进、工艺是否合理、选址是否适宜、布局是否科学、材料设备选用是否正确、工程建设所耗能源以及有关工程项目的技术指标是否合理等内容进行的分析与评估。评估的主要对象有工程项目的初步设计方案、工程建设规划、工程施工方案、工程建设选址方案、工程场址的地质状况和地震概率以及矿藏压覆情况、工程项目特殊试验方案、工程安全管控方法、系统调试方案及工程项目的技术创新等。

（2）经济类评估内容。工程项目的经济类前评估是从资源配置角度对拟建项目投资价值的衡量，是对工程项目建设后能否获得预期的经济效益、项目的清偿能力和营利能力、工程项目的建设成本、所需投入的各种费用及其所产生的经济效益进行的分析，也是从市场供求关系、项目投资环境、产品竞争力角度对工程项目的预测。评估的主要对象有工程项目的融资计划和融资方案、工程项目的投资计划和投资方案、工程概算、工程成本管控等涉及工程经济的计划与方案，并根据分析结果来判定工程项目投资的意义和价值。

（3）环境类评估内容。环境类前评估主要是从工程项目建设中和建设后的角度，就工程项目给周围环境所带来的影响及其效果进行的分析与评价，评价的内容主要是工程项目对自然气候、生态环境、地下水源、土壤植被、文物景观等方面的影响以及对社会环境、人文环境所造成的影响。

在社会环境评估方面，评估的内容主要是工程项目在促进区域发展、增加就业岗位、改善社会环境、增进民族团结、促进社会进步等方面所做的贡献。

（4）风险类评估内容。风险类前评估是对工程项目中可能存在的自然风险、政治风险、社会风险、政策风险、金融风险、人为干扰、社会活动、疾病传播、恐怖事件、工人罢工、动乱战争、民族宗教等因素进行风险分析和预测。通过对各种可能潜在风险的识别与评估，来预先发现工程项目中潜在的风险因素，为科学制定风险规避对策提供依据。

（5）综合类评估内容。工程项目的综合类评估是从工程项目整体角度对拟建项目进行的分析与预测，如对工程项目是否值得建设进行的可行性研究，对工程项目拟采取的管理方式进行的管理模式研究，对工程项目物资供应计划与方案、工程进度计划与管控措施、工程项目的全过程管理方案进行的分析与评价。

1.1.3　工程项目前评估的原则

工程项目的前评估是对工程项目技术经济效益等方案进行的前期分析和预测，尽管这一分析和预测过程是按照一定的规则和程序进行的，但由于在评估过程中需要大量的数据，涉及较多的因素，参引了较多的资料，使用了不同的方法，采用了不同的标准，就可能在工程项目的评估过程中给评估结果带来不同程度的影响，使评估结果融入不同评价者的思想和观点，进而给评估结果的正确性、可靠性和有效性带来若干干扰和影响。因此，为了确保工程项目前评估结果的正确性、可靠性和有效性，达到工程项目前评估的目的，在工程项目的前评估过程中应遵循有关原则，这些原则主要有以下几个方面。

（1）要遵循有关法律法规和相关政策制度。拟建工程项目能否建成、能否取得预期效益、能否实现其预期目标，都将与该项目是否符合国家产业发展政策、是否符合有关标准规定紧密相关。这主要是因为，只有符合国家有关政策和标准规定的工程建设项目，才能在国民经济的发展中发挥其应有的作用，体现其应有的价值。反之，如果拟建项目与国家相关产业政策、金融政策、税收政策、物价政策等国家法律法规和政策规章制度相矛盾，就可能会造成产业结构的不合理，影响生产资源的有效利用，失去工程项目建设的意义和价值。因此，在对工程项目的初步设计和技术方案等内容进行评估时，要认真审阅和核查方案所述内容是否符合国家有关方针和政策，确保拟建项目决策的正确性。

（2）要确保评估数据的真实性和可靠性。数据资料是工程项目前评估的基础，是工程项目前评估必不可少的重要组成部分。但行业数据的保密性，可能会给评估方案的编制者系统全面地了解和掌握有关信息带来一定的困难。为此，一些计划和方案的编制者就采用一些假设的数据来编制拟建项目的工程计划与方案。很显然，这些假设数据一旦与实际不符，或者所用数据资料缺乏真实性，工程项目的前评估结果就会失去其应有的价值。因此，在对工程项目进行前评估时，必须加强对信息资料和数据核查工作的重视，即使是一些假设的数据，也必须通过实验或其他手段进行必要的验证，确保评估数据的真实性和可靠性。

（3）要采用科学正确有效的评估方法。尽管目前已有很多工程项目的前评估方法，但不同的方法有其各自的特点和适用范围。因此，在使用前评估方法时，要了解和掌握所用评估方法的特点及其使用条件，使所用方法与评估对象保持一致性。特别是面对大量定性评估对象时，要尽可能采用定量分析方法，或是定性分析和定量分析相结合的方法，避免和减少定性分析中不确定性、模糊性和灰色性所带来的干扰和影响，提高评估结果的可靠性和客观性。

（4）要坚持公平公正的评估原则。在对拟建工程项目进行评估的过程中，评估者必须坚持公平公正的原则，不能在评估前预先确定评估结果来反推和修正有关数据和参数，更不能基于某些不当利益或站在偏袒某一方的角度去分析和评估所提出的计划与方案，要确保评估结果能够正确客观地反映拟建项目的实际情况。

1.1.4 工程项目前评估的依据

开展工程项目的前评估离不开相应的依据，没有依据，工程项目的评估与决策也就失去了分析和判定的准则。然而，根据工程项目前评估的内容可知，工程项目的前评估包含很多评估对象。当评估不同的对象时，就需要不同的评价标准或规则为评估依据，因此，工程项目的前评估包含较多的评估依据。但从总体来看，这些依据主要有工程建设的有关法律法规、工程项目建设属地或所属行业的有关规章制度、工程项目建设的有关政府批文、有关专业技术标准和规范、工程项目建设的原始文件等资料。

（1）工程建设的有关法律法规。这些法律法规主要包含国家有关部委颁布的建设项目经济评价方法与参数、工程建设标准评估制度、工程建设评估技术规程、国家重大项目投资管理办法、拟建项目评估管理方法、《中华人民共和国建筑法》、《中华人民共和国环境影响评价法》、《中华人民共和国招标投标法》、《建设工程质量管理条例》和工程建设项目评价技术导则等有关法律法规。

（2）工程项目建设属地或所属行业的有关规章制度。工程项目建设属地或所属行业的有关规章制度是指当地政府部门颁发的有关工程建设规章制度、基建项目管理规定、建设监督管理办法、行业工程项目评审管理办法、工程设计评选规程、工程项目技术经济评定规则、拟建项目投资管理办法等规章制度。

（3）工程项目建设的有关政府批文。此部分资料主要包含工程项目立项批文、项目开工许可证、项目规划许可证、工程建设许可证、工程项目用地批文等政府性批准文件以及银行贷款、项目集资等工程项目的核准和批复文件。

（4）有关专业技术标准和规范。这些专业技术规范主要有工程质量标准、工程设计标准、施工工艺流程、工程物资设备和材料标准、工程施工规范、工程验收规范等技术规则。

（5）工程项目建设的原始文件。工程项目建设的原始文件是指工程项目设计文件、施工方案、工程建设管理纲要、工程投资计划、工程项目融资计划、工程进度计划、工程费用计划、物资材料设备计划、工程项目招投标文件、工程项目有关合同等原始性文件。

1.1.5 工程项目前评估的方法

根据工程项目的前评估内容可知，工程项目的前评估对象有技术类、经济类、环境类和风险类等多种类型。不同类型的评估对象具有不同的特点，若要达到预期的评估目的，取得良好的评估效果，就需要有与评估对象相应的科学评估方法。然而，尽管目前已有很多评估方法，如对比分析法、德尔菲法、回归分析法、效用函数评估法、时间序列评估法、调查分析法等方法，但不同的方法有其不同的特点和适用范围。若要正确地使用这些方法并使之在项目评估中发挥应有的作用，就需要评估者预先了解和掌握这些评估方法。

1. 对比分析法

对比分析法是项目评估人员以已完同地区、同类型、同规模的同样工程为参照对象，根据已完同类工程的建设效果，来分析拟建项目未来状况的一种评估方法。采用该方法对拟建项目进行分析和评估时，其具体的步骤如下。

（1）明确评估项目以及评估项目中的具体评估对象，据此设计出相应的调查表。通过调查获取同类工程的相关真实数据，为项目评估提供分析参数。调查的样本量要满足项目评估的最低要求，确保评估参数的可靠性。

（2）对同类工程项目进行调查，按照统计学原理对调查结果进行统计分析，并获得评估项目中各具体评估对象相应的参数调查样本。

（3）对调查所得的所有参数 α_i 样本进行概率分析，并以分布概率 p_i 为权重，推算出各参数 α_i 的有效值 ρ_i。其计算公式为

$$\rho_i = p_i \times \sum_{j=1}^{n} \alpha_i \bigg/ n$$

其中，i 为参数的编号；n 为调查的样本数量。

（4）评估专家对拟建项目的评估对象进行评估，并给出相应的评估值 β_i。

（5）以各评估对象的参数值为对比样本，分析评估值与参数值之间的差异度 ε_i。差异度越大，拟建项目与参照对象的差异越大；差异度越小，拟建项目与参照对象的差异越小。据此，即可判定拟建项目的未来效益和发展趋势。差异度的计算方法为 $\varepsilon_i = \left|\rho_i - \beta_i\right|$。

从上述步骤可以看出，该评估方法评估思路简单清晰，易于使用，因此，在工程项目的评估中得到了较为广泛的使用。但采用该评估方法时，需要注意的是，评估中的评估对照参数必须是可靠的，且能有效反映工程项目的实际情况。若要达到这一要求，就必须确保调查结果的真实性和有效性。因此，开展全面系统的调查与分析并获得相应的有效对比参数就成为使用该方法的基本前提和主要条件。

2. 德尔菲法

德尔菲法是用若干专业人员的专业知识对工程建设方案进行评估的方法，该方法的基本原理是将评估项目提交给若干专业评估人员后，由评估人员提出各自的评估意见，通过对各位专家所有评估意见的综合、整理、汇总、反馈的多次反复循环，得出最后的一致性评估结果。与其他评估方法相比，这种方法的特点是，评估过程中可以获得各种有价值的观点和意见，在历史资料不足或不可测因素较多时能够发挥评估专家的主观能动性。但是当选择的专家较少或专家的经验不足时，可能会降低评估结果的可靠性。使用德尔菲法时，具体的评估步骤如下。

（1）明确评估内容，按照评估项目所需要的专业知识选择相应的评估专家，并组成评估小组。所选择的专家应具有与评估项目直接相关的专业知识、工作经验和预测分析能力，在评估项目专业领域具有较高的理论水平和一定的声望。评估人员一般为十几人到几十人，具体人数应视评估项目的复杂程度来确定。

（2）将评估项目的有关资料发给每位专家，让评估小组人员充分了解评估项目的所有情况。同时请专家提出还需要什么评估参阅资料，尽量满足专家的此类要求。

（3）专家根据评估预定的标准，对项目进行评估并给出评估结果。

（4）将所有小组成员的第一次评估结果进行汇总，再次分发给所有小组成员。让所有小组成员参照第一次评估结果修改自己的意见和判断，并再次给出项目评估结果。

（5）将所有小组成员的第二次分析结果进行汇总，再次分发给所有小组成员。让所有小组成员参照第二次评估结果修改自己的意见和判断，并再次给出项目评估结果。

（6）重复进行这一过程，直到每一位小组成员不再改变自己的意见为止，并使评估意见逐渐趋向一致，获得最终的评估结果。

德尔菲法的评估过程如图 1.1 所示。

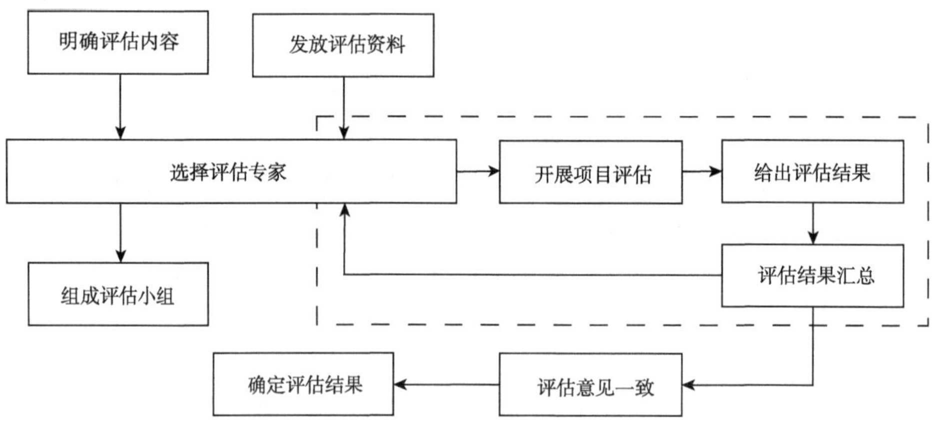

图 1.1 德尔菲法的评估过程

3. 回归分析法

回归分析法是通过对与评估对象有关现象变动趋势的分析，来发现事物内在发展规律，进而对事物未来状态进行评估的一种预测分析方法。一般来讲，在事物的变化中，由于会有多种因素对事物的未来状态产生不同程度的影响，因而，这些因素与事物的未来便具有了一种内在关系。如果将这些因素当做事物变化中的自变量，事物的未来结果当做因变量，那么，自变量与因变量就可以建立起相应的逻辑关系。若用相应的数学符号来表示这种关系，就可建立起相应的数学方程，这个方程就被称为描述变量之间关系的回归方程。如果能够获得这个回归方程，即可在明确自变量的基础上，预测出事物的未来结果，这就是利用回归分析法开展项目评估的基本原理。由此可知，利用回归分析法开展项目评估时，最主要的是要有正确有效的回归方程。

在分析和建立评估对象的回归方程时，由于表示自变量的因素与表示未来结果的因变量之间的关系既可能非常复杂也可能较为简单，那么，描述因素与未来结果的回归方程就可能是非线性关系，也可能是线性关系。很显然，线性关系相对较为简单，回归方程也容易构建，而非线性关系相对较为复杂，非线性回归方程的构建也就比线性回归方程的构建更为困难。而在工程项目中，非线性关系却是工程项目多种因素间最为普遍的关系，因此，如何构建非线性回归方程就成为使用回归分析法开展项目评估的重点工作。

根据非线性回归分析理论可知，若要建立非线性回归方程，最主要的问题就是要确立变量之间关系的类型和形式。非线性回归方程的形式可分为两类：一类是可线性化的非线性回归方程；另一类是不可线性化的非线性回归方程。

对于可线性化的非线性回归方程而言，此类回归方程的初始形式主要是非线性的回归模型，但经过若干变换后，可将该模型转化为线性回归方程。从大量的实践结果可以获知，此类回归模型的主要形式有多项式模型、指数曲线模型、双曲线模型、对数曲线模型和三角函数模型。对于这些模型，按照数学分析方法，即可实现线性转化，获得相应的线性回归方程。

对于不可线性化的非线性回归方程而言，其初始模型主要有龚珀兹曲线模型和皮尔模型。若要将这两种模型转化为项目评估的可用模型，就需要在预先设定有关参数的基础上，用最小二乘法求取出模型中的变量系数，然后再反代回原式，来构建回归方程。然而，一旦假设的参数有误，那么，所建立的回归方程也就不再具有什么价值。因此，需要项目评估者通过调研或文献查阅等方式，预先获得大量的、可靠的、有价值的预估参数。但需要注意的是，一旦确定了相应的参数，也就随即限定了回归方程的适用范围，建立的回归方程也仅限于同类工程项目的分析、预测和评估。一旦超出回归方程的适用范围，由原来参数所建立的变量关系就不能有效反映评估对象的本质，此时，得出的评估结果也将与将来的实际情况存在显著偏差。因此，只有确保所用的资料或调研结果是可靠的、具有针对性的，才能保证回归方程的有效性，进而保证项目评估结果的可靠性和有效性。然而，鉴于回归分析法构建回归方程的复杂性，在工程项目的评估中，较少使用回归分析法。

4. 效用函数评估法

效用函数评估法是一种利用效用函数来综合分析和评估项目总体状态的一种定量分析方法。使用该方法时，需要预先确定效用函数的计算模型，同时确定评估效用函数的指标以及各个指标的相对权重。在明确所有指标标准和评估结果的基础上，通过所有评估结果的排序，来选出具有最大效用的工程建设方案，以此给出拟建项目的最终评估结果。由于评估的主要参数是拟建项目的效用值，因此，该方法主要用于拟建项目的经济效益评估方面。使用该方法的具体步骤如下。

（1）明确评估项目及其评估内容。

（2）根据评估项目及其特点，构建相应的效用函数。效用函数分为两类：一类是序数效用函数；另一类是基数效用函数。在工程项目的评估中，多采用基数效用函数来求取拟建项目的效用值，并将其作为确定评价指标值的参考依据。构建效用函数的方法是以拟建项目的预测效益为函数自变量，通过与拟建项目的投资对比，来获得效用程度的模型。当明确拟建项目的参数值后，即可利用所建模型获得效用函数值。

（3）了解和掌握所有评估方案的特点，确定统一的评估指标，并制定评估指标值的确定方法。同时，利用指标权重的分析方法确定各个指标的权重（指标权重的确定方法可参见本书第4章）。

（4）计算各评估方案的效用函数值，并以之为基准，邀请若干专家分析拟建项目在各评估指标方面的状况并得出相应的指标值。

（5）将多位专家对同一项目的同一指标值进行均值处理。处理的方法一般采用算术平均法，也可以采用基于专家权重的加权平均法。

（6）将各指标均值与相应的权重进行集成，然后采用级权和值法，即可获得每个方案的效用函数评估值。

（7）对所有方案的效用函数评估值进行排序，即可给出拟建项目的最终评估结果。

通过上述步骤可以看出，采用该方法时，各评估方案的效用函数值具有非常重要的作用，其值大小对方案的选取将产生重要影响。但在效用函数模型的构建和效用函数值的计算中需要若干假设，不是基于未来事实，这就可能使评估结果存在分析者的偏好，而正是这一原因，使不同的评估者对同一评估对象评估时常得出不同的评估结论，进而引起有关人员对评估结果的争论和质疑。因此，在使用该方法时，为了尽可能地消除此类问题对评估结果的影响，一般在评估中采用两项措施：一是构建的效用函数模型及其计算参数必须得到所有评估者的一致认可，以确保评估基准的一致性；二是评估时尽可能邀请多位具有丰富工程实践经验和理论水平的权威专家进行评估，专家越多，评估结果就越能反映实际情况，评估结果的可信度也就相对越高。

5. 时间序列评估法

时间序列评估法是将评估对象的有关资料和数据按时间顺序加以排列，根据其变化动向来预测评估对象未来状态与趋势的一种定量分析方法。在分析和预测中，把某一变量的实际观察值按时间先后顺序依次排列，构成一组时间序列，然后用某种合适的数学方法建立模型，并以此模型来预测和估计该变量未来发展变化趋势。再根据预测和估计结果，做出相应的决策。使用时间序列评估法主要包括以下五个步骤。

（1）根据评估的目的，确定评估项目的主要参数，以此参数作为评估过程中的分析变量，并收集该变量的有关数据。在数据的收集中，要确保数据的真实性和可靠性。

（2）绘制所有数据的散点图，确定其变化趋势及其类型。同时对数据进行约简处理，消除周期变动和不规则变动因素的影响，增加所用数据的稳定性和可靠性。

（3）基于上述数据，采用回归分析法、统计分析法或其他方法建立相应的时间序列预测模型，并确定模型中的变量结构及其系数。

（4）利用Matlab随机生成数据对模型进行模拟运算，修正预测模型。

（5）利用预测模型对评估对象或评估项目进行预测，并确定未来发展变化的预测值。根据预测值给出项目的评估结果。利用模型进行预测时可以采用简单移动平均法，也可采用加权移动平均法或趋势移动平均法。其中，简单移动平均法是依照时间顺序，对包含一定项数的历史序列值取算数平均数作为下一期的预测值。其计算公式为

$$X_i = \frac{x_1 + x_2 + \cdots + x_n}{n} = \sum_{i=1}^{n} x_i \Big/ n = \overline{x}_i$$

其中，x_i 为变量；n 为变量的数量；$\overline{x}_i$ 为变量均值。

加权移动平均法是根据分析数据对未来预测和估计所具有的重要性，赋予不同的权重，数据对未来预测和评估的影响越大，权重值也越大，反之则越小。然后将权重与变量集成在一起，对评估项目进行预测。其计算公式为

$$X_i = \frac{\omega_1 x_1 + \omega_2 x_2 + \cdots + \omega_n x_n}{\sum_{i=1}^{n} \omega_i} = \sum_{i=1}^{n} \omega_i x_i \Big/ \sum_{i=1}^{n} \omega_i = \overline{x}_i$$

其中，ω_i 为变量的权重。

当有关数据出现显著的变动时，若用简单移动平均法或加权移动平均法来评估项目时，就可能出现滞后偏差，此时，就需要利用移动平均滞后偏差对模型进行适当修正，并建立起相应的趋势预测模型，然后基于这一趋势预测模型对项目进行评估。基于这一原理的方法即趋势移动平均法。

但不论采用哪种平均法进行项目评估，都需要注意四个方面：一要注意数据的完整性；二要注意数据的真实性；三要保证数据类型的一致性；四要保证数据的可靠性。只有满足这四点要求，才能应用这些数据去构建相应的预测模型，进而在此基础上利用模型去评估项目，并得到有价值的评估结果。

6. 调查分析法

与其他评估法相比，调查分析法是一种较为看重和强调评估项目的即时现况，并以即时调查结果为依据对工程项目进行评估的方法。该方法既不像德尔菲法那样过多地依赖专家经验，也不像回归分析法或时间序列评估法那样需要建立相应的分析模型，同时，也不像对比分析法那样需要预先明确对比样本，而是以调查所得信息或数据为基础，通过对调查结果的数理分析，基于相关科学原理来获得评价对象的评估结果。因此，这种方法多用于评估缺乏必要的评估数据且含有较多不确定因素的评估对象时。这种方法的基本使用步骤如下。

（1）明确评估项目，并详细了解评估项目所包含的内容，如工程项目概况、工程项目的主要参数、工程设计方案、施工方案、进度计划、费用计划、安全计划、建设大纲、组织模式、工程项目的有关报告等资料。

（2）明确评估的目的，确定具体的评估内容和评估对象。

（3）根据评估内容，了解和掌握与评估内容相关的法律法规和规范性文件，并确定评估的依据以及必须遵循的标准和规范。

（4）对评估对象的内涵进行分析，明确调查主题、调查对象、调查范围、调查方式和调查方法，确保调查结果的科学性、真实性和可靠性。

（5）按照预定的调查方法对评估对象展开调查，收集和获取有关信息与数据。

（6）按照统计理论，对调查结果进行汇总与统计，删除无用的信息，核实不确定信息，补充不足的信息，满足项目评估的基本要求。

（7）对统计结果进行分析，将所获的信息和数据进行类别划分，确定其相应的属性，并对调研结果进行提炼，获得能够有效反映评估对象实际状况的所有因素及其相关数据。

（8）明确所有因素在评估对象实施中出现的概率分析标准，并依据此标准对所有因素进行概率分析，判定各个因素在项目中出现的可能性。出现的概率 p_i 越大，评估中所占的权重也越大，对评估对象的影响可能也就越大。

（9）明确所有因素对评估对象影响程度的评价标准，并依据此标准对所有因素进行影响程度分析，判定各个因素对评估对象所产生的影响程度 φ_i 。影响程度越大，评估中所占的比重也越大。

（10）将各个因素的出现概率 p_i 和对评估对象所产生的影响程度 φ_i 进行集成，集成方法为 $\beta_i = p_i \times \varphi_i$ 。其中，i 为因素的编号；β_i 为该因素的集成结果。

（11）对评估对象中所包含的所有因素进行逐项判定。β_i 越大，对评估对象的影响越大；反之越小。

（12）根据评估对象中所包含的所有因素判定结果，对评估对象进行综合分析，给出最终的评估结果。

通过上述步骤可以看出，调查分析法既包含了对评估对象实际情况的分析，又包含了必要的理论推断，因此，很多工程项目评估者将之看做一种定性与定量相结合的分析方法。由于这种评估方法较为简单，评估思路也清晰条理，得出的评估结果也能很好地反映评估对象当时的实际情况，因而得到了较为广泛的应用。

1.1.6 工程项目前评估的基本流程

工程项目的前评估是一项综合性较强的系统性工作，开展工程项目的前评估不仅需要详细了解评估对象的具体情况以及与之相关的法律法规和标准规则，而且还需要了解与之相关的评估技术与方法，以便从中选出具有针对性的评估方法，获得有效的评估结果。同时，为了达到预期的评估目的，确保评估过程的科学性和评估结果的可靠性，在开展工程项目前评估的过程中，工程项目评估者必须依照一定的步骤和流程开展工程项目的前评估工作。一般的工程项目前评估流程如下。

（1）明确前评估对象。评估的对象既可以是工程项目的整体设想与计划，也可以是工程项目的设计方案，未来环境状况，拟建工程风险，工程项目的施工方案，工程建设中拟采用的新技术、新材料或新工艺，新的工程项目管理方法或管理模式等内容。但是，不论评估对象是较大的宏观问题，还是具体的微观问题，都必须有明确的评估目标，即最终需要对评估对象做出什么类型的分析和判断，给出什么样的结果。否则，就会给评估数据的获取、评估方法的选择、评估标准的确定等方面带来困惑。

（2）了解评估对象及其所含内容。在明确前评估对象后，必须详细了解评估对象及其所含内容，并根据评估对象的特点收集和获取与之有关的信息和资料，特别是与之相关的国家法律法规、行业标准规则以及必须执行的标准和规范。在对这些信息和资料详细查阅的基础上，收集评估所需的有关数据和参数，为开展评估工作做好前期准备工作。如有必要，可开展必要的前评估调研工作。

（3）制定前评估的指导思想和评估原则。根据评估对象的特点和评估目的，制定开展前评估工作的指导思想和评估原则。制定的原则既要与评估目的保持一致，也要符合国家有关法律法规,为确保评估工作的顺利进行和评估结果的有效性提供必要的保障。

（4）选择前评估方法。根据评估对象的特点，从众多的前评估方法中选择能够满足前评估要求的评估方法。如果有多种方法，还应对这些方法进行对比和分析，选出一种最佳的方法。选择的方法应尽可能采用定量分析法，尽可能减少评估者的主观干扰和影响，提高评估过程的严谨性、客观性及科学性。也可根据评估需要，综合使用多种评估方法，但多种方法的综合使用不能存在原理方面的冲突和本质方面的矛盾，要确保分析思想和评估原则的一致性。

（5）开展前评估工作。深入了解和详细掌握所选定的前评估方法，根据评估方法逐步开展评估工作，并获得相应的前评估结果。

（6）确认评估结果。基于预先确定的评估目标，对评估结果进行分析，检查评估过程的严谨性、评估方法的科学性、评估信息的真实性、评估数据的有效性和评估结果的可靠性，为工程项目管理与决策提供科学有效的依据。

与这一评估流程相应的流程图如图 1.2 所示。

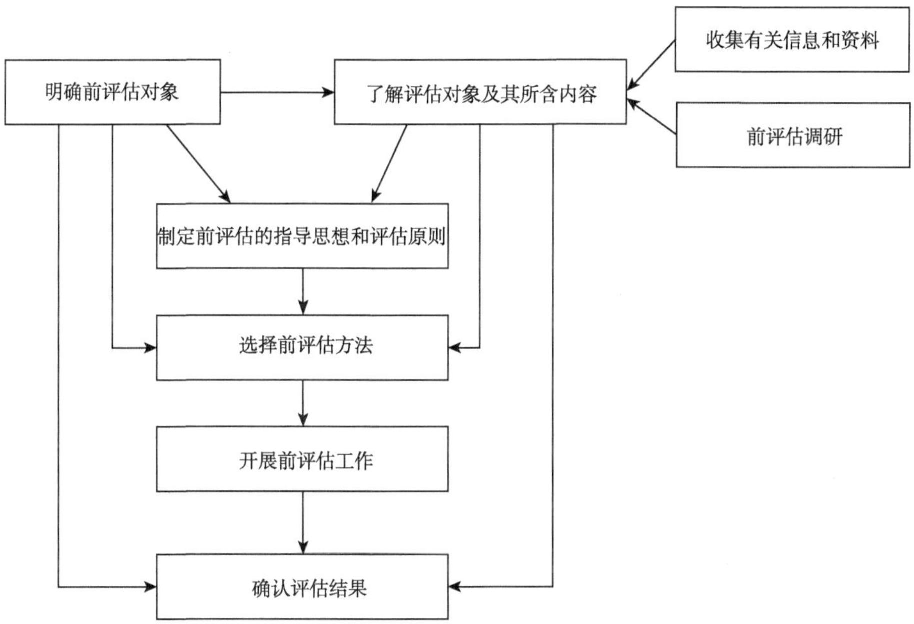

图 1.2　评估流程图

1.2 应用案例

在工程项目建设前，为了分析和判定拟建工程项目是否符合国民经济发展需求、是否具有良好的发展前景或投资价值、是否会给周围环境带来不利影响，当前技术和管理水平能否满足工程项目的建设要求，需要从技术、经济、社会、环境等多个方面对拟建项目进行前评估。在这些评估中，社会风险评估是一项相对较为重要的评估内容。特别是拟在特殊地区和环境开展工程项目建设时，或工程项目的建设可能会对当地产生较大影响时，或与当地群众的利益紧密相关时，对工程项目的社会风险评估就显得更为重要。有鉴于此，新疆某风电工程项目结合当时的新疆社会环境状况，出于对群众利益和工程安全的考虑，对该项目开展了社会风险评估工作，以期通过对该工程的社会风险前评估，发现该工程可能存在的潜在风险和隐患，为工程项目的立项与决策以及工程项目的后期管理提供实证依据。

1.2.1 评估项目简介

新疆某风电工程项目是一项根据新疆电网“十二五”规划，为满足新疆地区电力发展需求、加快开发和利用所辖区域丰富风能资源而计划建设的电力工程项目。通过大量的前期调查和可行性研究得知，该项目的建设不仅对实现资源优势向经济优势的转变、促进地区的经济发展具有重要的作用，而且对节能减排和保护生态环境以及新疆主电网的电源补充也将具有积极的促进作用。为此，在新疆维吾尔自治区工程建设主管部门的大力支持下，该项工作得以全面顺利推进，并为尽快开展和实施此项工程奠定了坚实的基础，创造了有利的条件。

从工程建设地址来看，该工程位于新疆维吾尔自治区乌鲁木齐西北方向的一处山谷，该山谷呈西北-东南走向，长约 80 千米，宽约 25 千米，处在天山和博格达山南麓之间，是一个天然风能非常丰富的优良场址。根据设计规划，该风电场规划总装机容量为 100 兆瓦，拟安装 30 余台单机容量为 2 000 千瓦的大型风力发电机组，工程建设计划总工期为 12 个月，其中工程筹建期为 3 个月。为实现该工程项目的建设目标，该工程的主要建设内容有安装风机、建设一座 110 千伏升压站、安装若干台箱变和敷设输电线路与交通道路。从工程建设规划来看，根据《风电场工程等级划分及设计安全标准》，该风电场工程等级为二级，机组塔架基础设计等级为一级，箱式变压器地基基础设计等级为二级，升压站建筑物级别为二级，结构安全等级为二级。机组轮毂中心高度为 80 米，风机与箱变间距约为 15 米，采取一机一变布置。机电线路方向与风机排布方向平行，间距约为 15 米。发出的电力经箱变就地升压至 35 千伏，然后由 3 回 35 千伏集电线路汇接至新建 110 千伏升压站 35 千伏配电装置。箱变至 110 千伏升压站之间的 35 千伏集电线路采用架空线路，总长为 13 千米。110 千伏升压站至 220 千伏风电汇集站采用架空线路，长约 8 千米。架空线路的杆塔为混凝土水泥杆。

在土建工程方面，主要工程集中在风电场的 110 千伏升压站和风力发电机机组基础建设两大方面。其中，风电场的 110 千伏升压站占地 3 900 平方米。站内分为生产区和生活区，生产区布置 35 千伏配电装置室、主变压器、110 千伏高压配电构筑物、SVG（static var generator，即无功补偿装置）、事故油池等设备设施；生活区主要布置生产综合楼、附属用房（库房、水泵房）等办公及生活建筑物，集控中心布置在生产综合楼内。综合楼建筑面积为 1 400 平方米，结构为二层框架结构，建筑高度为 8.25 米。采暖采用电采暖，通风采用自然进风和机械排风，变电站消防采用水灭火、干粉灭火和干砂灭火三种方式结合。

根据设计规定要求，风力发电机机组基础将采用标号为 C35 的钢筋混凝土扩展基础，基础埋深约 2.9 米，直径为 24 米，底部厚 1.0 米。变电站的箱式变压器基础采用素混凝土箱式基础，基础埋深约为 2 米，基础混凝土强度等级为 C25。风力发电机组至箱变之间的 1 千伏电缆和箱变到架空线路之间的 35 千伏电缆采用电缆沟架设方式，电缆沟断面上宽 1.2 米，下宽 1.0 米，深度约 1.5 米。工程建成后，还将对风电场升压站及其周围进行必要的绿化，以便为风电场工作人员创造一个良好的工作和生活环境，同时也为进一步保护自然生态环境创造条件。

在系统通信方面，主要通信通道为光纤通信，电话作为备用通信方式。在风电场升压站建设中，同步随 110 千伏线路架设一条 OPGW（optical fiber composite overhead ground wire，即光纤复合架空地线）光缆。在系统控制方面，该风电场控制系统分为两个部分，即风力发电机组计算机监控系统和 110 千伏升压站计算机监控系统，两套系统均布置在 110 千伏升压站控制室，控制功能各自独立。风力发电机组计算机监控系统由集中控制层和现场单机控制系统组成。110 千伏升压站计算机监控系统由分层分布的站控级和间隔级组成。站控级所有设备负责整个系统的集中监控，设备之间通过以太网传输信息。间隔级负责采集各种实时信息，监测和控制一次设备的运行，保证设备安全运行。

1.2.2　建设环境概述

工程建设所在地及其周围环境是工程项目社会风险分析中极为重要的因素，特别是工程项目建设场址的地理、地质、气象、水文、生态、社会和人文环境等因素不仅与工程项目能否顺利实施紧密相关，而且与项目实施中是否会给周围环境和社会稳定以及人民生活带来不利影响直接相关。因此，在对工程项目进行社会风险评估前，就必须预先了解和掌握工程项目的建设环境。

1）地理环境

从现场勘查资料来看，该工程拟建场址地形平坦，地貌简单，周围无特殊建筑物和构筑物，地貌单元具有典型的天山地貌特征。拟建工程场址四周群山圈绕，北部为东山，南部为南山，盆地中心最低点海拔为 1 072 米，从东南方向形成一条沟洼地带，场址区域地势由东北向西南倾斜，坡度约为 3%，场址区高程在 1 102~1 213 米，地形相对高差在 1.0~6.0 米。地形地貌受到河流水系的制约，内冲沟深度多在 2~4 米，地层以碎石土为主。总体来看，该工程拟建场址地形开阔，地势较为平坦，场地呈戈壁景观，有少量耐旱植被生长。工程现场地理环境直观图如图 1.3 所示。

图 1.3 工程现场地理环境直观图

2）地质环境

现场勘测的地质结果表明，拟建场址位于第四系冲洪积层上，地层有古生代的石炭系、二叠系，中生代的侏罗系、三叠系和白垩系，新生代的新近系和第四系岩石层。其中，石炭系主要为喷发沉积岩，二叠系为浅海相的泥砂质沉积岩夹碳酸盐和少量安山岩、火山碎屑岩，三叠系和侏罗系为含煤和菱铁矿的内陆相沉积岩，白垩系以上为内陆相山间洼地沉积土，第四系主要为全新统冲洪积层，积层堆积厚度大于 150 米。场地内发育中等硫酸（亚硫酸）盐渍土，对混凝土结构具中等腐蚀性。

在地震方面，工程所处场址距活动断裂带较远，地震活动强度不大，频度不高，场址区域的抗震设防烈度为 5 度，属相对稳定的安全性区域，满足相关规范中有关抗震安全距离要求。同时，在勘察范围内无滑坡、液化土层、崩塌、采空区、地下天然洞穴等不良地质，地基的稳定性良好，具备建设大型风电场的地形地质条件。工程场址直观图如图 1.4 所示。

图 1.4 工程场址直观图

3）气象环境

该项目所在区域属中温带大陆性气候地区，春秋两季较短，冬夏两季较长，昼夜温差大，全年盛行西北风。根据场址测风塔测风数据可知，平常是 4~5 级的西北风，最大风力可达 10 级以上，无风日很少。拟建场址 70 米高度处年平均风速为 10.17 米/秒，风功率密度为 1 242 瓦/米 ^{2}，风功率等级为 7 级。风力湍流强度较小，有效风速小时数较高，没有对风机产生破坏性的因素存在，风能资源很好，其主要气象参数如下。

历年平均气温：6.0℃　　极端最低气温：–31.9℃

极端最高气温：37.5℃　　年平均降水量：65 毫米

历年平均风速：5.8 米/秒　　历年最大冻土深度：162 厘米

大风天数：148 天　　平均气压：893.2 百帕

4）水文环境

根据环评资料和区域水文资料可知，该项目所在区域有地表水系，即在该项目拟建场址西侧有一座湖，湖面面积为 30 余平方千米，是乌鲁木齐最大的天然淡水湖。水源主要受大气降水和地表暂时性水流补给，地表水部分渗入地下，部分消耗蒸发，年蒸发量与降水量相差几十倍。地表水系不发育，仅有季节性、暂时性水流冲刷形成的浅沟和小冲沟，无常年性河流。属第四系孔隙潜水，地下水径流方向与洪积扇地形坡度基本一致，不会对地下水造成不利影响。

5）生态环境

该区域有较大的湖泊，因而成为春秋两季候鸟迁徙的重要驿站，迁徙的候鸟主要在此栖息。栖息的候鸟主要有绿头鸭、大白鹭、天鹅、赤麻鸭等，总数达到数千只。除鸟类外，还可见到一些常见爬行类、啮齿类、两栖类动物以及一些节肢动物门等低等动物。

拟选场址建设区域内还有部分农田及林果树木，农田已耕面积约 4 000 余亩（1 亩≈666.7 平方米），农作物主要为枸杞。林果树木主要包括杏树、苹果树、李子树、桃树及进行防风固沙的杨树等。

未利用地呈戈壁景观，基本为裸地，表层由砂石覆盖，砾质化明显，常有砾幕。有少量耐旱植被生长，建群种类主要为蒿草，植被覆盖度低于 10%。

6）社会环境

该工程所在地区属于城市郊区，辖区总面积达 4 000 余平方千米，有管委会、街道办事处和乡镇，人口 8 万余人，以汉族、回族、哈萨克族、维吾尔族为主，少数民族占 42.8%。居民日常生活稳定，安居乐业，社会秩序良好。近年来，该区域生产总值约 20 亿元，农林牧渔业总产值 2 亿多元。其中，第一产业 1 亿多元，第二产业 13 亿多元，第三产业 5 亿多元，林业总产值 400 余万元，牧业总产值 1 亿多元，渔业总产值 40 多万元。全区农作物播种面积 4 000 多公顷（1 公顷=0.01 平方千米），粮食播种面积 3 000 余公顷，粮食总产量 12 000 余吨，农牧民人均纯收入 6 000 余元。

7）人文环境

在该区域，全区拥有各类专业技术人员 1 000 余人，有多所中学、小学和幼儿园，在校学生 2 000 余人，全区适龄儿童入学率为 99.8%，小学毕业率 100%。全区共有公共卫生机构九个，拥有专业卫生技术人员 200 余人。

在该项目场地及附近区域，无国家、自治区及县级文物古迹。场址北部及南部均为规划建设的风电场。尽管该工程附近有农田耕种及果园占地，但该工程占地已避开农田及果园，工程使用土地类型为未利用地。

目前，与该项目最为紧邻的是两个已建工程项目：一是该项目以北约 2 千米处的 A 公司风电场；二是该项目以南约 1 千米处的 B 公司风电场。通过现场调查，两个风电场运行定员均为 20 人。除此外，该工程建设场址周边 1 千米范围内无工业企业和居民住宅，无其他环境敏感目标。

1.2.3 项目评估方法与依据

目前，对工程项目进行社会风险分析最常用也相对最为科学有效的方法就是调查分析法，因为不同的工程项目有其不同的特点，并具有不同的建设环境及其影响因素，若要对其进行正确的分析与评价，就必须通过翔实的调查来了解和掌握工程项目的实际情况。在此基础上，通过对调查结果的科学分析与研究，才能对工程项目做出正确的评估，并给出更为符合工程实际的评估结果。据此，评估人员在了解和掌握该工程项目的特点及其基本情况后，决定采用调查分析法来开展该工程的社会风险评估工作。

在开展此项工作的过程中，为了确保评估结果的科学性和可靠性，评估人员参阅了大量的社会风险评估文件。通过对这些文件的分析，结合该工程项目的实际情况，决定将以下文件作为开展此项评估工作的主要依据，这些依据如下。

（1）《国家发展改革委关于印发国家发展改革委重大固定资产投资项目社会稳定风险评估暂行办法的通知》（发改投资〔2012〕2492 号）。

（2）《国家发展改革委办公厅关于印发重大固定资产投资项目社会稳定风险分析篇章和评估报告编制大纲的通知》（发改投资〔2013〕428 号）。

（3）《中华人民共和国环境保护法》（1989 年 12 月）。

（4）《建设项目环境保护管理条例》（国务院令第 253 号）。

（5）《中华人民共和国环境噪声污染防治法》（1997 年 3 月）。

（6）《中华人民共和国大气污染防治法》（2000 年 9 月）。

（7）《中华人民共和国水污染防治法》（2008 年 2 月）。

（8）《中华人民共和国固体废物污染环境防治法》(2004 年 12 月)。

（9）《中华人民共和国土地管理法》（2004 年 8 月）。

（10）《中华人民共和国水土保持法》（2011 年 3 月）。

（11）《城市房屋拆迁管理条例》（国务院令第 305 号）。

（12）《中华人民共和国文物保护法》（2013 年修订版）。

（13）《国家特别重大、重大突发公共事件分级标准（试行）》（2008 年 1 月 18 日）。

（14）《建设工程质量管理条例》（国务院令第 279 号）。

（15）《中华人民共和国电力法》（2009 年修正版）。

（16）《中华人民共和国可再生能源法》（2010 年修正版）。

（17）《风力发电科技发展“十二五”专项规划》（2012 年）。

（18）《可再生能源发电有关管理规定》（发改能源〔2006〕13 号）。

（19）《国家突发公共事件总体应急预案》（2006 年）。

（20）《风电特许权项目前期工作管理办法》（发改能源〔2003〕1403 号）。

（21）《国家发展改革委关于风电建设管理有关要求的通知》（发改能源〔2005〕1204 号）。

（22）《国家能源局关于印发风电开发建设管理暂行办法通知》（国能新能〔2011〕285 号）。

（23）《风电场工程建设用地和环境保护管理暂行办法》（发改能源〔2005〕1511 号）。

（24）《自治区重大事项社会稳定风险评估工作意见（试行）》（新党办发〔2010〕19 号）。

（25）《新疆维吾尔自治区发展改革委重大固定资产投资项目社会稳定风险评估暂行办法》（新发改投资〔2013〕3211 号）。

（26）《新疆维吾尔自治区人民政府突发公共事件总体应急预案》。

（27）《新疆维吾尔自治区能源“十二五”规划》（新政函〔2012〕98 号）。

（28）《新疆维吾尔自治区环境保护条例》[2011 年 2 月 1 日（修订）]。

（29）《乌鲁木齐市大气污染防治管理办法》（2008 年 12 月 30 日）。

（30）《乌鲁木齐市建设项目环境准入管理实施意见》（2011 年 4 月 17 日）。

（31）该工程可行性研究报告。

（32）该工程环境影响报告。

1.2.4　社会风险调查及其结果

根据调查分析法可知，在对评估对象开展调查工作之前，首先必须确定调查的主题、调查的内容、调查的方法、调查的范围、调查对象，以便调查人员开展调查工作并确保调查结果的科学性、可靠性和有效性。为此，该项目的评估人员基于上述调查依据，根据国家有关部门关于固定资产投资项目社会风险分析的规定，结合该工程所具有的特点及其实际情况，确定了该工程在社会风险分析中必须调查和了解的六项主要内容，这六项主要内容分别如下：①该项目的合法性；②项目所在地周边自然环境和社会环境状况；③项目实施对当地可能产生的影响；④利益相关者对拟建项目的意见和诉求；⑤媒体舆情对拟建项目的舆论导向；⑥同类项目在当地曾经引发的社会风险问题。

在明确调研主题的基础上，评估小组据之确定了相应的调查范围和调查对象。通过分析，与此相关的调查对象主要有当地工程建设主管部门、当地工程建设有关单位、工程建设现场涉及的相邻单位和当地居民。针对这些调查对象和调查内容，为了获得更加全面真实有效的相关信息，同时采用了实地踏勘、资料查阅、群众走访、召开座谈会和网上调查分析五种调查方式。通过这些方式的调查，获得了上述六项内容的如下信息。

1. 拟建项目的合法性调查

通过对该工程建设单位所拥有的相关资料调查可知，新疆维吾尔自治区工程建设主管部门已同意该项目开展前期工作，并要求建设单位对该项目可能存在的社会风险开展前评估工作。该项目建设单位已按基本建设规程办理了有关前期手续，办理过程合规合法，符合国家工程建设流程的有关规定和要求。

在项目的合法性方面，通过与国家和新疆维吾尔自治区经济社会发展有关法律、法规、政策及规划的对比分析（表 1.1）可知，该项目符合国家及自治区相关法律、法规、产业政策和节能环保要求，符合总体规划、区域规划和专项规划的要求，符合行业准入要求，由此而引发社会风险的可能性极小。

表 1.1　与有关政策法规的对比分析

序号	法律、法规、政策及规划要求	项目合法合规性分析
1	《国家风电发展“十二五”规划》已把发展风电作为优化能源结构、推动能源生产方式变革、构建现代能源产业体系的重大战略举措	该项目符合国家风电产业开发政策
2	《大气污染防治行动计划》要求加快调整能源结构，增加清洁能源供应，积极有序发展水电、风能、太阳能等清洁能源	该项目为风电项目，属清洁能源，能够有效防止大气污染，属于国家鼓励产业
3	《中华人民共和国节约能源法》要求加强节能工作，改进能源的开发方式，提高能源利用率	该项目为风力发电技术，实现了能源开发方式的改进
4	《中华人民共和国清洁生产促进法》要求优先采用资源利用率高以及污染物产生量少的清洁生产技术、工艺和设备	该项目为风力发电技术，属于采用资源利用率高以及污染物产生量少的清洁生产技术
5	《中华人民共和国可再生能源法》将可再生能源的开发利用列为能源发展的优先领域	风能属于可再生资源，为能源发展的优先领域
6	《产业结构调整指导目录》（2013 版）中新能源鼓励类项目包含风电与光伏发电等技术开发与应用	该项目属于国家支持的新能源项目
7	《电力工业“十二五”规划》坚持优先开发水电、优化发展煤电、大力发展核电、积极推进新能源发电、因地制宜发展分布式发电的方针	该项目为风电项目，属新能源发电
8	《可再生能源中长期发展规划》要求重点开发两大风带，在“三北”（西北、华北北部和东北）地区发挥其资源优势，建设大型和特大型风电场	该项目位于“三北”地区（西北地区）风带
9	《能源发展规划“十二五”规划》要求提高能源开发转化和利用效率，大力开发水能、风能、太阳能等可再生能源	风能属于可再生资源，为能源大力开发的优先领域
10	《新疆维吾尔自治区国民经济和社会发展第十二个五年规划纲要》要求疆内风力装机需求达到 250 万千瓦	该项目装机容量为 20 兆瓦，仅占疆内风力装机需求的 0.8%

2. 拟建项目自然和社会环境状况调查

1）拟建项目自然环境状况

该工程位于新疆维吾尔自治区乌鲁木齐西北方向，处在天山和博格达山南麓之间，是一个天然风能非常丰富的优良场址，现为戈壁荒滩，风电场区域内无工业，人为活动较少。从现场情况来看，拟建场址地形平坦，地貌简单，地表多为荒漠植被，地层工程力学性质良好。依据现场勘察和调查结果，在勘察范围内无滑坡、崩塌、液化土层、采空区、地下天然洞穴等不良地质作用，场地地基的稳定性良好，具备建设大型风电场的地形地质条件。

在自然环境方面，该项目所在区域内土地类型为农用地及未利用地，土壤类型主要是盐土和草甸土。农用地主要为耕地及果园，未利用地呈戈壁景观，基本为裸地，表层由砂石覆盖，砾质化明显，常有砾幕。有少量耐旱植被生长，植物群种类主要为蒿草，植被覆盖度低于 10%，土壤有机质含量不高，生态环境较脆弱。根据环评报告可知，由于当地气候条件干燥，植被覆盖度低，常年有风，工程建设区域环境空气质量中二氧化硫（SO_2）、二氧化氮（NO_2）为《环境空气质量标准》（GB3095—2012）的二级标准，

$PM_{2.5}$污染较重，昼夜声环境监测值均低于《声环境质量标准》(GB3096—2008)中的二类标准。

在生态环境方面，由于工程拟建场址东侧有湖泊，是候鸟迁徙的主要通道，因而该区域鸟类种类较多，而且数量较大。除鸟类外，还可见到一些常见的蜥蜴、鼠类等爬行类野生动物。据现场调查可知，春秋两季候鸟迁徙过程中，附近已建成风电场及周围没有发现因风机转动而打落的候鸟。

在水资源保护方面，尽管该项目部分场地位于水源地准保护区界内，但该工程所占面积仅有 5.85 平方千米，占准保护区面积比为 0.52%。同时，由于风电场属于清洁能源工程，其本身的生产运营过程不产生污染物。勘察结果证明，地下 20 米深度范围内未见地下水，而基础埋深仅为 2.9 米。因此，在工程建设和今后的运营中，不会对水源保护区地表及地下水产生污染影响。

在文物保护方面，根据现场勘察可知，该项目场址所在区域无国家级、自治区级及县级文物保护对象，历史上也无此处存在重要文物的记载。

2）拟建项目社会环境状况

拟建项目场址区域为规划建设的风电场，周边有农田耕种及果园占地。但拟安装的风机和升压站占地已避开农田及果园，工程占地性质为未利用地，不存在拆迁和征地问题。目前，与该项目最为紧邻的是两个已建工程项目：一是该项目以北约 2 千米处的 A 公司风电场；二是该项目以南约 1 千米处的 B 公司风电场。通过现场调查，两个风电场运行定员均为 20 人。除此外，该工程建设场址周边 1 千米范围内无工业企业和居民住宅，无其他环境敏感目标。

在该工程建设场址的 3 千米外，有新疆建设兵团某部驻扎。正因如此，该区域社会治安形势平稳，社会大局可控，各族群众生活安稳，民族关系融洽，对工程建设非常有利。

3. 拟建项目实施可能产生的影响

拟建项目实施可能产生的影响主要包含两个方面：一是拟建项目建设中可能产生的影响；二是拟建项目建成后设备运行可能产生的影响。

1）拟建项目建设中可能产生的影响

根据工程建设方案可知，该工程建设内容主要包括风机安装、箱变安装、开挖电力电缆沟、敷设线路和道路、建设 110 千伏升压站等项目。其中，风机安装、箱变安装、建设 110 千伏升压站为主要工程建设的重点内容。在风力发电机安装前，需预先完成基础施工。基础采用柱台式现浇混凝土，基础埋深约 2.9 米，直径为 24 米，底部厚 1.0 米。箱式变压器基础采用素混凝土箱式基础，基础埋深约为 2 米，基础混凝土强度等级为 C25。110 千伏升压站工程包括变配电工程、房屋建筑工程、站内道路工程及其他辅助工程。主要建筑物为一座两层生产综合楼和一座一层 35 千伏配电装置室，条形基础，砖混结构。

根据该项目编制的工程建设方案可知，在工程施工中，施工现场临时设施主要包括办公和生活区，施工仓库和辅助加工厂，机械修配、施工临时设施和其他建材堆放用地。施工工厂及仓库集中布置在 110 千伏升压站附近，主要设有砂石料加工及堆场、钢筋和模板堆场及加工场地、木材加工及堆场、风机设备堆放场、电气设备堆放场、混凝土拌和站、仓库、油库等临时设施。工程施工用水主要由建筑施工用水、施工机械用水和生活用水组成。施工时将风场内的一口深水井作为水源。工程施工用电主要包括施工工厂、临时生活区用电及基础施工用电两部分。电源拟从附近8千米处的一条10千伏线路接入。在工程交通运输方面，工程区距312国道约300米，距G30高速约1千米，交通条件便利，施工期间风机可通过汽车直接运抵风电场。在施工现场，由于风电场场区地形较为平坦，施工中的交通运输主要利用已有的砂石路和现有的自然道路，个别之处通过推平碾压即可满足工程项目施工的需求。在施工过程中，作业场地平坦开阔，十分有利于风机吊装、吊车回转移动、风机叶片组装、集装箱临时堆放等作业，施工条件十分优越。

同时，根据该工程建设方案可知，工程建成后，永久性占用的风电场综合楼及变电站用地将种植植物来美化环境，施工临时设施将被拆除并清理地面，无环境污染的固态废弃物采取就地掩埋的处理方式，其余废弃物采取运离施工现场集中处理的方式，因此不会影响临时占用土地的再利用。由此可知，在施工中，该项目对环境可能产生的影响主要有以下几种。

第一，施工扬尘和运输车辆所产生的废气。施工扬尘产生量最大的时间出现在场地平整及基础和直埋电缆沟开挖阶段，由于该阶段裸露浮土较多且该项目地处多风地区，因此，扬尘产生量可能会较大，尤其是在施工场地周围及下风向的部分地区，可能会受到一定的影响。

车辆产生的废气污染物主要是一氧化碳、氮氧化物和烯烃类废气。但该工程施工规模小，施工相对简单，工期短，施工开挖和交通运输扬尘时间也较短，因此，不会对该地区空气环境质量产生根本性的影响。但可能在作业面及其附近区域产生粉尘与二次扬尘，造成局部区域的空气污染。

第二，噪声。施工期间产生的噪声主要为施工机械噪声、作业噪声及交通机械噪声。施工机械噪声主要来源于推土机、载重汽车、挖掘机、混凝土搅拌机等施工机械，多为点声源。作业噪声主要来自于一些零星的敲打声、装卸建材的撞击声和拆装模板的撞击声，多为瞬间噪声。交通机械噪声主要是工程车辆行驶中产生的噪声，但这种噪声不会对环境产生严重影响。从总体来看，这些噪声中对声环境影响最大的是施工机械噪声。根据类比调查和有关资料可知，建筑施工机械的声源噪声强度大多在 85~105dB（A），可能会对当地居民的夜间休息产生一定的不利影响。

第三，施工垃圾。施工过程中的主要垃圾有建筑垃圾、生活垃圾和废水。其中，建筑垃圾主要集中在风机基础和箱变混凝土浇筑中的混凝土撒落，110 千伏升压站、生产综合楼和变电室建设中产生的砖石碎块、水泥袋、构件养护的塑料布、工程设备材料的包装绳袋和木支架以及机械车辆维修保养的废机油等多个方面。生活垃圾主要是现场施工人员产生的生活纸屑、果皮、废物、塑料瓶、烟盒、食物包装盒等废物。废水主要为施工人员的生活废水和建筑施工废水。生活废水来源于人员自身和临时生活区食堂，主要污染物为代谢物和大肠菌群。建筑施工废水主要来源于混凝土运输车、搅拌机和施工机械的冲洗，混凝土养护以及机械修配、汽车保养等产生的废水。废水的产生主要集中在施工前期风电机组基础施工时段，一般不会造成污染，而且废水洒落可用于施工现场降尘，但废水中可能含有极少量的机械车辆废油和水泥成分。因此，给环境带来污染的主要是建筑垃圾、生活垃圾和废水。

第四，弃土弃渣。施工期间开挖风机基础、箱变基础、建筑基础和电缆沟，架设集电线路，碾压地表植被，扰动地表土壤，就会导致地表松动，再加上当地时常大风，极易导致风蚀和水蚀，易引起水土流失。

第五，安全影响。在该工程的施工过程中，可能会由于安全问题带来社会影响，主要的因素有人员安全、交通安全、偷盗等问题。人员安全主要集中在风机的高空作业、高处坠落、物体打击、触电伤害、机械伤害等方面；交通安全主要是大量车辆的外来而可能引起的交通事故；偷盗主要是考虑到施工场地放置有大量工程材料和机械汽柴油，如果出现破坏分子的攻击，有可能引发火灾或爆炸等安全问题。

2）拟建项目建成后设备运行可能产生的影响

在项目建成后，风电场运行定员拟为 20 人，这些人员全部在升压站内的生产综合楼工作，生产及生活用水用汽车输送。风电场内污水主要为场区工作人员产生的少量生活污水，污水将采用地埋式一体化污水设施予以处理（废水）。固体废物主要来源于生活区工作人员产生的生活垃圾（废物），废气主要为食堂所产生的油烟（废气），噪声主要来源于风机（噪声）。此外，在 110 千伏升压站内的变压器等设备运行中，大功率电力电器设备及高压输电线等会产生电磁波辐射，电磁辐射会对人体健康产生一定的影响，对无线电产生不同程度的干扰（电磁辐射）。

4. 利益相关者对拟建项目的意见和诉求

为充分保证该工程潜在受影响群体对项目的知情权、参与权和监督权，全面了解和掌握与该工程有关的社会风险，评估人员走访了与该工程有关的单位和人员，组织召开了座谈会，认真地倾听了不同群体的意见和建议。从所收集的信息和反馈的意见来看，有关单位、相关部门以及当地居民和牧民都对这一项目予以支持，并都认为这是一件有利于区域发展和社会进步的工程。但与此同时，他们也从不同角度提出了如下若干宝贵的意见和建议。

（1）建设区域本身风沙较大，在建设过程中一定要做好环境保护工作，高效施工，尽早完成，不能以破坏环境为代价。

（2）决不能给当地水源造成任何污染。

（3）要高度重视工人薪酬问题，避免劳资纠纷，不能拖欠工人工资。

（4）不能因项目建设给周边群众生产生活带来不便。

（5）要避免风机运行伤害鸟类等动物。但据现场调查可知，春秋两季候鸟迁徙过程中，该项目区附近已建成风电场及周围没有发现因风机转动而被打落的候鸟。

（6）做好防火防盗和防爆反恐工作，避免突发事件的产生，以及引发群众上访。

5. 媒体舆情导向情况

为了了解和掌握相关部门和社会团体等媒体的呼声，了解舆论导向，该工程建设单位在网上发布了该项目的相关信息,并给关心者提供了表达他们意见和建议的信息平台,建立了与他们交流沟通的信箱和电话，设置了及时收集和获取大众媒体对拟建项目意见和诉求的公共电子信箱。从所获的五条反馈信息来看，媒体舆情阐述均为正面报道，均对该项目予以积极支持。这五条反馈信息如下：①风电不污染环境，而且一劳永逸，能够长久地利用大自然资源。②风电建设能够扩大就业，带动当地经济发展，积极予以支持。③不污染环境，又能保障用电，是个利国利民的好事。④当地大面积开发风电，建议开辟一个风电旅游城。⑤发电量的增加可以降低电价，提高当地居民生活水平。

6. 同类项目曾引发的社会风险情况

目前，新疆地区已建成大量风电项目，为当地社会经济的发展做出了一定贡献。特别是在该项目建设场址邻近，已建成两个风电场：一是该项目以北约 2 千米处的 A 公司风电场；二是该项目以南约 1 千米处的 B 公司风电场。积极了解和掌握这些工程的建设历程，必将会对该工程社会风险分析带来极大的帮助。为此，该项目评估人员对这些项目进行了信息收集，获得了这些工程在其实施中发生的风险事件与原因，具体如表 1.2 所示。

表 1.2 同类项目曾引发的社会稳定风险

序号	风险事件	风险原因
1	B 工程建设中村民集体阻挡工程施工，闯入施工现场打架闹事	土地权属纠纷，征地赔偿不明确
2	A 工程施工过程中，附近村民到施工现场阻止工程施工	项目对当地环境造成极大污染，影响居民日常生活
3	村民阻挡 B 工程施工，导致项目停工	补偿款没有及时兑付
4	A 工程施工中有居民投诉	施工扬尘污染环境
5	A 工程施工中有工人投诉	拖欠工资，未及时支付

1.2.5 风险因素识别

风险因素识别是对工程项目进行风险分析的前提基础和必要工作。为了有效识别该工程可能存在的社会风险，在完成该工程社会风险的调查后，项目评估人员对调查结果进行了统计。根据统计结果，在完成同类项合并的基础上，通过德尔菲法的五轮分析，得到了能够有效全面表述该工程社会风险的清单，如表 1.3 所示。

表 1.3 风电场项目社会风险清单

序号	风险名称
1	风电项目不符合有关规定建设规划
2	项目选址不当
3	没有按照国家和当地法规办理工程手续
4	项目筹资不到位或存在非法集资
5	建设场地地下情况不清楚而损坏设备设施
6	拆迁和土地征用纠纷
7	土地占用补偿不到位
8	对有关部门单位或居民的承诺未兑现

续表

序号	风险名称
9	施工中破坏生态环境（植被、水源、文物）
10	污染环境（施工垃圾、扬尘废气、噪声）
11	工程安全问题（交通、防火、防盗、机械事故）
12	拖欠工人酬薪
13	个别人故意滋事，煽动群众闹事，破坏社会稳定
14	恐怖分子的破坏
15	施工给居民生活带来不便
16	职工行为不当而引发民族关系冲突
17	工程善后工作未完成而引发群众或主管部门的干涉
18	工程建设中有关人员发生刑事案件
19	受影响居民对项目的了解程度
20	项目造成的失业人数
21	项目引起的居民收入变化程度
22	项目引起的流动人口增加程度
23	互联网反应度
24	社会风险预防和化解工作充分度
25	宣传解释工作充分度
26	升压站周围工频磁场强度对公众的影响
27	因其他新出现的问题而导致风电设施停用

1.2.6　社会风险分析

通过对该工程社会风险的识别可知，该工程的社会风险共有 27 项，这 27 项风险属于不同的类别，具有不同的属性。很显然，由于不同类别的风险在发生的原因、发生的概率、发生后对事物的影响程度等方面都具有很大的差别，且这些差别必然会使项目管理者在处理和应对这些风险时采用不同的方法和策略，因此，在对这些风险进行评估前，就需要对这些风险的类别、概率及其分布、影响程度和效度进行分析，并在此基础上进行主要风险的判定。

1. 风险类别分析

目前，对工程项目风险类别分析的方法有很多种，如专家经验法、系统分解法、列表对比法等方法，但在工程项目社会风险的分析中，由于国家对固定资产投资项目社会风险分析有规定的模式，对报告的编写也有相应的要求，因此，为确保评估结果的严肃性和评估报告的规范性，该项目的社会风险类别划分完全依照国家对固定资产投资项目社会风险分析的模式来进行。社会风险可分为两大类，即工程风险、项目与社会互视性风险。其中，工程风险可按政策、规划和审批程序、土地房屋征收及补偿、技术经济、环境影响、项目管理、安全和治安等方面进行二次细化；项目与社会互视性风险可按当地社会环境、人文条件、政府组织社团的支持程度等方面进行二次细化。

根据这一规定，以该项目所获得的社会风险调查结果为分析对象，该工程评估小组采用德尔菲法，邀请九位工程领域项目管理专家对这些风险进行了风险类别分析，其最终分析结果如表 1.4 所示。

表 1.4 风险类别分析

风险类别	具体类别	风险名称
工程风险	项目规划	风电项目不符合有关规定建设规划、项目选址不当
	项目审批	没有按照国家和当地法规办理工程手续
	项目融资	项目筹资不到位或存在非法集资
	勘察设计	建设场地地下情况不清楚而损坏设备设施
	法律法规	拆迁和土地征用纠纷、拖欠工人酬薪
	征地补偿	土地占用补偿不到位
	项目管理	施工中破坏生态环境（植被、水源、文物） 施工给居民生活带来不便 污染环境（施工垃圾、扬尘废气、噪声） 工程安全问题（交通、防火、防盗、机械事故） 工程善后工作未完成而引发群众或主管部门的干涉
项目与社会互视性风险	社会责任	对有关部门单位或居民的承诺未兑现
	社会治安	个别人故意滋事，煽动群众闹事，破坏社会稳定 恐怖分子的破坏
	社会参与	受影响居民对项目的了解程度 升压站周围工频磁场强度对公众的影响 社会风险预防和化解工作充分度 宣传解释工作充分度
	社会影响	项目造成的失业人数 项目引起的居民收入变化程度 互联网反应度 项目引起的流动人口增加程度 职工行为不当而引发民族关系冲突
	不可预见	工程建设中有关人员发生刑事案件 因其他新出现的问题而导致风电设施停用

2. 风险概率与分布分析

通过对该工程 27 项社会风险的类别分析可知，在工程风险、项目与社会互视性风险两大类中，分布在工程风险中的共有 13 项，占到了风险总数的 48%；分布在项目与社会互视性风险中的共有 14 项，占到了总数的 52%。如果从风险的总体来看，出现在两大类中的风险各占一半（图 1.5）。这表明，工程项目管理者在今后的工程建设管理中，不论是对项目内部环境的管理（工程自身）还是对项目外部环境的管理（社会环境），都必须给予足够的重视，两者不可偏失。

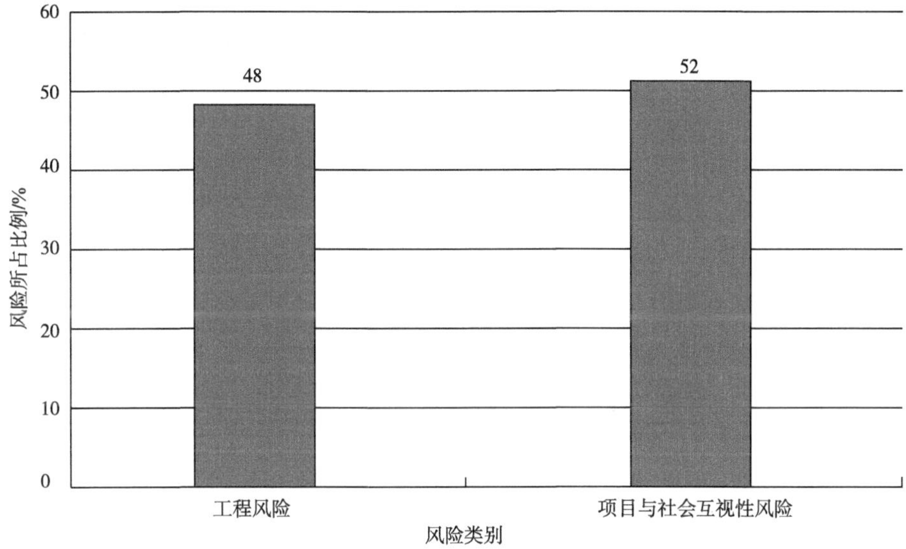

图 1.5　风险分布比例

但是，尽管该工程的这些风险在两大类别中平均分布，但在工程实际中，风险出现的概率却不一定是相等的，对工程所产生的影响频率也不一样。因此，为了评估这些风险在工程项目中出现的概率，该工程评估人员请上述九位工程领域项目管理专家对这些风险在项目中出现的概率度进行了分析，概率度的划分标准如表 1.5 所示，其最终分析结果如表 1.6 所示。

表 1.5　概率度划分

出现概率	不出现	极少	很少	较少	少	一般	多	较多	很多	极多
概率度值	0	1	2	3	4	5	6	7	8	9

表 1.6　社会风险概率分析表

风险类别	具体类别	风险名称	概率度
工程风险	项目规划	风电项目不符合有关规定建设规划	2
		项目选址不当	3
	项目审批	没有按照国家和当地法规办理工程手续	2
	项目融资	项目筹资不到位或存在非法集资	4
	勘察设计	建设场地地下情况不清楚而损坏设备设施	5
	法律法规	拆迁和土地征用纠纷	3
		拖欠工人酬薪	6
	征地补偿	土地占用补偿不到位	4
	项目管理	施工中破坏生态环境（植被、水源、文物）	7
		施工给居民生活带来不便	2
		污染环境（施工垃圾、扬尘废气、噪声）	8
		工程安全问题（交通、防火、防盗、机械事故）	6
		工程善后工作未完成而引发群众或主管部门的干涉	3

续表

风险类别	具体类别	风险名称	概率度
项目与社会互视性风险	社会责任	对有关部门单位或居民的承诺未兑现	2
	社会治安	个别人故意滋事，煽动群众闹事，破坏社会稳定	5
		恐怖分子的破坏	5
	社会参与	受影响居民对项目的了解程度	2
		升压站周围工频磁场强度对公众的影响	2
		社会风险预防和化解工作充分度	2
		宣传解释工作充分度	1
	社会影响	项目造成的失业人数	1
		项目引起的居民收入变化程度	1
		互联网反应度	1
		项目引起的流动人口增加程度	1
		职工行为不当而引发民族关系冲突	3
	不可预见	工程建设中有关人员发生刑事案件	1
		因其他新出现的问题而导致风电设施停用	1

3. 风险影响程度分析

在工程项目的风险分析中，还需考虑的另外一个重要问题就是风险的影响度问题，即该风险出现后给社会环境带来的影响程度。为了了解和掌握该工程项目各类社会风险对工程项目的影响程度，该工程评估人员根据国家对重大决策社会风险评估机制的指导意见，将风险影响程度分为 5 个等级，即很大、较大、中等、较小和很小，其等级含义如表 1.7 所示。同时，依旧采用上述分析方法对这些风险在项目中出现后所产生的影响程度进行了分析，其分析结果如表 1.8 所示。

表 1.7　风险对社会环境造成影响程度的等级

级别	对应值	影响程度和后果及代价
很小	1	在当地造成很小影响，可自行消除
较小	3	在当地造成一定影响（社会稳定、政府及企业形象方面），但可在短期内消除
中等	5	在当地造成一定影响（社会稳定、政府及企业形象等方面），需要通过一定时间才能消除，并需付出一定代价
较大	7	在全自治区内造成一定影响（社会稳定、政府及企业形象等方面），需要通过较长时间才能消除，并需付出较大代价
很大	9	在全自治区或更大范围内造成一定负面影响（社会稳定、政府及企业形象等方面），需要通过长时间的努力才能消除，且需付出巨大代价

表 1.8　社会风险影响程度分析结果

风险类别	具体类别	风险名称	影响程度
工程风险	项目规划	风电项目不符合有关规定建设规划	9
		项目选址不当	5
	项目审批	没有按照国家和当地法规办理工程手续	5
	项目融资	项目筹资不到位或存在非法集资	9

续表

风险类别	具体类别	风险名称	影响程度
工程风险	勘察设计	建设场地地下情况不清楚而损坏设备设施	7
	法律法规	拆迁和土地征用纠纷	7
		拖欠工人酬薪	9
	征地补偿	土地占用补偿不到位	7
	项目管理	施工中破坏生态环境（植被、水源、文物）	7
		施工给居民生活带来不便	7
		污染环境（施工垃圾、扬尘废气、噪声）	9
		工程安全问题（交通、防火、防盗、机械事故）	7
		工程善后工作未完成而引发群众或主管部门的干涉	7
项目与社会互视性风险	社会责任	对有关部门单位或居民的承诺未兑现	7
	社会治安	个别人故意滋事，煽动群众闹事，破坏社会稳定	9
		恐怖分子的破坏	9
	社会参与	受影响居民对项目的了解程度	5
		升压站周围工频磁场强度对公众的影响	5
		社会风险预防和化解工作充分度	7
		宣传解释工作充分度	5
	社会影响	项目造成的失业人数	5
		项目引起的居民收入变化程度	5
		互联网反应度	9
		项目引起的流动人口增加程度	3
		职工行为不当而引发民族关系冲突	9
	不可预见	工程建设中有关人员发生刑事案件	9
		因其他新出现的问题而导致风电设施停用	9

4. 风险效度分析

在完成对该工程项目社会风险的概率分析和影响程度分析后，根据风险效度原理就可得知每项风险在工程项目中一旦发生给项目带来的综合影响程度，即风险效度。据此，以表 1.6 和表 1.8 的分析结果为依据，按照风险效度原理，即可给出该工程社会风险在项目中发生后给项目带来的社会影响效果度量值。该值越大，对社会稳定越不利，也就极易引发社会冲突和动乱等问题，对工程项目的影响也就越大。该分析结果如表 1.9 所示。

表 1.9　风电工程社会风险效度分析表

风险类别	风险名称	概率度	影响程度	效度
工程风险	风电项目不符合有关规定建设规划	2	9	18
	项目选址不当	3	5	15
	没有按照国家和当地法规办理工程手续	2	5	10
	项目筹资不到位或存在非法集资	4	9	36
	建设场地地下情况不清楚而损坏设备设施	5	7	35

续表

风险类别	风险名称	概率度	影响程度	效度
工程风险	拆迁和土地征用纠纷	3	7	21
	拖欠工人酬薪	6	9	54
	土地占用补偿不到位	4	7	28
	施工中破坏生态环境（植被、水源、文物）	7	7	49
	施工给居民生活带来不便	2	7	14
	污染环境（施工垃圾、扬尘废气、噪声）	8	9	72
	工程安全问题（交通、防火、防盗、机械事故）	6	7	42
	工程善后工作未完成而引发群众或主管部门的干涉	3	7	21
项目与社会互视性风险	对有关部门单位或居民的承诺未兑现	2	7	14
	个别人故意滋事，煽动群众闹事，破坏社会稳定	5	9	45
	恐怖分子的破坏	5	9	45
	受影响居民对项目的了解程度	2	5	10
	升压站周围工频磁场强度对公众的影响	2	5	10
	社会风险预防和化解工作充分度	2	7	14
	宣传解释工作充分度	1	5	5
	项目造成的失业人数	1	5	5
	项目引起的居民收入变化程度	1	5	5
	互联网反应度	1	9	9
	项目引起的流动人口增加程度	1	3	3
	职工行为不当而引发民族关系冲突	3	9	27
	工程建设中有关人员发生刑事案件	1	9	9
	因其他新出现的问题而导致风电设施停用	1	9	9

5. 主要风险判定

按照风险效度原理可知，风险效度值在 40 以上者（含 40），为高等级风险，即该风险为建设项目管理者必须认真对待和处理的风险；风险效度值在 20~40（含 20）者，为中等级风险，即该风险为建设项目管理者必须重视的风险；风险效度值在 20 以下者，为低等级风险，即该风险为建设项目管理者应予以关注的风险。据此，对表 1.9 进行分析和提炼，即可获知所有符合这一规定的不同等级风险。

从表 1.9 中可知，符合高等级风险的共有 6 项，即：拖欠工人酬薪；施工中破坏生态环境（植被、水源、文物）；污染环境（施工垃圾、扬尘废气、噪声）；工程安全问题（交通、防火、防盗、机械事故）；个别人故意滋事，煽动群众闹事，破坏社会稳定；恐怖分子的破坏。如果按照风险效度值对这 6 项进行主次排序，则该工程必须重点考虑的社会风险依次为：污染环境（施工垃圾、扬尘废气、噪声）；拖欠工人酬薪；施工中破坏生态环境（植被、水源、文物）；个别人故意滋事，煽动群众闹事，破坏社会稳定；恐怖分子的破坏；工程安全问题（交通、防火、防盗、机械事故）。这 6 项风险的名称、类别、发生阶段、风险因素、风险概率、影响程度、风险效度如表 1.10 所示。

表 1.10　风电工程社会风险综合判定结果

序号	风险名称	风险类别	发生阶段	风险因素	风险概率	影响程度	风险效度
1	污染环境	工程风险	施工阶段	施工垃圾 扬尘废气 噪声	8	9	72
2	拖欠工资	工程风险	施工阶段 竣工以后	资金拖欠	6	9	54
3	破坏生态	工程风险	施工阶段	土方开挖 废水废气 垃圾排放	7	7	49
4	个体滋事	项目与社会互视性风险	施工阶段 运行阶段	破坏社会	5	9	45
5	恐怖破坏	项目与社会互视性风险	施工阶段 运行阶段	恐怖活动	5	9	45
6	工程安全	工程风险	施工阶段	交通事故 防火防盗 机械事故	6	7	42

同时，通过分析可知，中等风险共有 6 项，如果按照风险效度值对这 6 项进行主次排序，则依次为项目筹资不到位或存在非法集资、建设场地地下情况不清楚而损坏设备设施、土地占用补偿不到位、职工行为不当而引发民族关系冲突、工程善后工作未完成而引发群众或主管部门的干涉、拆迁和土地征用纠纷。其中，对于该项目而言，第一、二、三、六项都不存在，仅需考虑第四、五项。其余 15 项为低等级风险。

1.2.7　社会风险评估结果

根据《国家发展改革委重大固定资产投资项目社会稳定风险评估暂行办法》的有关规定可知，在完成工程项目社会风险的分析之后，应按照等级分析法，综合判断拟建项目的整体风险状况与等级。根据该规定可知，工程项目社会风险分为高、中、低三个等级，其中，高风险可能会引发大规模群体性事件，群众反应特别强烈；中风险可能会引发一些冲突和矛盾，群众反应较为强烈；低风险尽管可能会引发一些矛盾，但可以通过有效的工作予以防范和化解，并最终得到群众的理解和支持。确定项目整体风险等级时，主要参照两个标准：一是评估对象中内含高等级风险因素的比率；二是按照级权值法确定的项目整体风险综合判定值。其具体划分标准如表 1.11 所示。

表 1.11　项目整体社会稳定风险等级评判表

风险等级	高风险	中风险	低风险
评价标准	大部分群众对项目有意见，反应特别强烈，可能引发大规模群体性事件	部分群众对项目有意见，反应强烈，可能引发矛盾冲突	多数群众支持但少部分人对项目有意见，通过有效工作可防范和化解矛盾
所占权重	0.55	0.30	0.15
评估对象中内含高等级风险比率/%	≥50	30~50	≤30
综值评判标准	≥0.70	0.40~0.70	≤0.40

据此，该项目依据这一规定，基于表 1.9 的分析结果，按照级权值法对该项目的所有风险进行了分析。在将风险效度归一化后，按照各等级的相应权重，计算得出该项目的社会风险综合判定值为 0.387，如表 1.12 所示。

表 1.12 工程项目社会风险整体分析与判定

序号	风险等级	风险数量	所占比率/%	效度和值	效度归一	权重	级权值
1	高等级	6	22	307	0.49	0.55	0.270
2	中等级	6	22	168	0.27	0.30	0.081
3	低等级	15	56	150	0.24	0.15	0.036
结果	高风险所占比率小于 30%					综合判定值	0.387

根据拟建工程前期相关研究报告和工程资料以及现场情况的调查结果分析可知，在该工程项目的今后建设中，可能引发的高等级风险主要依次有六项，这六项风险分别是污染环境、破坏生态、工程安全、拖欠工资、个体滋事和恐怖破坏。引发这六项风险的主要因素分别如下。

（1）污染环境：这一风险主要来源于工程建设过程中必然产生的施工垃圾、扬尘废气和多种源于工程的噪声而引发的社会风险。

（2）破坏生态：这一风险主要来源于工程建设过程中因土方开挖、废水废气和垃圾排放再加上该区域常年刮风和干旱而可能引发的问题。

（3）工程安全：这一风险主要源于工程建设过程中发生交通、火灾、机械伤害等事故后可能引发的社会风险。

（4）拖欠工资：这一风险主要源于工程建设过程中由于资金不到位等原因而引发的群体罢工、集体上访或群体冲突等问题。

（5）个体滋事：这一风险主要来源于工程建设过程中个别不法分子自身思想和心态不健康而随意滋事闹事、挑拨群众关系、破坏社会团结与稳定，从而达到个人不可告人目的的行为事件。

（6）恐怖破坏：这一风险主要源于新疆地区近年来“三股势力”恐怖势力与国际恐怖组织不断勾连，长期从事反华分裂活动，在新疆策划实施大量暴力恐怖活动，破坏新疆发展稳定而可能在工程建设过程中波及的风险。

综合上述因素，依据《国家发展改革委重大固定资产投资项目社会稳定风险评估暂行办法》的规定可以判定，该工程项目的社会风险为低等级。

【本章拓展材料】

第2章

工程项目管理模式的构建理论与方法

——以特高压工程项目管理模式为例

在工程项目实施前，建立能够满足工程项目管理需求的管理模式是工程项目参建单位首先必须开展的工作。尽管目前已有多种多样的工程项目管理模式，但是，由于工程项目在其建设规模、建设工期、建设环境、建设目的、建设要求、建造技术、涉及范围等方面具有较大的差异，对工程项目提出了不同的管理要求。为了实现工程项目的预定目标，工程项目参建单位需要结合工程项目的具体要求和企业的实际情况及能力，在工程项目相关理论的指导下，建立起能够满足工程项目管理需求的工程项目管理模式，为工程项目的顺利实施提供有效的保障。

2.1 理论论述

2.1.1 工程项目管理模式的内涵

根据工程项目管理理论可知，工程项目管理模式是对工程项目所有内容实施全方位、全过程、全系统管理的一种方式，隶属于工程项目组织管理的范畴。它包含两大内容：一是工程项目的管理体制；二是工程项目的运行机制。其中，管理体制是指管理系统的结构和组成方式，即采用怎样的组织形式以及如何使这些组织形成一个合理的有机系统。在工程项目管理中，工程项目的管理体制属于项目组织的静态管理，它主要包括确定项目组织结构形式、组织部门设置、部门职能划分、部门岗位设置和编制有关规章制度等内容，即在明确项目总体目标的前提下，将项目目标逐层分解，明确组织各部门的职责和分工以及各工作岗位的具体任务，使之各行其是，各负其责，且在工作中有章可循，有规可依。它的核心是管理机构的设置、各管理机构职权的分配以及各部门之间的相互协调与配合。实践证明，设置的管理体制是否科学合理将直接影响到项目管理的效率和效能，因此，管理体制的设置在工程项目管理中具有非常重要的作用。

运行机制是指管理系统内部各对象之间的相互关系及其运行规则。在工程项目管理中，它隶属于项目组织的动态管理，主要包括确定组织管理层级、上下级领导关系、部门之间关系、成员之间关系、工作实施流程与步骤等，即组织各部门的层级和相互关系以及各工作部门之间和部门内部的指令关系。但是，这个指令关系不仅包含上级工作部门或上级管理人员对下级工作部门或下级工作人员的工作管理关系，而且还包含各个平级部门和单位之间以及部门或单位内部平级人员之间的工作流程关系。只有明确这种关系，才能使工程项目的各项工作实施顺畅，并使项目参与各方之间的有关工作相互衔接和紧密配合，完成工程项目的各项工作，实现工程项目的预定目标。

在工程项目管理模式的构建中，项目管理体制的核心是工程项目的组织结构及其相关制度，项目运行机制的核心是项目参与各方之间的关系及项目各项工作流程。由此可知，科学构建工程项目管理组织和明确项目参与各方的职能职责就成为工程项目管理模式构建中最为主要的工作。

2.1.2 工程项目管理的基本组织形式及现有模式

1. 工程项目管理的基本组织形式

根据工程项目管理理论可知，在工程项目中，与工程项目管理模式紧密相关的就是工程项目的组织形式，它既是工程项目管理模式的核心，也是工程项目管理模式的构建基础。

目前，最为典型的工程项目组织形式有三种，即职能型、项目型和矩阵型。其中，职能型项目组织是工程项目组织中最简单的一种组织形式，它是按照职能原则而建立的项目管理组织，其特点是设置组织中的各个部门后，部门成员和领导职务按职能系统排列，每个部门中的每位工作人员都有对应的上级，各级领导只对其所属下级拥有直接管理权和指挥权，部门成员也向自己的所属上级负责和汇报工作。很显然，这种组织形式的优点是结构简单、权力集中、责任分明、命令统一、联系简捷、成员专业、工作交叉少、任务单一、行政关系清晰；缺点是管理职能过于集中，可能会由于知识或信息限制以及个人能力有限而给工作带来不利影响。若遇到规模较大、技术复杂的工程项目，不但在组织上具有管理层次较多、关系不易协调、工作监管困难、难以调动各方工作积极性等缺陷，还容易造成管理成本过高、管理效率低下、意见不易统一、问题处理耗时长、各部门多考虑自身利益而产生冲突与矛盾等问题，也不利于项目参与各方目标和利益的统一，对外部变化适应能力差。因此，这种项目组织形式一般适用于专业单一且不需要涉及许多工程外部单位的小型简单工程项目，对于大型、复杂、专业交叉较多的综合性工程项目就有很大的局限性，会给工程项目参与各方之间的信息沟通与相互协调带来极为不利的影响，大幅降低工作效率，极易产生各种冲突与矛盾。由此可以得出，在特高压工程建设中，应该避免采用这种组织形式。

项目型组织是将工程项目的组织形式独立于建设单位或施工单位职能部门之外，根据工程所需，独立设立承担工程项目工作的一种组织管理形式。该组织形式结合工程项目的特点，专门组建工程管理所需的各个部门，抽调专人来负责工程项目的具体工作，项目的行政事务、财务、人事等在公司规定的权限范围内开展工作。在实际工程管理中，项目组织对工程项目的管理具有相对独立的自主权，工程项目的具体工作由项目经理负责。它的优点是工作目标单一明确，项目管理组织层次相对简单，对工程费用、质量和进度等方面的控制更加直接，项目组织成员相对比较稳定。工程项目的管理权也相对集中，决策及时，有利于提高工作效率。其缺点是项目组织成为一个相对独立的组织，容易出现组织配置重复、资源浪费等问题。同时，团队成员来自于公司的各个部门，内部沟通需要一定的时间，且工程完工后，还需要回归原部门，因而在工程建设期间，原部门就存在岗位空缺和工作再分配等问题，因此，容易引起部门领导之间的冲突和矛盾，也容易造成项目组织成员工作状态的不稳定和工作的不专心。为此，只有当工程项目规模较大、建设期较长时，才采用这样的项目管理组织形式。由此可以看出，在特高压工程建设中，这种组织形式是可以考虑和参鉴的。

矩阵型项目组织是工程项目管理中应用最广泛的组织形式，它由纵横两套管理系统组成，一套是纵向的职能系统，另一套是横向的工程项目管理系统。在纵向职能管理基础上强调项目导向的横向协调作用，它吸收了职能型和项目型的优点，发挥了职能部门的纵向优势和项目组织的横向优势，把职能原则和对象原则结合起来，形成了新的组织形式。采用这种方式可将项目分成多个体系，这些体系既可以自行运作，也有横向联系。但在两个系统的集合处存在界面，需要具体划分双方的责任和任务，处理好两者之间的关系。总体来看，这种组织形式的优点是以工程项目任务为中心，权力与责任关系趋向灵活，能在保证充分发挥各职能部门作用的前提下，使组织结构扁平化，减少了工作层次与决策环节，提高了工作效率与反应速度，对环境变化有较好的适应能力，能够保证项目全过程和各子项目之间的连续性和稳定性。在资源方面，能协调和调配项目资源发挥更大的效益，使项目目标的实现进一步得到保证。在部门之间的相互合作方面，具有较大的机动性和灵活性，有利于工程问题的及时解决。但缺点是纵横向协调工作量大，处理不当会产生矛盾。同时，由于项目成员来自于各职能部门且仍受职能部门控制，需要接受两个或两个以上上级领导的管理，有可能造成管理秩序混乱，从而对工程管理产生一定的不利影响。

通过对职能型、项目型和矩阵型三种组织形式的介绍可知，工程项目管理的三种组织形式各有优劣，若要提出能够有效满足特高压工程建设管理需求的项目管理新模式，还需要结合特高压工程建设的管理需求，来构建相应的组织结构模式。

2. 工程项目管理的现有模式及特点

通过工程项目管理理论的学习已知，为满足不同工程项目的管理需求，通过多年的工程实践与发展，工程项目管理已逐步产生了 MC（management contract，即合同管理）、DBB（design-bid-build，即设计、招标、建造）、CM（construction management，即建设管理）、BOT（build-operate-transfer，即建造、运营、移交）、EPC（engineering-procurement-construction，即工程、采购、建造）、Partnering（伙伴）等多种不同类型的工程项目管理模式。例如，MC 模式是业主选择一个具有丰富工程管理实践经验的公司来组织工程项目的建设，并委托该公司从工程的设计、施工到验收进行全过程监管，业主一般不再介入的模式。因此，该模式一般多用于小型简单工程。

DBB 模式是由业主委托服务机构开展工程项目前期的有关工作，待项目评估立项后再进行设计，随后通过招标方式来选择和确定工程项目的承包商的模式。这种模式的优点是参与项目的三方，即业主、服务机构和承包商在合同的约定下，各自行使自己的权利，履行自己的义务，因此，这种模式可以使三方的责、权、利具体明确，避免其他行政部门的干扰。承包商可以自由选择设计和监理人员，有较大的自由度。但由于这种模式在项目管理方面是按照线性顺序进行设计、招标和实施管理的，因此，建设周期长，投资成本容易失控，业主单位管理成本相对较高。特别是在工程施工过程中，易发生设计变更，各方之间协调困难，易引发各种冲突和矛盾。具有同样特点的项目管理模式还有 CM 模式、DM（design-management，即设计–管理）模式、DB（design-build，即设计–建造）模式、Turn-Key 等模式，这些模式都存在上述类似问题。

BOT 模式是政府通过特许协议，将应由政府出资营建管理的公共基础设施交给私营企业融资、建设、经营、维护，直至特许期结束后，私营企业将该设施完整无偿地移交给政府的一种模式，涉及的项目主要是一些投资规模大、经营周期长、风险大的基础设施工程。对于输电线路这样的特殊设备设施并不适用。因此，是否采用 BOT 工程项目管理模式，还需要综合考虑 BOT 模式的特点以及工程项目的实际情况。

EPC 模式是在项目决策阶段以后，从设计开始，经招标，委托一家工程公司对设计、采购、建造进行工程总承包的模式。采用 EPC 模式后，工程总承包单位不仅需要完成工程设计工作，还需要开展工程项目的总体策划以及整个工程项目的组织与实施，业主只需说明建设意图和要求即可，其余的工作均由 EPC 承包单位来完成。因此，采用这种模式时，总承包商与业主的关系简单，组织协调工作量小，监理工程师主要与项目总承包单位进行协调，许多协调工作转移到项目总承包单位内部及其分包单位之间，使工程项目监理的协调量大为减少。同时，设计与施工是由一个单位统筹安排的，因此能使设计和施工两个阶段有机地融合与相互搭接，对实现工程进度目标极为有利。此外，在工程建设中，总承包单位通过设计与施工的统筹考虑，可以提高工程项目的经济性，从价值工程或全寿命费用的角度可以取得明显的经济效益，有利于控制工程投资。但在工程项目的建设中，如果存在大量的外部协调问题，总承包商就很难解决这些问题，这就降低了该模式在特高压过程中使用的价值性和可行性。

Partnering 模式是工程参与各方在相互信任、资源共享，并充分考虑建设各方利益的基础上共同实现工程项目目标，共同分担工程风险的一种管理模式。使用这种模式和达成 Partnering 协议之前，需要在组织内部进行内部 Partnering，即进一步检查企业内部的相关程序和文件，使企业做好实施 Partnering 的准备，包括教育和培训公司员工有关 Partnering 事项等工作，其结果就是建立一个统一的思想，以达到与其他企业进行密切合作的目的。但 Partnering 协议不是严格法律意义上的合同，而是对现有工程合同的一种有效执行方式。因此，采用 Partnering 模式可能对工程项目的工期、成本、质量等方面产生较大影响，合同纠纷可能会明显增加，项目各方利益可能也会受到损坏，之间的关系也会受到极大的影响。

通过上述分析可知，每种模式都有其自身的特点，也有各自的应用范围，就工程项目管理模式而言，很难说哪种模式可以完全能够满足工程项目管理的所有需求。因此，在构建工程项目的管理模式时，还需要根据工程项目的具体特点、建设环境、管理需求等多种因素来综合确定。

2.1.3 工程项目管理模式的构建方法

在工程项目实施前，建立能够满足工程项目管理需求的管理模式是工程建设单位首先必须开展的工作。项目管理模式一般包含两大内容：一是项目管理体制；二是项目运行机制。项目管理体制的核心是工程项目的组织结构及相关制度，项目运行机制的核心是项目参与各方之间的关系及项目各项工作流程。在工程项目的组织结构及其相关制度中，构建的组织结构是否科学合理是项目管理体制的核心，并且在此基础上，结合工程实际管理要求制定有关制度才能发挥其应有的作用。在工程项目参与各方之间的关系及项目各项工作流程中，只有预先明确项目参与各方的职能职责，才能清晰界定他们之间的关系，并在此基础上设计出科学实用的工作流程。由此可知，科学构建工程项目管理组织和明确项目参与各方的职能职责是工程项目管理模式构建中最为主要的工作。

1. 项目管理体制的构建原则与方法

构建工程项目管理体制需要预先建立工程项目的管理组织。根据工程项目管理理论可知，尽管已有多种工程项目组织形式可供选择，但要设计和构建一个有效的工程项目管理组织需要结合工程项目的建设特点、建设规模、建设内容等实际情况与管理需求。同时，在项目组织的建立过程中，还必须遵循一定的原则，并考虑组织内外各种相关因素所带来的影响，确保所建立的工程项目组织能够实现对工程项目的有效管理与控制。这些原则具体如下。

（1）目标一致。即项目组织的建立必须以项目总体目标为核心，组织内各部门可以有自己的子目标，但所有子目标必须从属于总目标，且保持与组织总目标的一致。

（2）机构实效。即组织设置的各个部门和各个岗位都应按需设置，而不能贪大求全；各岗位人员也需具备相应的工作能力，而不能随意安插不能胜任相应工作的人员。

（3）层级合理。即为了提高工作效率，快速解决各种问题，组织设定的管理层级和各部门设置的管理幅度应科学合理，尽可能取消不必要的中间环节，保证信息通畅，实现组织结构扁平化。

（4）权责明确。即在赋予各部门和项目成员相应责任的同时也赋予其相应的权利，要责、权、利三者统一，并具有相应的考核制度。

（5）共性制度的规范化、标准化和制度化。即涉及工程项目组织中各个部门和所有成员的规章制度要公平公正，要求一致，确保项目组织的和谐与稳定。

（6）整体协调。即项目组织的各部门在开展各项工作的过程中，各项工作都有相应的规章制度，当工作中发生若干冲突与矛盾时，要从大局出发，既要各自分工，又要相互协作，确保组织总目标的实现。

在明确工程项目组织构建原则的基础上，即可根据工程项目组织的构建方法，构建工程项目组织，具体的构建步骤和方法如下。

（1）全面系统地了解和掌握拟建工程项目的总体情况和在工程建设中的主次管理对象与重点工作内容，分析工程项目的管理需求。

（2）详细了解拟建工程项目的管理目标，并据之设定工程项目的组织管理目标。

（3）根据组织管理目标和工程项目的管理内容，确定工程项目组织的基本组成部分和管理层级。

（4）根据拟建工程的特点和本企业的相关管理规定，选择可以满足工程管理需求的项目组织结构形式，并按照该组织形式的原理设定具有针对性的工程项目组织机构。

（5）若现有的组织管理形式不能满足拟建工程的项目管理需求，可根据工程实际情况，研究和构建新的工程项目组织形式。

（6）建立具体化的项目组织结构，确定工程项目组织需包含的机构和部门。在组织形式确定的前提下，根据工程项目的特点和需要完成的任务明确组织的层次结构；在明确层次结构的基础上，设定每一层次相应的工作部门。

（7）详细分析各层级、各部门之间的相互关系，确定项目组织各部门各项工作的管理流程和操作程序。结合各部门的工作性质，制定相应的工作制度，建立项目管理组织各职能部门的管理规范和行为准则。

（8）明确项目各个部门的工作职责和管理范围后，设定相应的工作岗位，并明确各个岗位的工作职责与管理权限、工作流程和操作程序。

（9）配置项目组织所需的项目资源，确定项目经理，选配和落实各岗位的项目成员。

（10）编制项目组织的共性规章制度，实行相应的绩效考评，督促项目组织高效稳定运行。

2. 项目运行机制的构建原则与方法

在完成工程项目管理组织的构建后，尽管已有相应的管理制度对项目成员在其工作中的行为进行约束，但要使之有效地开展各项工作，还需要给出各项工作的相应流程，以便指导项目成员有计划有步骤地开展各项工作。

在制定工程项目的各项工作流程前，需要全面系统地了解和掌握拟建工程项目的总体情况和工程项目的主次管理对象以及工作重点内容，并分析工程项目的管理需求。在此基础上，以工程建设的客观规律和工程项目的建设流程为依据，结合工程项目管理组织各部门的职能职责，即可确定出工程项目各项工作的实施流程。同时，根据这一方法，为了确保所构建的运行机制具有科学性和有效性，还需在制定工程项目运行机制的过程中遵循以下几项原则。

（1）以客观事实为依据。在了解和掌握拟建工程项目的总体情况、工程项目的主次管理对象与工作重点内容，以及工程项目管理需求的过程中，应全面审阅工程建设的有关文件，并对工程建设主管单位的有关人员进行必要的访谈，避免经验主义的干扰和影响，客观真实地掌握工程实况与管理需求，为制定出实用有效的运行机制提供实证依据。

（2）全面分析各项工作的内外关系。工程项目管理涉及工程质量、进度、费用、安全等众多管理对象，每个管理对象中又有很多管理内容，且这些工作内容之间又具有一定的相互关系。因此，在制定各项工作流程的过程中，既要考虑到各项工作的内在规律，又要考虑到与其他工作之间的关系，避免由于考虑不周而给各项工作的开展带来障碍。

（3）制定的运行机制既要有指导性又要有灵活性。在工程项目的实施过程中，工程项目可能会受到项目内外多种因素的干扰和影响，破坏原有工程项目的工作环境与条件，使原有的工作程序可能不再有效。如果依旧按照原有的工作程序开展各项工作，就有可能无法达到预期的目的，实现预期的目标。因此，在制定运行机制的各项工作流程时，一般只给出各部门之间的框架性工作关系流程，而各项工作的具体流程则由工程施工单位根据当时的工程实际情况来确定。这样，可使制定的运行机制既满足工程项目的管理需求，又具有较强的实用性。

在此原则的指导下，依据项目参与各方的职能职责，即可按照流程图的绘制方法构建出工程项目参与各方之间的工作关系及项目各项工作流程，然后，与工程项目的组织结构及其管理制度，形成系统完整的工程项目管理模式。

2.2 应用案例

随着国民经济的稳步发展，我国对电力能源的需求逐年增加。但由于我国电力负荷中心和发电中心的地理分布极不平衡，二者之间的距离一般相隔上千千米，这就给电力能源的供给和使用带来很多困难。因此，为有效解决这一问题，满足各区域的用电需求，同时更好地优化区域资源，促进区域经济的持续发展，近年来，我国开始大力开展特高压输变电工程项目的建设。

但是，就特高压输变电工程而言，此类工程不仅具有输电线路长、涉及范围广、工程投资大、质量要求高、设备种类多等特点，而且还具有参建单位众多、施工现场多变、作业环境复杂、安全问题突出、技术要求极高等形态，这就给特高压工程项目的建设带来了极大困难。更主要的是，由于特高压工程建设具有超远程、跨区域、多部门、多单位、多环境、多空间、多时域等较多约束，常规的工程项目管理方法与模式已无法适应和满足特高压工程建设项目的管理需求。同时，由于特高压输变电技术要求的特殊性，国内外的特高压工程建设项目也非常少,也使此类工程建设管理的方法与经验极其缺乏。然而，根据国家电网的“十三五”发展规划可知，从 2016 年起，我国进入特高压工程大规模建设阶段，将逐步开工建设“六大交流特高压工程”（淮南—南京—上海、雅安—武汉、锡盟—枣庄、蒙西—天津南、靖边—潍坊、蒙西—长沙）和“四大直流特高压工程”（宁东—浙江、酒泉—湖南、准东—四川、锡盟—江苏），并在今后几年内，全面构建起西电东送、北电南送的电力能源配置新格局。为此，如何提出一种能够满足特高压工程建设的项目管理新模式就成为工程项目管理领域需要解决的一个重要的现实问题。

2.2.1 特高压与特高压工程

1. 特高压的基本概念

根据我国电压等级规定，现有的电压等级分为 220 伏、380 伏、6 千伏、10 千伏、35 千伏、110 千伏、220 千伏、330 千伏、500 千伏、750 千伏（800 千伏）和 1 000 千伏。在电力工程领域，通常把交流电压在 220 千伏及其以下的电压称为高压，330 千伏至 750 千伏的电压称为超高压，1 000 千伏以上的电压称为特高压。在直流电方面，则把 800 千伏及其以上的电压称为特高压。

工程实践已证明，在大距离、超远程输电方面，特高压输电不仅可以大幅提升电力能源的输送能力，并具有谐波干扰小、系统故障率低等优点，使电力系统更加稳定，而且还可以简化电网结构，降低电网构建成本和电能损耗，显著提高经济效益。因此，在跨区域、超远程的电力能源输送中，就采用特高压方式来输送电能。

同时，随着土地资源的日益紧张和民众节能减排意识的逐步增强，国家对大型和特大型工程建设项目的要求也越来越高。如果采用常规模式来解决日益紧缺的电力能源问题，需要建设更多的大型、特大型电厂，占用更多的土地，耗用更多的资源。与此相比，通过特高压远距离输电，则可减少土地占用，并在充分利用现有资源的基础上，还可减少烟尘排放，实现区域经济的可持续发展。同时，在大力推广清洁能源之际，特高压输电可以实现各种清洁能源的大规模远距离输送，提高电网接纳风电等清洁能源的能力，提升电力系统运行的经济性和稳定性。为此，近年来，我国开展了特高压输电线路的工程试验，以便为今后的特高压工程大规模建设积累经验。

2. 特高压工程

电力系统是由发电、输电、变电、配电、用电设备及相应的辅助系统组成的电能生产、输送、分配和使用整体，这个整体不仅可将自然界存储的一次能源转换为电能，而且可将电能实现多级分配，满足不同区域、不同用户的用电需求。据此，凡是从事电厂建设、电力输送、电力分配、电力控制等方面的工程建设项目，都被归属到电力工程项目之中。

在电力工程项目之中，特高压工程是专门解决 1 000 千伏以上电能输送的工程，它的作用是将电能从发电侧远距离输送给用电侧，并保证在电能输送的过程中尽可能地降低电能损耗。由此可知，特高压工程项目主要包含变电站和输电线路两大部分。

1）变电站工程

变电站是输变电系统的重要组成部分，它担负着变换和分配电能的作用，是变换电压等级、汇集配送电能的核心与枢纽，主要由变压器、断路器、互感器和避雷器以及控制电力系统运行的若干设备设施组成。据此可知，变电站的工程项目包含变配电室的建造，变压器、断路器、互感器和避雷器等设备设施基础的建造以及这些设备设施的安装等内容。

2）输电线路工程

输电线路的主要设备是塔架和输电导线，因此，输电线路工程建设的主要内容包含塔架安装及其基础建造、输电导线的敷设和辅助设施的安装等。在输电线路的工程建设中，由于输电线路的所有工作都是野外作业，并随着塔架的建造，时常跨越较大的区域，面临不同的地理环境和自然环境，因此，输电线路工程极易受到自然气候和环境的约束与影响，给特高压工程项目的建设带来许多不可预知的困难和问题，也使特高压工程项目具有与其他工程显著不同的特点。

2.2.2　特高压工程的特点

在电力工程领域，特高压工程项目属于新型项目，因为到目前为止，我国仅建成三条特高压交流试验线路、两条特高压直流试验线路。因此，即使是在我国工程建设领域，特高压工程也属于较为特殊的新型工程项目。从已完成的特高压试验工程来看，特高压工程具有以下几个方面的特点。

1）点多面广战线长

我国的能源基地大多在西北部，而用电负荷却大多在东部、中部和南部地区，二者相距数千千米。因此，若要解决电力输送问题，就必须采用特高压输电方式。这意味着，特高压工程项目将跨越较多区域，涉及多个不同环境，且输电线路一般都在上千千米左右。同时，在输电线路中，还需要建设多座变电站，满足不同等级电压的升降需求。因此，特高压工程项目具有点多面广战线长的显著特点。

2）材料设备种类多

在特高压输电过程中，为了能够安全稳定地输送电能，满足电能升降的不同需求，需要不同等级的变压器、断路器、互感器、避雷器和控制电力系统运行的若干设备设施。同时，在输电线路的敷设过程中，可能需要多种类型的塔架以满足穿越山川、河流、城镇、道路、桥梁、森林等不同环境的要求。因此，在特高压工程的建设中，需要多种不同类型的工程材料和设备来满足工程建设的多种需求。

3）工程投资大

由于特高压工程涉及范围很广，线路极长，并需要使用大量的特殊电气设备和材料，因而，工程项目的投资相对较大，一般少则几百亿元，多则上千亿元。

4）工程质量要求极高

电能是一种特殊能源，如果得不到有效的管控，可能会导致非常严重的后果。同时由于特高压输电涉及范围非常大，包含用户非常多，一旦发生问题，必然会给众多区域的企业生产和群众生活带来不利影响。因此，无论是在变电站的建造中，还是在输电线路的敷设以及变电设备的安装过程中，都对工程质量有着极为严格的要求，甚至远远超出了一般工程的质量要求。

5）对自然环境有一定的影响

在工程项目的建设中，特高压工程可能会穿越森林、河流、山川、农田、草原等自然环境和城镇、乡村等人居环境，无论是塔架架设还是电缆敷设或是工程材料运输，都可能在施工过程中产生一些工程垃圾、废水、废物及振动噪声。如果处理不当，有可能给周围环境造成一定程度的危害和影响。

6）易受环境影响

由于特高压工程线路较长，在建造塔架和输电线路敷设的过程中，会经过森林、河流、山川等多种多样的不同环境，必然会对工程项目的质量、进度、安全等多个方面带来不同程度的影响。

7）安全问题较为突出

由于特高压工程的塔架架设和电缆敷设都在高空作业，作业环境多变，且极易受到自然气候的干扰和影响，因此，工程安全问题是特高压工程中最为重要的管控对象之一。

8）参与方众多

同其他工程一样，特高压工程的参与方除工程建设单位外，还有施工单位、监理单位、设计单位和物资供应单位。但与其他工程不同的是，由于特高压工程项目线路极长，涉及范围极广，受自然环境影响极大，因此，为确保工程项目的按期完成，建设单位将工程项目分为若干个标段，不同的标段由不同的施工单位来完成。这样，特高压工程项目的施工单位和监理单位远比一般工程项目要多。同时，为了有效解决工程项目线路敷设中的有关问题，还需要地方政府部门、环保部门、特殊设备的制造单位和监造部门、科研部门、各属地省电力公司国家电力调度控制中心、航空管理等部门的参与和介入。由此可知，特高压工程建设是一个多方参与的特大型工程建设项目。

从特高压工程的这些特点可以看出，特高压工程和一般性的工程有很大的差别，面对众多的工程参建单位和各种各样的复杂施工环境以及多种不可预见的问题，若要确保工程项目保质保量地按期完成，常规的项目管理模式已无法满足特高压工程建设的管理需求。因此，如何结合特高压工程的特点来构建特高压工程项目管理新模式就显得极为重要。

2.2.3 特高压工程项目管理的主要内容

很显然，特高压工程项目管理模式的构建是为了使工程项目管理者实现对特高压工程项目的有效管理与控制，若要达到这一目的，首先就需要全面了解和掌握特高压工程项目各个阶段的工作内容，以便使建立的项目管理新模式能够满足工程项目在其不同阶段的管理需求，令特高压工程项目管理发挥其应有的作用。

与其他工程一样，特高压工程项目从其前期决策、工程设计、项目实施到竣工送电，也分为四个阶段，即项目的决策阶段、准备阶段、施工阶段和竣工阶段。其中，项目的决策阶段主要是对工程项目的可研、审核和立项等内容的管理；在项目的准备阶段，管理的主要内容有计划管理、招标采购、设计管理、科研管理和合同管理等；在项目的施工阶段，管理的主要内容是施工管理、物资管理、造价管理和信息管理；在项目的竣工阶段，管理的主要内容有档案管理、生产准备、启动调试和后期管理等内容。

1）决策阶段的管理内容

特高压工程项目决策阶段的主要工作是开展工程项目可研和项目节能评估工作并取得节能评估意见，并协调落实除环评、水保、站址用地预审之外的专题评估和省级支持性文件。此外，还需同步开展并完成工程线路用地预审，选址意见书编写，地质灾害、地震、压矿、文物、防洪、社会稳定等专题评估工作。在此基础上编报核准申请文件，最终取得国家主管部门同意工程立项的批复文件和项目核准文件。

2）计划管理

为了确保工程项目的顺利实施，各相关单位在工程项目组织的领导下，需编制相应的项目投资计划、工程建设进度计划、工程里程碑计划，并以里程碑计划为指导，统筹协调科研、设计、设备和现场建设等各项工作。这些工作都属于计划管理类的工作。

3）科研管理

由于特高压工程的特殊性，在其工程建设中，有很多问题需要结合工程实际开展科学研究。为了做好此类工作，就需要对科研工作的立项、审批、委托、验收及成果审查进行科学的管理，这些工作都是科研管理的主要内容。

4）设计管理

设计管理是对工程设计的全过程管理，管理的内容不仅包含工程项目的设计与协调，而且还包含初步设计的评审、重大设计变更的审核、工程“三通一标”（通用设计、通用设备、通用造价、标准工艺）等标准化成果的规划、关键施工工艺的制定、施工图设计质量的监督、工程设计数字化成品文件的管理以及工程设计交底和施工图会检等工作。

5）招标采购

由于特高压工程的特殊性，特高压工程项目的招标采购除包含提出设计监理及施工单位等招标需求计划、制订招标采购方案、组织招标文件审查、审批工程招标采购方案与评标报告、组织招标文件审查、开展工程招标和有关合同签订等工作外，还包含提出特高压专有物资需求计划和技术规范书、提出常规物资等招标采购需求计划和技术规范书、提出配套通信工程施工监理需求计划和技术规范书、提出设备采购和国产化方案及技术文件并取得国家主管部门批复等工作。

6）合同管理

在特高压工程项目中，合同管理是指工程合同实行统一归口管理，它包括工程项目环评、水保、用地预审等评估合同管理，工程设计和设计监理的设计合同管理，特高压专有物资监造、物资采购和大件运输监督等物质合同管理，建筑物及构筑物拆迁赔偿、征占地赔偿、林勘及林木砍伐赔偿等特殊合同管理，工程项目的系统调试、技术研究、光缆熔接测试等技术合同管理。

7）手续办理

手续办理是特高压工程项目建设中最为艰难的工作，它包含工程项目开工前建设用地（包括变电站征地及临建用地、线路塔基占地、通信中继站机房占地等）手续和开工许可证的办理，建筑物及构筑物拆迁补偿、线路通道林木砍伐赔偿（包括永久占用林地勘察、林木砍伐证）的办理，地方关系的协调与纠纷处理，工程范围内的停电协调与配合，办理跨越铁路、公路和通航河流等施工许可手续等工作。

8）施工管理

施工管理是特高压工程项目管理最重要的环节，它包括制定工程建设管理纲要、现场管理总体策划，编制现场建设管理工作大纲、工程创优计划、安全文明施工管理文件和特高压设备安装、构架组立、大体积混凝土施工及线路基础、组塔、放线、重要交叉跨越施工等方案，指导和监督这些计划的实施，组织开展施工技术创新与标准化技术培训工作，确定工程安全、质量、进度及投资等建设目标，审定重大原则和方案，协调处理重大问题，组织建立沟通协调工作机制、会议制度和重要事项报告制度等，开展工程安全、质量管理监督检查与评价工作，进行现场安全、质量、进度、投资等控制，落实环境保护、水土保持监测和过程监理，协调领导小组召开工作会议，协调解决现场建设重大问题，推进工程建设的各项工作，根据工程建设进展适时开展安全监督检查，审定工程施工和监理考核结果。

9）物资管理

与其他工程不同，由于特高压工程所用设备的特殊性，需要大量的专用物资，因此，对物资的管理实行特殊的专项管理。特高压工程专用物资主要有特高压变压器、高抗、开关设备、串补、二次侧设备和钢管塔等特高压设备及材料。由于这些物质的特殊性，需要在工程建设中专门组织工程物资供应。为完成这些工作，需要组织制订物资供应计划，审核特高压专有物资供货计划，协调特高压专有物资设计和技术接口，确定交接试验标准，指导、监督、检查和考核物质监造工作，组织物资按计划交付、配送、消缺补件和现场服务，协调解决安装调试过程中发现的问题。

除此之外，对于常规物资，也需要审查物质供应方案，开展物资供应统筹协调工作，协调物资制造、运输、安装、交接试验过程中出现的重大问题，统计物资供应信息，组织物资现场交接和试验工作，提出甲供物资供应商履约服务评价意见，指导施工单位进行主要乙供物资的采购等工作。

10）费用管理

费用管理的内容主要包含明确工程费用编制原则，确定工程初步设计概算和施工图预算，审核工程概预算，分析工程造价，管理工程年度和月度费用，办理资金支付，对工程投资实施总体控制，开展工程预算和决算工作，编制竣工决算报告，办理资产入账手续，开展工程造价研究等工作。

11）信息管理

信息管理的内容包括编报特高压交流工程建设月报、工程设计周报、设备材料监造周报、物资供应周报等刊物，建立工程信息管理平台并统一部署实施，处理工程信息传输中存在的问题，利用信息分析和解决工程问题。

12）档案管理

档案管理包含制定工程项目档案管理要求，组织档案培训，编辑工程资料，组织整体档案的归档、汇总、验收与移交。

13）竣工验收

竣工验收工作主要包含制定竣工验收管理办法，组织和协调有关单位验收工程项目，移交工程有关资料和工程实体，组织开展消防、安全、环保等专项验收，开展配套通信工程竣工验收及消缺。

14）生产准备

生产准备的管理内容主要包含在项目运行前编制调度准备工作方案和调度管理制度，组织运行维护单位开展生产准备工作，提出备品备件及工器具购置要求，建立生产运行管理制度，开展运维检修关键技术研究和培训等工作。

15）启动调试

启动调试是指在项目正式运行前组织编制启动调试方案，开展继电保护整定计算，审批继电保护整定方案，组织保护装置、自动化装置和安自装置的联调，组织开展线路参数测试，确定设备调度命名工作，编制启动调试调度方案，组织开展调度自动化调试和调控信息接入工作，参与启动调试工作。

16）后期管理

后期管理包括组织开展工程审计和工程后评价，重点对工程项目资金管理、项目结算等环节进行审计监督，组织工程进行全面总结，组织行业和国家优质工程申报等工作。

2.2.4　特高压工程建设管理需求分析

根据工程项目管理模式的设计与构建方法可知，预先开展工程项目的管理需求分析是设计和构建工程项目管理模式的基础。因此，若要构建出科学有效的特高压工程项目管理模式，就需要开展特高压工程建设管理需求分析这一工作。

从特高压工程项目的管理内容及其特点可以看出，特高压电网工程是一项投资较大、技术密集、涉及较广的系统性工程。在其建设过程中，工程项目的质量、进度、安全、费用等管理对象不仅受到项目内外多种客观因素的影响，而且还与项目内部部门与部门、单位与单位、人员与人员之间的相互协调与配合效果紧密相关。因此，若要实现对工程项目的有效管理，及时有效解决特高压工程建设中出现的各种问题，建立的特高压工程项目管理模式必须满足以下几方面的管理需求。

（1）工程管理模式中的组织体系要系统完整，既要包含便于快速决策的职能部门，又要包含能够有效解决实际问题的技术部门，还要包含能够有效落实项目决策与实施方案的执行部门，同时还要包含必要的工程监管部门，以便为工程项目的建设提供全方位、全过程的管理、指导与服务。

（2）工程管理模式中的组织体系要尽可能扁平化，避免职能式管理存在的低效问题。管理模式中要融合必要的工程信息管理平台，让项目参与各方都能够及时了解和掌握工程项目的实施状态，为实现工程项目的高效管理提供有效的工具。

（3）要明确项目参与各方的职能与职责，附有严格的管理制度和规定以及分析和处理问题的快速反馈机制。

（4）工程项目每一项工作所包含的质量、进度、费用、安全、物资、信息等内容，都要有相应的管理人员，并对这些管理对象有明确具体的管理要求。

（5）对于工程中的重大协调性问题，要由工程项目部统一规划、统一设计、统一协调、统一要求，确保工程建设目标始终保持高度一致。

（6）建立的管理模式要坚持集团化与属地化相结合的原则，既要满足上层主管部门统一处理宏观问题的权力归属，又要坚持与实际相结合，满足下级部门提出意见和建议的要求。

（7）鉴于特高压工程跨区域施工的特殊性和处理多种问题的现实需求性，要充分利用国家电网公司的特殊地位，在公司总部层面建立对外协调机制，对电网工程建设经常涉及的铁路、公路、河道、林业等问题开展统一沟通协调作业，解决各工程自行协调难度大、耗时长、效率低的问题，为工程项目的建设创造有利条件。

（8）基于特高压工程建设的特殊性，管理模式中承担工程建设任务的省公司建设单位要实施项目分管属地化，满足特高压工程属地化建设管理的现实需要，即允许国家电网下属省、市、县电力公司对所管辖行政区域的特高压工程行使一定的工程管理职能，以便高效协调和解决其所属行政区域内特高压工程建设中出现的有关问题。

（9）由于特高压若干设备的特殊性和重要性，对于重要设备设施要实施统一供货、统一监制、统一管理、统一分配，要便于项目组织中的有关单位实施全面质量管理与控制。

（10）构建的模式要便于工程项目实现管理现代化，便于发挥新技术、新材料、新工艺的作用，要改变传统落后的作业方式，为工程质量、进度、费用和安全等方面得到有效的管理提供有力的保障。

2.2.5 特高压工程建设参建单位

特高压工程建设的试验结果已表明，在工程项目的建设中，特高压工程战线长、地域跨度大、工程任务重、建设工期短、作业环境复杂多变等特点，常常会给工程项目管理带来很多问题。这些问题的解决不仅需要工程建设单位，还需要与工程建设紧密相关的其他单位。由于特高压工程属于国家管控的特殊工程——电力生命线工程，因此，一直由国家电网公司统管。从已完工程的经验来看，所有工程项目的参建单位可分别归属到四个类别，即总部层面、直属单位层面、省级层面和市县级层面，这四个层面分别包含的工程参建单位如下。

1）总部层面

总部层面是作为工程建设管理决策和管控的主体单元，这一层面所包含的工程参建单位主要有国家电网公司总部的交直流建设部、发展策划部、基建部、财务资产部、运维检修部、科技部、物资部（招投标管理中心）、国际合作部、国家电力调度控制中心和办公厅。

2）直属单位层面

直属单位层面是作为工程建设管理与技术支撑的主体单元，它又分为两部分：一部分为工程建设管理的直属专业公司；另一部分为工程建设科研咨询单位。直属专业公司主要包含国家电网公司交流分公司和直流分公司、物资公司和信通公司；科研咨询单位主要包含国网北京经济技术研究院（简称国网经研院）、中国电力科学研究院（简称中国电科院）和国网电力科学研究院（简称国网电科院）。

3）省级层面

省级层面是工程建设的实施主体，是工程建设的主要承担者，也是工程实施过程中具体问题的协调者和解决者。主要包含的单位有工程属地的省级电力公司、省级经济技术研究院、省级电力科学研究院、省级设计院、招投标管理中心和省级工程建设主管部门。

4）市县级层面

市县级层面是工程项目具体任务的建设者，这一层面在工程项目建设指挥部和省级公司以及直属专业公司的指导下展开具体工作，主要包含的单位有施工单位、监理单位、地方设计院、经济技术研究所、工程途经的供电公司和市县级相关主管部门。

这四个层面的关系图如图 2.1 所示。

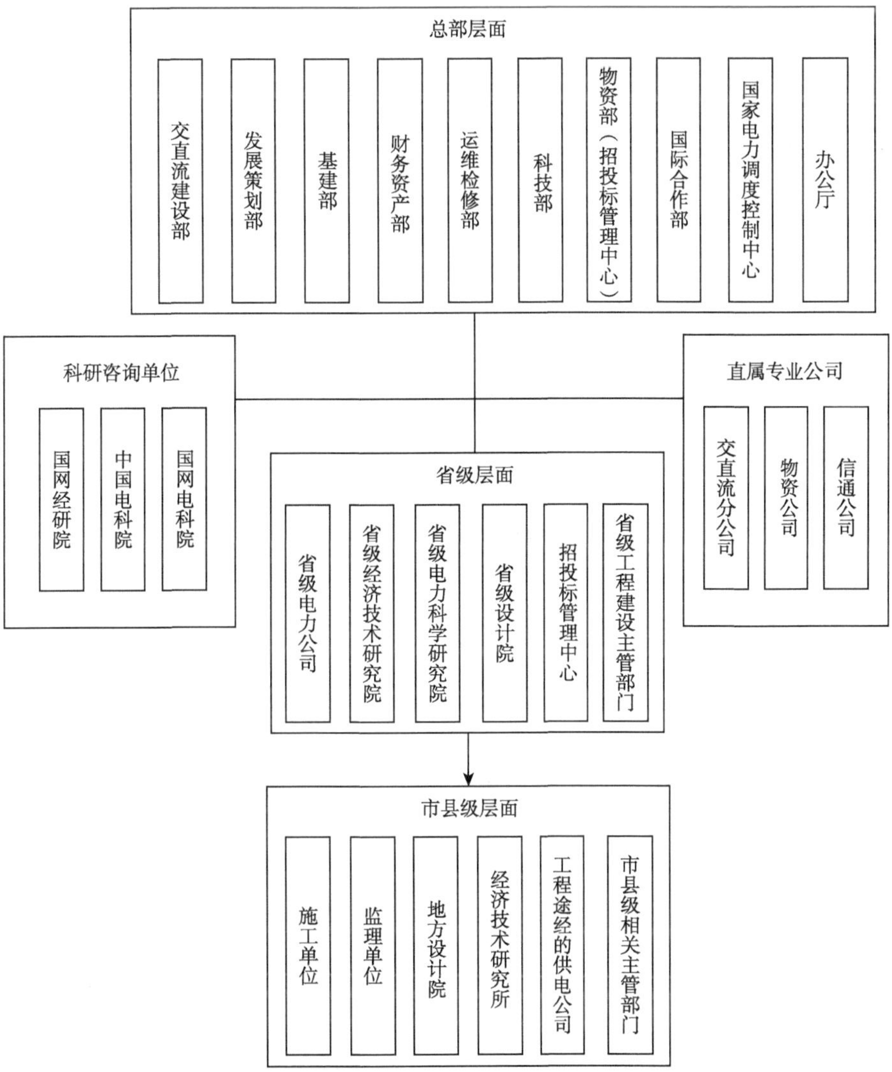

图 2.1　特高压工程建设参建单位架构图

2.2.6 特高压工程参建方的职能分析

特高压工程项目是一项极为复杂的系统工程，是由众多参建单位共同努力完成的项目，这些参建单位不仅包含总部层面的国家电网公司直属部门，而且包含直属单位层面的国家电网公司分公司，省级层面的省级电力科研院所、工程建设单位及省级工程建设主管部门，以及市县级层面的工程相关单位。之所以在工程建设中有众多单位的参与，主要是因为在工程项目的建设中，面对特高压工程较为复杂的工程施工与建造技术，工程项目的很多实施内容需要借助于不同单位的专业特长、技术及协助方可完成。从已完试验工程的实际情况来看，结合工程项目的主要管理内容与任务，项目参与各方在特高压工程建设中需要担负的职能职责分别如下。

1）国家电网公司总部

特高压工程是由国家投资，委托国家电网公司进行建设与管理的建设工程项目，国家电网公司又将公司总部作为工程建设的主管单位，代行项目法人职能，并负责组建工程项目管理组织，制定统一的工程建设管理制度、管理大纲、技术标准和管理流程，确定工程建设目标，统筹安排工程总体计划，指挥有关部门及时开展各项工作，全面推进特高压工程的设计规划、科研攻关、设备研制、建设管理、调试验收、竣工决算、总结评优等工作。同时在工程建设中，负责工程项目建设中重大问题的管理与协调、分析与决策，指导和监督直属分公司、省公司、物资公司、信通公司、科研院所等单位开展工程建设相关工作，确保工程项目的顺利进行。

2）设计单位

目前，特高压工程项目的设计主要由我国若干电力设计院来完成。在工程设计中，采用的工作模式是集中工作、联合设计、分步评审。在此过程中，由国网经研院负责工程设计监理，设计评审单位负责设计成果的技术评审。

3）科研单位

针对工程建设中存在的若干主要问题，特高压工程以工程需求为导向，在总部统筹协调下，由中国电科院、国家经研院、交直流分公司分别负责应用基础类、设计专题类和施工工艺类课题研究的组织与实施，为有效解决工程实际问题提供技术服务。

4）施工单位

在工程建设方面，特高压工程项目的建设主要由属地省公司来完成。属地省公司根据所承担的工程建设任务，将工程建设任务分为变电工程和线路工程两大部分，并分别组建工程项目部，负责现场建设并实施过程管理。

5）属地省公司

在工程建设中，属地省公司将作为分段工程属地管理实施主体，按照属地化管理原则，成立工程指挥部，负责开展并完成属地工程前期征占地、拆迁赔偿、地方关系协调等工作。同时还负责属地工程“四通一平”和国家电网公司交直流分公司管理范围之外的工程建设管理工作，负责特高压项目的变电站及受端换流站建设，负责属地区段内特高压交直流输电线路接地管理。如果属地省公司承担了工程部分出资任务，还需负责资金筹措、合同资金支付和工程成本核算工作，负责与下属的工程建设管理单位签订工程建设协议与合同，并负责完成特高压工程建设指挥部安排的其他临时性工作。

6）国家电网公司交直流分公司

在工程建设中，国家电网公司交直流分公司作为直属专业公司，主要的职责是为工程建设提供专业技术支撑，负责国家电网公司总部统一安排下的工程现场技术统筹和管理工作。这些工作主要包括工程建设管理总体策划、设计与施工技术衔接、施工技术创新与标准化、重大施工方案评审、技术培训、转序验收、专项验收、档案及信息管理等工作。同时，直接负责部分变电站工程现场建设管理，参与线路工程现场建设管理，开展创新和引领型特高压变电站及换流站研究工作，负责特高压直流送端换流站的工程现场建设管理，对属地公司及其业主项目部进行技术指导，为工程建设提供专业技术支持与保障。

7）监理单位

工程项目的监理主要由国家电网公司所属的若干监理公司来承担。监理公司根据工程监理任务，成立变电站项目监理部和线路工程监理部，并加入各施工现场的项目部，在项目经理和项目部的领导下开展工程监理工作。

8）物资公司

特高压工程采购物资主要含有三大类，即特高压专有物资、常规物资和乙供物资。其中，特高压专有物资主要有 1 000 千伏变压器、电抗器、避雷器、电容式电压互感器、支柱绝缘子、1 000 千伏合成绝缘子及大吨位瓷/玻璃绝缘子、1 000 千伏线路保护、变压器保护、电抗器保护、断路器保护、母差保护和在线监测系统、1 100 千伏开关、1 100 千伏断路器、电抗器组、电容器组、线路钢管塔等；常规物资是指甲供物资中除特高压专有物资之外的其他所有物资；乙供物资是指工程物资中除特高压专有物资、常规物资之外的其他零星物资。

根据国家发展和改革委员会对特高压工程物资采购的规定可知，对于特高压变压器、开关设备、高抗等主要设备，采用竞争性谈判方式采购，其他设备材料采用国内公开招标方式采购。乙供物资由施工单位按照国家有关规定和承包合同约定自主采购。但作为物资供应管理单位，物资公司要在国家电网公司总部物资部的管理下，负责物资合同的签订与执行，物资排产、催运和催交，组织工程物资的现场交接验收及其相关工作。

9）信通公司

在工程建设中，信通公司负责相应的通信配套工程（系统通信工程、变电站本体工程通信部分、建设视频会议系统）的现场建设管理，负责线路光缆工程全程测试和通信业务的开通等工作。

10）其他单位

作为工程建设的技术支撑单位，中国电科院、国网电科院、国网经研院等单位需要分别承担起工程设计管理、科研组织管理、设备材料质量管控和系统调试等工作。其中，中国电科院作为总部层面的业务支撑单位，负责承担关键技术研究、设备材料监造、系统调试等工作，并为总部提供技术服务。国网电科院和省级电力科学研究院则负责相应层面的技术服务工作。国网经研院作为总部设计管理工作的业务支撑单位，负责工程设计具体组织和设计质量监督工作，负责落实项目可研与初步设计的衔接工作，配合国家电网公司总部开展工程专题评估，并负责组织开展标准化设计和基础性、前沿性设计的技术研究工作。

通过对特高压工程建设中各参建单位职能职责的分析可以得知，它们之间既相互独立，有各自的主要工作，又相互相关，很多工作需要通过相互间的配合来完成。因此，在构建特高压工程项目管理模式中，为了避免管理职责不清，发生不必要的冲突，需要预先明确各单位、各部门之间的关系与职责，给它们予以清晰的管理定位就显得至关重要。这些部门和单位之间的关系如图 2.2 所示。

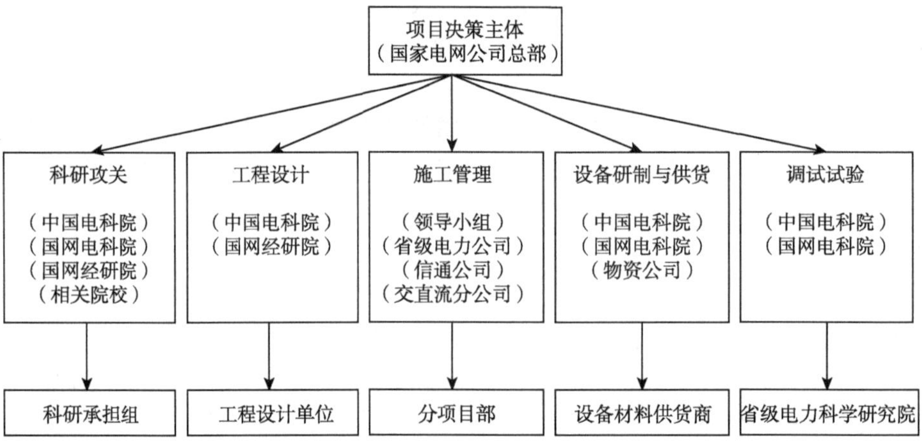

图 2.2 项目参与各方的相互关系图

2.2.7 特高压建设管理模式构建的相关因素

特高压工程的建设目标是在保质保量的前提下，把工程建成安全可靠、经济合理、一次投运成功、长期安全运行的优质精品工程。从目前情况来看，由于特高压工程属于特殊工程，全部由国家电网公司负责工程项目的建设与管理，而国家电网公司及其所属单位已全面实施了三集五大管理体系（人力资源、财务、物资集约化管理，构建大规划、大建设、大运行、大生产、大营销体系），与之相应的管理体制和运行机制也已进行了相应的调整，并在此基础上建立了国家电网公司系统自己的工程项目管理模式，因此，这就使在构建特高压工程项目管理模式时，应在遵循工程项目管理模式一般性构建规则的同时，综合考虑国家电网公司系统的若干工程管理规定，使所构建的管理模式与国家电网公司现行管理体制相匹配。从宏观角度来看，在特高压工程管理模式构建中，还应考虑的主要因素如下。

1）要综合考虑国家电网公司系统三集五大管理体系的管理模式

近年来，国家电网公司为了优化其管理模式、提高资源利用效率、压缩管理阶层、缩短业务链条、实现各单位各部门的协同高效运作，在国家电网公司系统全面实行了三集五大管理，逐步实现由粗放型管理向集约型管理的转变。这一管理模式的变更不仅与企业管理有关，也与国家电网公司系统的工程建设管理有关。由于特高压工程本身就归国家电网公司管理，因此，在特高压工程建设的过程中，若干问题的解决和处理流程必然与国家电网公司系统三集五大管理体系的管理模式直接相关。如果构建的特高压工程项目管理模式能与之实现很好的结合，必将为特高压工程项目的顺利实施提供良好的工作环境。

2）要尽可能地与国家电网公司系统工程管理模式相匹配

目前，国家电网公司在工程建设管理方面已建立了较为完整的管理体制和运行机制，并制定了适用于所有电力工程的 27 项工程项目管理制度。这意味着，任何电力工程项目的实施都须遵守这些规章制度与工作流程。因此，为了避免和减少与现有工程管理制度的冲突与矛盾，在构建特高压工程管理模式的过程中，应尽可能地与国家电网公司系统工程管理模式相匹配。

3）要综合考虑特高压工程建设管理的现实需求

通过对特高压工程项目管理的需求分析可知，在特高压工程项目中，国家电网公司从工程项目的特点出发，宜实施集团化运作、属地化管理、集约化发展、专业化管理和标准化建设的管理方式。同时，还应在工程项目的建设中，按照统一规划设计、统一技术标准、统一建设管理、统一招标采购、统一资金管理、统一调试验收的指导思想对工程项目实施管理。因此，应将这些管理思想融合进去，构建出满足特高压工程管理需求的项目管理新模式。

4）要考虑特高压工程大规模建设的管理特点

在完成特高压工程试验项目后，今后的特高压工程项目将以之为参考，开展更大规模的特高压工程建设活动。因此，在构建特高压工程项目管理模式时，既要考虑到当前特高压工程中若干问题的暂时性，又要考虑到今后特高压工程开展大规模建设的非均衡性与不确定性，使所构建的管理模式既能满足当前特高压工程项目的管理需求，又能为今后特高压工程管理模式的不断改进与完善留下必要的发展空间。

2.2.8　特高压建设管理模式的构建

1. 管理体制的构建

通过对特高压工程建设管理需求和项目参与各方职能以及国家电网公司现行管理状况的分析可知，在工程项目的建管方面，国家电网公司自身已形成了以国家电网公司总部及其职能部门为管控主体、省级公司为建设主体、直属单位和科研院所为技术支撑的三级管理体系。但对于特高压工程项目而言，由于特高压工程项目是一项极为复杂的系统工程，不仅建设规模大、项目参与方多，而且耗时长，需要研究和解决的问题也涉及较广的范围，因此，从工程项目组织管理的角度来看，最为合适的项目管理组织形式应为项目型的组织形式。这种形式不仅可以满足大型工程项目的管理需求，而且可为今后大规模开展特高压工程项目建设打下良好基础。据此，构建特高压工程项目管理体系的基本思路如下。

1）以国家电网公司总部为项目管理决策和管控主体

国家电网公司是贯彻和落实国家特高压工程建设计划的主体，这一主体的执行代表可由国家电网公司总部来承担，即成为特高压工程建设管理的决策和管控主体。在其领导下，具体的工作事项可由公司总部的交直流建设部来承担工程项目建设的总体管理任务。交直流建设部可作为工程建设领导小组，全权负责确定工程项目的建设目标和实施计划，建立工程项目管理体系，负责工程全过程的统筹协调和科研、设计、设备、验收、调试等关键环节的管控，负责重大问题的分析与决策，指导、监督和考核相关单位的工作开展及完成情况。公司总部的相关部门，如发展策划部、财务资产部、科技部、物资部（招投标管理中心）、国际合作部、国家电力调度控制中心等部门则可按照职责分工，承担其相应的工程项目前期决策、计划编制、资金安排、生产运行、物资采购及供应、电力调度等工作。这样的设置既可满足特高压工程建设的管理需求，又与国家电网公司的现行管理体制和运行机制相一致。

2）以省公司为项目属地化管理和工程建设主体

在工程建设中，基于各省级电力建设公司及其所属的市县级单位在其所属区域的实力和优势，可将各省级电力建设公司作为现场建设管理主体，省级电力建设公司及其所属的市县级单位作为工程建设主体，使其发挥属地优势，担负起属地协调、征地拆迁、现场清理、生产准备等工程现场建设管理工作，为工程项目的顺利实施创造有利条件。

3）以直属单位和科研院所为技术支撑

国家电网公司的直属单位和科研院所主要包含国家电网公司交流分公司和直流分公司、物资公司、信通公司、国网经研院、中国电科院和国网电科院等科研咨询单位。在特高压工程建设方面，由于交直流分公司具有特高压工程管理经验和工程建设专业技术支撑能力，因此可以担负起特高压线路和变电站（换流站）主体工程现场的建设管理工作。同时，结合其在国家电网公司系统的职能，还应承担起现场建设总体技术统筹、现场总体管理策划、施工技术创新、重大施工技术方案评审、技术培训、转序验收、专项验收、档案管理等工作。对于其他单位，则可结合其在国家电网公司系统的自身职能，发挥自身的特长，来承担相应的工程建设任务。例如，信通公司可负责通信工程现场建设与管理；物资公司可负责物资供应与采购，组织开展工程物资供应工作；国网经研院、中国电科院等单位作为总部层面的业务支撑单位，分别承担设计技术管理和关键技术研究、设备材料监造、系统调试等工作，并为总部提供技术服务。这样构建的特高压工程项目管理体系既可与国家电网公司的现行管理体制和运行机制相一致，又可发挥这些单位的特长。

4）设立工程现场建设指挥部

在国家电网公司现有三级管理体系的基础上，在特高压工程建设中，考虑到省公司层面建设任务较为集中，省公司所属的各建设单位管理水平、队伍能力和建设任务不均衡，仍需开展统筹协调和管理施工进度、物资供应、地方关系等大量工作，因此，还需成立以省公司为管理主体的工程现场建设指挥部。为了确保工程项目的顺利实施和各方关系的高效协调，应将国家电网公司直属单位编入指挥部，使这些人员及时了解和掌握工程项目的实际情况，将有关问题及时上传和下达，为工程建设提供更好的指导和服务。

据此，构建的特高压工程项目管理体系如图 2.3 所示。该体系所包含的相关管理制度主要有工程建设管理大纲、工程项目部工作守则、工程项目部岗位责任制、工程项目参建各方责任制、工程项目协调管理制度、工程项目日常工作管理制度、工程项目重大问题决策制度、工程项目部人员工作考核制度、工程项目参建单位考核制度等。具体内容不再论述。

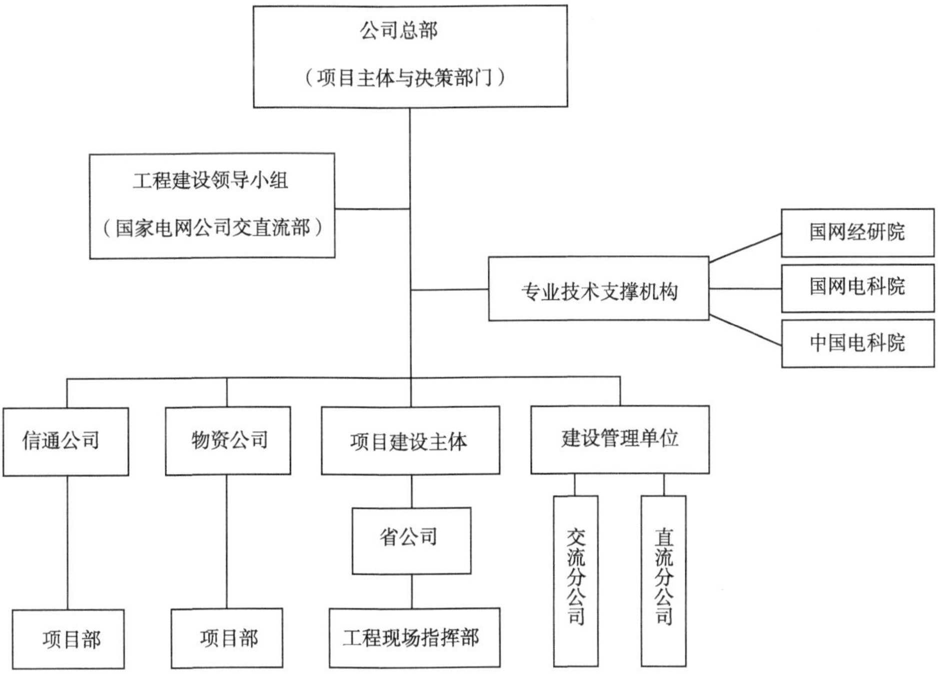

图 2.3　特高压工程项目管理体系

2. 运行机制的构建

特高压工程项目管理是一项涉及较多管理对象的系统性工作，尽管项目参与各方都有各自明确的工作内容，但在工程实际中，很多工作却是以工作为主题，在多部门的相互协作下展开的。为此，对于特高压工程来讲，以工作内容和管理对象为主题来确定工程项目各项工作的管理模式和工作流程就价值。同时，考虑到很多工作在其实施过程中可能会受到项目内外多种因素的干扰和影响，破坏了原有工作的预定实施环境与条件，因此，预先只给出这些工作的框架性工作关系或工作流程就更加的实用和有效。若以前期策划、工程设计、科研攻关、设备研制与供贷、施工管理和调试试验这几个方面来划分特高压工程项目的主要工作，则其相应的管理模式和工作流程分别如下。

1）前期策划

在工程项目的前期策划工作中，总体工作由发展策划部归口管理，负责组织开展工程项目的可行性研究工作，负责编报工程项目核准申请文件，取得国家主管部门同意开展前期工作的批复意见和项目核准文件。在开展此项工作的过程中，交直流部负责组织环评、水保和用地预审专题评估工作并取得国家级支持性文件，同时参与协调其他专题评估中的重大问题。省公司负责组织选址意见书，以及地灾、地震、压矿、文物、防洪、社会稳定等专题评估，并负责办理各类省级支持性文件，参与环评、水保和用地预审专题评估。

2）工程设计

根据国家电网公司的现行管理规定，特高压工程设计及设计监理由国网经研院负责组织管理。在开展工程项目设计工作时，各设计单位在国网经研院的组织下，按照联合设计、集中工作、分步评审的工作模式开展设计工作，设计成果由电力规划设计总院负责技术评审。

3）科研攻关

针对工程项目实施中可能遇到的问题，可采用两种方式来解决。对预先发现的应用基础类、设计专题类和施工工艺类问题，分别由中国电科院、国网经研院和国家电网公司交直流分公司负责开展课题研究。对于工程施工中出现的问题，在总部统筹协调下，根据课题的类别，在安排由中国电科院、国网经研院和国家电网公司交直流分公司分别负责开展课题研究。

4）设备研制与供货

对于工程项目的设备研制与供货，可在总部协调管控下，由中国电科院具体负责质量管控，国网电科院和省电科院参与监造，物资公司负责物资供应，省公司负责大件运输属地保障工作，使项目参与各方既有分工又有协作，共同完成工程设备从其研制到运输的一系列工作。

5）施工管理

在工程项目施工管理方面，主要由工程现场指挥部负责，各建设管理单位按变电站工程和线路工程分别组建工程项目部，具体负责工程实施过程的管理，交直流分公司和国家电网公司直属单位为工程建设提供技术指导与服务。

6）调试试验

在工程设备设施调试和试运行管理方面，由中国电科院技术牵头，国网电科院给予工作配合，省级电力科学研究院为系统调试工作的执行主体。

在明确特高压工程上述各项主要工作分工与管理模式的基础上，在各项工作的实施过程中，项目参与各方还需基于预先构建的工程信息管理平台开展工作协作与信息交流，使项目参与各方都能够及时了解和掌握工程项目的实施状态，确保各项工作的顺利实施以及各项问题及时有效解决，为工程项目预定目标的实现提供有效的保障。特高压工程项目上述几项主要工作的框架性关系流程如图 2.4 所示，项目参与各方的相互关系与工作模式如图 2.5 所示。

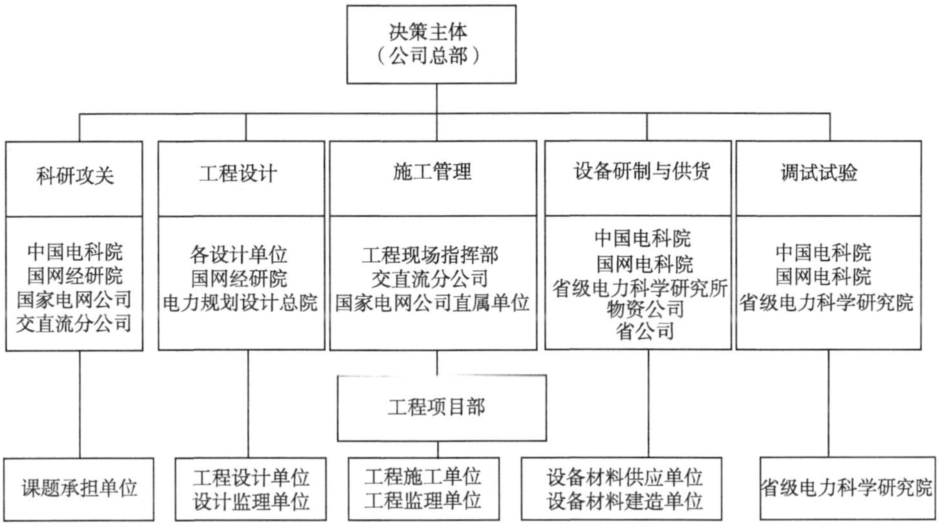

图 2.4　特高压工程项目主要工作的框架性关系流程

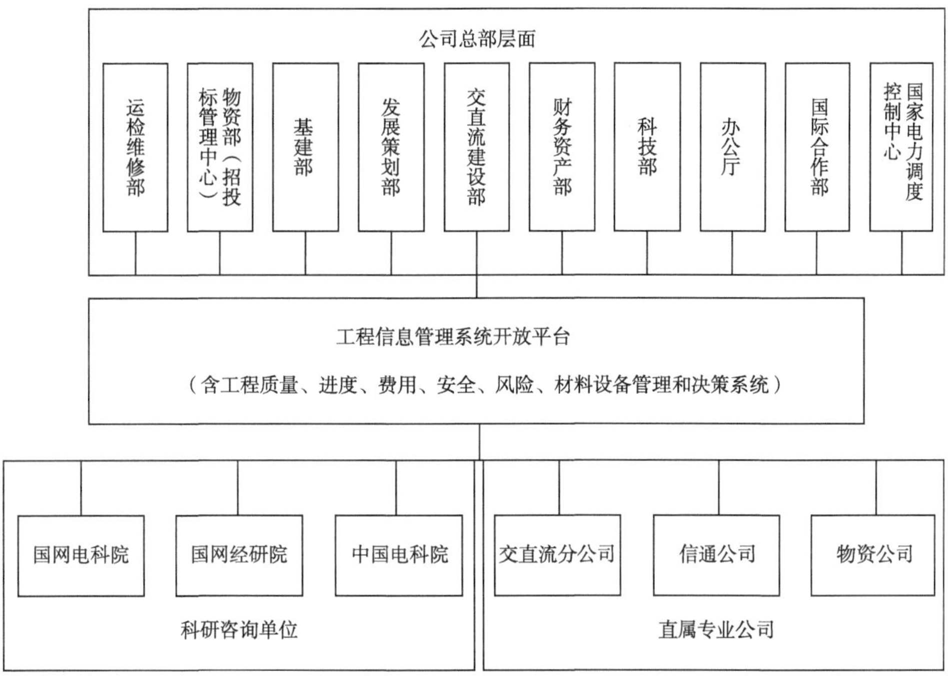

图 2.5　项目参与各方的相互关系与工作模式

【本章拓展材料】

第3章

工程项目多方案评选理论与方法

——以工程设计方案评选为例

在工程项目施工之前，设计人员将遵循安全、经济、适用、耐久的原则开展工程项目设计，编制工程实施方案。然而，在工程项目建设方案的设计和编制中，出于对多种因素和多个方面的考虑，有关人员常常会提出多种工程建设方案。很显然，不同的工程建设方案不仅存在经济上的差异，而且还会对工程建设工期、工程建设环境、工程建设条件、工程所需人员、工程建设模式等方面提出不同的要求，并会对工程项目的质量、进度、费用、安全等方面带来不同程度的约束和影响。为此，如何在众多的方案中评选出最为科学合理的工程建设方案，使工程项目的建设活动取得最高效益、获得最佳效果就成为工程项目管理者最为关注且必须解决的问题。同时，在获得多个工程项目建设方案后，如何对它们进行科学的分析和评价，使各方案通过相互的比较与分析，汲取各自的优点并使工程项目建设方案更加科学合理，就具有更为重要的意义和价值。因此，了解和掌握工程项目多方案评选理论与方法就成为工程项目管理者应当掌握的专业知识和重要技能。

3.1　理论论述

3.1.1　工程建设方案及其分类

工程项目是一项有计划、有组织的管理活动。在开展工程项目的各项主要工作之前，一般都会制订相应的实施计划和方案，使工程项目管理者能够预先做好各项准备工作，以实现预期的目标。

工程项目的各种建设计划与方案是开展各项工作的指南。根据工程项目管理理论可知，在工程项目的建设过程中，不同的阶段将开展不同的工作，如在工程项目的决策阶段，为了完成工程项目的立项审批并获得工程项目建设的核准文件，需要预先编写工程项目选址方案、地质灾害评估方案、地震安全评估方案、文物调查报告、矿藏压覆分析方案、防洪防沙评估方案、环境保护评估方案、区域水资源保护方案、社会稳定评估方案以及工程项目初步设计方案、可行性研究方案、项目资金筹措方案等多种工程项目立项审批所需的方案。在工程项目准备阶段，为了给工程项目的顺利实施提供支持与保障，需要预先开展工程项目的设计，编制工程项目设计方案、工程项目施工方案、工程项目进度计划方案、工程项目投资计划方案、工程项目建设大纲、征地拆迁方案、工程招投标方案、工程项目组织方案等多种工程项目的实施计划与方案。特别是为了确保工程项目质量、进度、费用、安全、风险等管理对象预期目标的实现，还需制订相应的工程项目专项管理工作计划与方案。即使是在工程项目的竣工阶段，为了检验工程项目的建设结果是否达到了预期的目标，还要开展工程项目的验收、检测、试运行等工作。为此，就需要编制相应的工程项目系统调试方案、系统监测方案、工程设备设施试运行方案、工程整体运行检测和调试等工作方案。此外，在工程项目的建设过程中，为了实现对工程项目其他有关工作的有效管理与控制，还会针对性地编制相应的工作计划与实施方案，如工程项目重大设备吊装方案、工程项目关键工艺实施方案、工程重大项目实施保障方案、安全监控方案、工程项目创优等方案。由此可以看出，在工程项目中，由于这些方案事关工程项目各项工作的成败，或与工程项目的经济效益紧密相关，因此，如何从中选出最佳的实施方案就具有非常重要的现实意义。

同时，为了对工程项目中的这些方案进行管理，工程项目管理者时常采用多种方法对其进行分类处理。就分类的方法而言，目前已有多种方式，如有的工程建设单位按方案所属阶段进行划分，有的则按工程项目管理对象所属单位进行划分，有的按方案的设计类型来划分，还有的将多种分类方法综合起来进行划分。其中，最为常用的划分方式是将工程项目建设方案的所属阶段和编制单位结合起来进行划分，如表 3.1 所示。

表 3.1　工程项目建设方案类别

<table>
<tr><th>序号</th><th>文件名称</th><th>所属阶段</th><th>编制单位</th></tr>
<tr><td>1</td><td>拟建项目建议书</td><td rowspan="13">决策阶段</td><td rowspan="13">工程项目建设单位</td></tr>
<tr><td>2</td><td>工程项目选址方案</td></tr>
<tr><td>3</td><td>地质灾害评估方案</td></tr>
<tr><td>4</td><td>地震安全评估方案</td></tr>
<tr><td>5</td><td>文物调查报告</td></tr>
<tr><td>6</td><td>矿藏压覆分析方案</td></tr>
<tr><td>7</td><td>防洪防沙评估方案</td></tr>
<tr><td>8</td><td>环境保护评估方案</td></tr>
<tr><td>9</td><td>区域水资源保护方案</td></tr>
<tr><td>10</td><td>社会稳定评估方案</td></tr>
<tr><td>11</td><td>工程项目初步设计方案</td></tr>
<tr><td>12</td><td>可行性研究方案</td></tr>
<tr><td>13</td><td>项目资金筹措方案</td></tr>
<tr><td>14</td><td>工程项目建设大纲</td><td>准备阶段</td><td>建设单位</td></tr>
</table>

续表

序号	文件名称	所属阶段	编制单位
15	工程项目设计方案	准备阶段	设计单位
16	主要设备设计方案		设计单位
17	工程项目施工方案		施工单位
18	工程项目监理方案		监理单位
19	工程项目进度计划方案		建设单位及相关单位
20	工程项目投资计划方案		建设单位
21	工程项目组织方案		建设单位及相关单位
22	征地拆迁方案		建设单位
23	工程招投标方案		建设单位及相关单位
24	工程保险和赔偿方案		建设单位
25	工程项目招标方案		建设单位及相关单位
26	物资供应工作计划与方案		物资供应单位
27	设备监造工作计划与方案		监理单位
28	物资采购计划与方案		物资管理单位
29	物资运输计划与方案		设备供应单位
30	现场建设总体策划方案		建设单位
31	施工管理规划大纲		建设单位及相关单位
32	工程项目会审计划与方案		建设单位、设计单位
33	技术培训方案		建设单位及相关单位
34	土木工程施工方案	施工阶段	施工单位、监理单位
35	给排水工程施工方案		施工单位、监理单位
36	采暖工程施工方案		施工单位、监理单位
37	通风工程施工方案		施工单位、监理单位
38	通信工程施工方案		施工单位、监理单位
39	电气工程施工方案		施工单位、监理单位
40	质量专项管理方案		施工单位、监理单位
41	进度专项管理方案		施工单位、监理单位
42	费用专项管理方案		施工单位、监理单位
43	安全专项管理方案		施工单位、监理单位
44	风险专项管理方案		施工单位、监理单位
45	环保专项管理方案		施工单位、监理单位
46	资源调配计划		物资供应单位
47	物资管理方案		物资供应单位
48	工程关键工序指导方案		施工单位、监理单位
49	工程项目重大设备吊装方案		施工单位、监理单位
50	工程项目关键工艺实施方案		施工单位、监理单位
51	工程重大项目实施保障方案		施工单位、监理单位
52	工程风险监控方案		施工单位、监理单位

续表

序号	文件名称	所属阶段	编制单位
53	工程项目创优方案	施工阶段	施工单位、监理单位
54	安全文明施工方案		施工单位、监理单位
55	精品工程策划方案		施工单位、监理单位
56	施工技术创新方案		施工单位、监理单位
57	工程项目验收方案	竣工阶段	建设单位
58	工程项目系统检测方案		建设/监理/使用单位
59	工程项目系统调试方案		建设/监理/使用单位
60	工程项日系统监测方案		建设/监理/使用单位
61	工程整体运行检测方案		建设/监理/使用单位
62	工程主体试运行方案		建设/监理/使用单位
63	工程辅助设施试运行方案		建设/监理/使用单位
64	工程项目启动调度方案		建设/使用单位
65	生产准备工作大纲		使用单位
66	工程后评价方案		建设单位

此外，从工程项目方案选择的角度来看，工程项目方案又可分为三种类别，即独立方案、互斥方案和综合方案，其含义如下。

1）独立方案

独立方案是指一组互相独立、互不排斥的方案。在独立方案中，接受或放弃某个方案，并不会影响到其他方案的选择。

2）互斥方案

互斥方案是指互相关联、互相排斥的方案，即方案间存在着排他性，选用其中一种方案，就会自动排除对其他方案的选择。

3）综合方案

综合方案是指一组方案组合中，可能不同的层次存在着不同类型的方案，可能高层次的方案是独立型的，而低层次的方案是互斥型的，或者反之。

3.1.2　多方案评选的基本原则

为了实现对工程项目的有效管理，有效解决工程项目中的实际问题，工程项目管理者会从不同角度提出同一管理对象的多种工作计划或实施方案。对于种类较少、内容简单且需要考虑因素较为单一的项目，一般通过简单的对比分析，即可从中选出最佳方案，并做出最终的选择和相应的决策。但对于方案种类较多、内容复杂且需要考虑因素较多的项目，就需要采用一定的评选方法来进行多方案选择。同时，在方案的评选中，为了确保评选方法的科学性、评选指标的针对性、评选过程的有效性和评选结果的可靠性，还需遵循一定的评选原则。在评选原则的指导下，开展相应的多方案评选分析工作，然后，根据评选结果，即可选出相对较为科学合理的方案。从广义角度来讲，多方案评选中应遵循的原则主要如下。

（1）参选方案必须符合国家工程建设的方针政策，符合国家工程建设和本行业的有关标准、规范、规程和规定。

（2）评选前应明确评选方案所需具备的具体条件，各项条件应具有参鉴性、可比性、相关性和目的性。

（3）必须明确方案评选的前提条件，必须以实现管理对象的预定目标为前提，提出的方案必须符合工程项目实际情况。

（4）方案比选时应采用同一种评选方法，评选的方法应尽可能采用数理逻辑的方式，评选过程要尽可能消除人为的干扰和影响。

（5）衡量各方案的评选指标必须在指标数量、指标种类、指标量纲、数值表示等方面完全相同，应确保评选指标值的标准化和同向化。

（6）对各方案的比选赋值必须遵循同一标准，赋值中涉及的赋值精度、赋值数量、赋值类型必须保持一致性。

（7）方案比选的计算口径应保持一致，计算的模型、过程、步骤以及计算中涉及的有关参数必须采用相同的选取规则，并选用同一标准。

（8）比选结果必须是同一类的数值类型，且量纲必须保持一致。必须依据同一标准对评选结果进行判定。

（9）选定的方案应满足工程实施的相关要求，且经济适用、安全可靠、质量优秀，不会给工程项目、施工人员及自然环境造成不良后果。

（10）选定的方案应具有可操作性和可实施性，与工程项目的设计相一致，并可达到预期的目的或实现预期的目标。

除以上原则外，对于涉及工程项目综合效益的计划与方案，原则上应通过经济评价来进行评选；重大基础设施和公益性项目的方案，应通过经济评价和综合评价来确定。对产出物相同或基本相同、投入物构成基本一致的方案，在不会与经济评价结论发生矛盾的前提下，可通过财务评价加以确定。但不论采用哪种方式进行多方案的评选，都必须遵循上述基本原则。

3.1.3 多方案评选内容

项目多方案的比较与选择是为了从多个方案中选取出最佳的方案，以更快更好地实现工程项目的预期目标。一般来讲，在进行多方案的比较与选择前，需要预先确定方案比选的条件，明确方案方案比选的目标，然后根据目标确定方案比选的指标，并进行技术经济分析与评估。根据评估结果，从中选出最佳方案。

在多方案的比较与分析过程中，尽管各个方案都是出于同一目的所编制的方案，但不同的方案具有不同的倾向性，所考虑的内容也各有侧重，涉及的内容可能既包括工程技术方面的具体方法与措施，也包括实施中所需要的有关资源和条件，并直接或间接地与工程项目的经济效益、社会效益或费用成本有着不同程度的关系。同时，由于不同方案具有不同程度的可行性，实施和执行的难易程度也就有了不同程度的差异，这就给执行方案的有关人员和所需环境与条件提出了相应的要求。因此，这些方面就成为多方案选择中需要考虑的多项内容。但在多方案的实际比选过程中，并不会将方案所涉及的内容和对象进行全面比较，一般多会结合工程项目编制方案的目的，从中选出需要考虑的主要内容，忽略次要的内容，并根据所确定的主要内容确定多方案比较的目标，使选出的方案不仅在解决实际问题方面简单易行、具有可实施性和可操作性，而且能够获得最佳的经济效益和社会效益。据此，多方案比选的内容主要包含以下几个方面。

1）方案的科学性

方案的科学性是指编制的方案以科学思想为指导，依据有关科学原理，通过全面系统的分析来提出解决问题的方法，而非仅仅依靠个人主观臆断或以往的经验来提出解决问题的有关措施。

2）方案的合理性

方案的合理性是指编制的方案要符合工程建设的规律，方案中提出的具体方法和措施符合工程实际情况，在解决工程实际问题方面具有针对性。

3）方案的可行性

方案的可行性是指方案中所提出的条件或要求在工程项目中能够实现，或是通过努力可以达到方案所要求的程度。

4）方案的有效性

方案的有效性是指通过实施该方案，即可有效解决工程项目中所需解决的实际问题，达到预期的目的，实现预期的目标。

5）方案的可实施性

方案的可实施性是指方案中所提出的方法和措施详细具体，有明确的实施步骤、程序、方式、时间及所需具备的资源，可以指导有关人员开展具体工作。

6）方案的安全性

方案的安全性是指在方案的实施过程中或实施后不会给有关人员、自然环境和社会环境带来不利影响。

7）方案的经济性

方案的经济性是指方案实施后能够节约费用、降低成本，或能够给工程项目带来良好的经济效益和社会效益。

在工程项目的方案比选中，除上述几项需要考虑的内容外，可能还会因工程项目方案编制目的的差异而有所不同。特别是多个方案之间存在明显的互斥性时，就需要综合考虑各种因素，兼顾各方面的要求，从中选择出比较满意的实施方案。因此，开展方案比选时，可以根据实际情况，进行全面系统的分析与比较，也可仅就个别关键内容进行局部个项的对比与分析。但不论采用哪种方式，选出的方案都应该科学合理、经济适用、安全可靠、保质保量，并能有效解决实际问题，达到预期的目的。

3.1.4　多方案评选方法

在设计和编制工程项目某一方案时，不同的设计人员或编制者常常会设计出多种不同的方案。这些方案既有各自的特点和优势，也有若干缺点和不足；既在某些方面存在相同之处，也有多种差异之处。因此，面对众多的方案，就需要项目管理者和决策者从中选出一种最为科学合理的实施方案。

在方案的选择中，主要存在两种情况：一种是有较多的可选方案；一种是有较少的可选方案。很显然，当只有两三种可选方案时，项目管理者和决策者即使对之逐一进行分析，也会很快得出相应的判定结果。而当设计和编制的方案较多时，如果对之逐一进行分析，就需要耗费很大的精力。此时，为了提高工作效率，就需要项目管理者和决策者在明确工程项目建设目标的前提下，预先确定若干工程项目的主要指标，并以此为依据，对众多方案进行初步评选，预先剔除技术上不可行、实施较为困难，或可能给工程项目带来其他不利影响的方案，并从中选出少数几项满足工程建设需求的方案，然后再对这几个少数方案进行详细的分析和对比。所以，在工程项目的方案比选中，就有多方案的初步评选和综合评选两种比选方式。

1. 多方案的初步评选

多方案的初步评选是当工程建设方案存在较多种类的情况下开展的方案评选工作。目前，在多方案的初步评选中，评选的方法主要有指标法、物元法、对比法、费效比法、德尔菲法、多属性决策法、序数分析法等多种方法。其中，最为常用的方法主要有指标法、对比法、费效比法和德尔菲法。

1）指标法

指标法是在完成对多个方案全面了解并获得其共性基础上，从中提取出若干主要指标，然后以这些指标为基础，对所有方案进行相互间的对比，根据对比结果，选出少数相对较为优秀的方案，为下一步多方案的深入分析提供条件的方法。由于该方法在获得指标一致性认可的基础上非常易于操作，因而在多方案的初步分析中较为常用。

2）物元法

物元法是把各个实施方案分别当做若干独立单元，预先设定单元的比较基准，以这一基准为所有方案的参照对象，通过所有方案与基准的对比，从中选出符合基准要求的实施方案的方法。但由于在设定比较基准方面缺乏统一的规则，因此，使用该方法选取的方案可能会存在争议。

3）对比法

对比法也称比较分析法或比较法，是把多个同类方案加以比较，以达到对方案的全面了解和认识并做出正确的评价和选择的方法。根据对比方式的不同，对比法又分为绝对对比和相对对比。绝对对比是利用方案的具体数值进行的对比分析；相对对比是将所选方案的相关数据归一化后进行的对比分析,用以反映多方案之间数量关系的相对程度。

在对比分析中，选择合适的对比标准是十分重要的，只有基于一样的基准，才能做出客观的评价，其比较的原则是方案的内涵和外延具有相同性、设定的时间范围具有一致性、参数的确定方法和总体性质具有可比性，否则就可能得出错误的分析结论。

4）费效比法

费效比法也称为价值分析法，在工程项目方案的初选中，该方法主要用于对多方案实施效果的初步估计，是一种研究如何以较低的成本实现方案预定目标，从而取得最佳经济效益的分析方法。特别是在方案的选择中比较注重方案的最终效益时，这种方法就较为适用。

5）德尔菲法

德尔菲法是一种邀请若干专业人员基于自身的工作经验对多方案进行评选的方法。采用这种方法时，将所有方案提交给若干专家，由专家通过多轮次的共同分析选出较为合理的方案。该方法原理上易于理解，操作上简便易行，分析过程快速高效。但当所选取的专家经验不足时，受主观因素影响较大，难以保证评价结果的客观性和有效性。

6）多属性决策法

多属性决策法是利用工程项目管理者和决策者的偏好信息，构造一个价值函数，以此将决策者的偏好数量化，然后根据各个方案的有关参数与该价值函数的对比进行评价和排序，从而找出带决策者偏好的优化结果。该方法对评价对象描述比较精确，可以处理多决策者、多指标、动态的实施方案，但由于假设条件较多，并受决策者主观偏好的影响，分析的结果也容易引起较多的争议。

7）序数分析法

序数分析法是一种按顺序主次递进分析的方法，具体方法是工程项目管理者和决策者首先确定出所选方案最重要的一项指标，然后以此指标为基准，从众多方案中选出符合要求的方案。然后从选出的方案中再次确定所选方案最重要的一项指标，然后以此指标为基准，从这些方案中选出符合要求的方案。如此重复进行，直至剩下完全符合要求的一两项较佳方案。

上述这些分析方法在工程多方案的初步分析中已得到普遍应用，但在实际应用中还应结合工程实际情况来确定。特别是当编制的方案中涉及较多的定性因素（如自然环境、生态保护、道路交通、山川河流、地质气象、居民工厂、社会状况、国家政策、民族风俗等）时，如果方案初选的方法不合适，那就极易使所选取的方案具有争议性。因此，当所分析的方案属于此类方案时，项目管理者和决策者在方案初选中就需要更加谨慎。从总体来看，方案初选应遵循的基本原则如下：①所选方案必须达到预期的目的。②所选方案不得给工程项目带来不利影响。③初选方案时确定的指标必须得到一致的认可。④必选的对象必须具有明显可比性。

2. 多方案的综合评选

多方案的综合评选是从多个角度对方案进行的全局性和整体性分析与评价。由于综合评选中考虑的因素相对较多，为了确保评选结果的科学性和客观性，一般多采用定量分析方法来开展多方案的比选工作。从评选方法的应用情况来看，目前，较为常用的综合评价方法主要有模糊评价法、熵权评估法、灰色分析法（grey relational analysis）、神经网络法、层次分析法等多种方法，这些方法的评价目标各有侧重，可由工程项目管理者和决策者结合工程项目建设方案评选时的实际需求来选择。

1）模糊评价法

模糊评价法以模糊数学为理论依据，在明确定性与定量转换关系的基础上，将方案中所有评价对象的定性信息都转换为量化数据，然后按照一定的规则构建起包含所有因素的模糊分析矩阵，通过对矩阵的归一化处理和数理分析，给出所有方案基于一致性基础上的隶属度分析结果，根据这一结果，即可选出最佳方案。使用该方法的具体步骤如下。

（1）基于模糊数学的隶属度理论，将方案中的评价的定性因素转化为定量数值。

（2）把评估目标看做由多个因素构成的模糊集合（称作因素集，记为U），并设定这些因素的评价等级范围$V\left(v_j\right)$。其中，$U=\{u_1,u_2,\cdots,u_n\}$，$i=1,2,\cdots,n$，n为因素的数量，j为等级的数量。

（3）结合工程项目的实际情况，按照评价等级分析每个因素的隶属度r_{ij}，并构建起相应的评判集$\boldsymbol{R}$。

$$\boldsymbol{R}=\begin{Bmatrix} r_{11} & r_{12} & \cdots & r_{1m} \\ r_{21} & r_{22} & \cdots & r_{2m} \\ \vdots & \vdots & & \vdots \\ r_{n1} & r_{n2} & \cdots & r_{nm} \end{Bmatrix}$$

其中，m为评价指标的数量。

（4）利用预先确定的赋权方法确定指标权重，给出所有评价指标相应的权值K。赋权的方法既可以采用现有常用的方法，也可以采用提出的新方法，$K=\{k_{11},k_{12},\cdots,k_{1m}\}$。

（5）构建起包含所有因素的如下模糊分析矩阵$\boldsymbol{D}$。

$$\boldsymbol{D}=\left(k_1,k_2,\cdots,k_n\right)^{-1}\begin{Bmatrix} r_{11} & r_{12} & \cdots & r_{1m} \\ r_{21} & r_{22} & \cdots & r_{2m} \\ \vdots & \vdots & & \vdots \\ r_{n1} & r_{n2} & \cdots & r_{nm} \end{Bmatrix}=\{d_{ij}\}$$

（6）对模糊分析矩阵进行归一化处理，获得归一化矩阵$\boldsymbol{R}^*$，确保分析结果的一致性。

$$\boldsymbol{R}^*=\left(D_{ij}\right)_{m\times n}$$

其中，$D_{ij}=d_{ij}\Big/\sqrt{\sum_{i=1}^{n}\left(d_{ij}\right)^2}$。

（7）按照矩阵计算规则分析包含所有因素的矩阵$\boldsymbol{D}$，给出所有方案基于一致性基础上的隶属度分析结果。

（8）根据隶属度，即可选出最佳方案。

2）熵权评估法

在对多方案的比选分析中，常常需要考虑每个评价指标在比选中的相对重要程度。如果将每个指标的重要程度按照熵原理以权重的方式表示出来，那么就可以建立起内含多个指标熵权的不同方案评价矩阵。通过对该矩阵的分析，即可获知各个方案在方案集合中各自相对的重要性和总体状态，由此即可分析和选取出最佳的实施方案。

熵（entropy）的概念思想来源于热力学，它表示不能做功的热能。美国数学家Shanno将之引入通信工程中并形成信息论后，熵在管理科学、工程技术、社会经济等领域中就得到了广泛的应用。其广义性的含义是，系统状态的不确定性可以用熵进行度量，熵值越小，表示信息量越多。如果系统处于多种不同状态，每种状态体现的概率为 $P_i(i=1,2,\cdots,n)$，则对应的熵值为

$$H=-\sum_{i=1}^{n}P_i\ln P_i,\ P_i\text{满足}0\leqslant P_i\leqslant 1,\sum_{i=1}^{n}P_i=1$$

如果按照这一思想，根据各个方案所提供信息来确定各评价指标的权重，即可建立起以熵权为基础的熵权评估法。其具体的方法如下。

（1）根据所提供的 n 个方案，确定 m 个评价指标，并给出每个方案各个指标的评价值。

（2）将每个方案的各指标值进行组合，构成基于评价指标的多方案判断矩阵 $\boldsymbol{A}$。

$$\boldsymbol{A}=\left(r_{ij}\right)_{m\times n},\quad i=1,2,\cdots,n,\quad j=1,2,3,\cdots,m$$

（3）对判断矩阵进行标准化处理，获得标准化矩阵 $\boldsymbol{R}_i^*$。

$$\boldsymbol{R}=\left\{r'_{ij}\right\},\quad r'_{ij}=\frac{r_{ij}}{\boldsymbol{R}_i^*},\quad \boldsymbol{R}_i^*=\max\left\{r_{ij}\right\}$$

（4）根据熵的评价公式，确定各个指标的熵权。设第 i 个指标的熵权为 ω_i，则：

$$\omega_i=\frac{1-H_i}{m-\sum_{i=1}^{m}H_i},\quad 0<\omega_i<1,\quad \sum_{i=1}^{m}\omega_i=1$$

$$H_i=-k\sum_{i=1}^{n}f_{ij}\ln f_{ij},\quad j=1,2,3,\cdots,m,\ f_{ij}=\frac{r'_{ij}}{\sum_{j=1}^{n}r'_{ij}},\ k=\frac{1}{\ln n}$$

（5）构建含有熵权的多方案评价矩阵 $\boldsymbol{A}$，$\boldsymbol{A}=\left\{\omega_i\right\}\left\{r'_{ij}\right\}$。

（6）按照矩阵计算规则分析多方案评价矩阵 $\boldsymbol{A}$，获得各个方案在方案集合中各自相对的重要性和总体状态。

（7）根据分析结果，选取出最佳的实施方案。

3）灰色分析法

灰色分析法是基于灰色系统理论提出的一种方案比选方法，是根据因素之间发展趋势的相似或相异程度，来衡量因素间关联程度的一种方法。该方法在多方案比选前，应预先确定一个虚拟最佳方案作为比较标准，然后将其他方案与之进行比较，从而选出最佳方案。在分析过程中，需要通过各方案之间的关联度计算得出各方案数据比较序列，根据数据序列即可得知各方案的相对重要程度，从而选出最佳方案。关联度计算的具体步骤如下。

（1）确定反映各自方案特征的参考数列和虚拟最佳方案的比较数列。

（2）对参考数列和比较数列中的参数值进行无量纲化处理。

（3）求各个方案的参考数列与比较数列的灰色关联系数 ζ_i：

$$\zeta_i=\frac{\varDelta_i(k)+\beta\varDelta(\max)}{\varDelta(\min)+\beta\varDelta(\max)}$$

其中，β 为分辨系数；$\Delta(\min)$ 为分析对象的最小值；$\Delta(\max)$ 为最佳方案的相应值；$\Delta_i(k)$ 为分析对象的实际值。

（4）求各个方案与虚拟最佳方案的关联度 r_i： $r_i = \frac{1}{n}\sum_{i=1}^{n}\zeta_i$ 。其中，n 为该方案中的参考数列数量。

（5）根据关联度 r_i，得出多方案比较序列，根据比较序列即可得知各方案的相对重要程度，从而选出最佳方案。

4）神经网络法

神经网络法主要是在分析和评价多方案的过程中，通过神经网络模型来确定分析指标权重的方法。神经网络模型主要由输入层、隐含层和输出层组成，每层有若干个节点(神经元)，每个结点接受来自其他结点的信息后，通过转换函数输出信息，给出分析结果。在多方案的分析和评价过程中，输入信息通过隐含层传向输出层，若输出层得不到期望的输出，则转入反向传播，将误差信号沿原来的连续通路返回，修改各层结点间的权重值。在确定了合理的权重后，即可基于数理原理，结合一般的评价模式对多方案进行分析与评价。在工程实际中，由于该方法过于抽象且相对较为烦琐，因而，应用得相对较少。

5）层次分析法

层次分析法也被简称为 AHP 法，即 analytic hierarchy process，它是 20 世纪 70 年代由美国学者提出的一种分析方法。该方法先将分析过程层次化，然后在明确分析指标的基础上，将所有分析对象全部量化并建立起包含所有分析对象的比选矩阵。通过对比选矩阵系统严谨的数理分析及一致性判断，给出对所有对象的分析结果。根据分析结果，即可选出所有方案中的最佳结果。其评价流程的具体步骤如下。

（1）明确工程项目的建设目标、各个方案的设计或编制依据。

（2）明确工程的各方案评价的目的、目标和流程。

（3）选定评价指标、权重及评价的方法。

（4）建立专家组并对评价指标、权重及评价的方法提出建议，确定一致性认可的评价指标、权重和评价方法。

（5）获取评价数据。

（6）对所获取的数据进行标准化处理后得到标准化矩阵 $\boldsymbol{R}$ 。

设 $\boldsymbol{X} = \left(x_{ij}\right)_{m\times n}$，$i = 1,2,\cdots,n$，$j = 1,2,\cdots,m$，$\boldsymbol{R} = \left(r_{ij}\right)_{m\times n}$，$r_{ij} = \frac{x_{ij}}{f}$，$f = \max\left(x_{ij}\right) > 0$，其中，$m$ 和 n 根据不同方案的实际情况将有不同的含义。

（7）计算归一化矩阵 $\boldsymbol{R}^*$。

$$\boldsymbol{R}^* = \left(r_{ij}^*\right)_{m\times n}$$

其中，$r_{ij}^* = \dfrac{r_{ij}}{\sqrt{\sum_{i=1}^{n}\left(r_{ij}\right)^2}}$ 。

（8）计算加权标准化矩阵 $\boldsymbol{V}$ 。如果 m 个方案的权系数分别为 $\omega_1,\omega_2,\cdots,\omega_m$ ，且

$\sum_{j=1}^{m}\omega_j=1$，则有 $v_{ij}=\omega_j r_{ij}^*$，$\boldsymbol{V}=\left(v_{ij}\right)_{m\times n}$。

（9）判断分析结果的一致性。

预先设定一个解决问题的期望目标值 S 和允许偏差值 α，则各方案与目标值 S 的允许偏差 W_i 为

$$W_i=\left|S_i^k-S\right|\leqslant\alpha,\ S_i^k=\sqrt{\sum_{j=1}^{m}{v_{ij}}^2}$$

其中，k 为方案编号。

如果分析结果满足一致性检验要求，则由下式所计算的 ε_i 值来决定最终方案的取舍。设若干决策者统一评判后，对筛选出的 k 个方案的权系数分别为 $\omega_1^*,\omega_2^*,\omega_3^*,\cdots,\omega_i^*,\omega_k^*$，则 $\varepsilon_i=\sum_{k=1}^{k}\omega_k^* s_i^k$。

除上述几种方法外，还有主要侧重于项目经济效益分析的净现值法和内部收益率法，侧重于工程造价的最小费用法，侧重于实施效果的难易指数分析等方法。尽管目前已有多种方法，但各种方法的选用主要取决于方案比选的主要倾向与目的。特别是在不同方案的比选中，为了体现公平公正的原则，很多评价方法正在逐渐倾向于赋值给各个方案等权的状况，以便使选取的最终方案更加科学合理。

3.1.5 多方案评选流程

根据多方案比选方法可以得知， 在多方案的选择中，当比选方案的数量不同时，可采用不同的比选方式来处理。在不同的处理方式中，又有多种比选方法可供选择。因此，这就意味着，在开展工程项目多方案的实际分析与评价中，需要工程项目管理者和决策者面对不同的情况采取相应的方式。但不论哪种方式，一般都需要首先了解和掌握工程建设方案编制的目的和意图，并在全面系统地了解和掌握工程项目实施状态或实际状况的基础上，进一步详细地了解和掌握所编方案的实施内容、实施原则、实施方法、实施时间、实施地点、实施环境、所需具备的条件、需要的资源、可能出现的问题、问题的解决方式、方案实施过程中的保障措施、实施的效果等实施方案中所包含的全部内容，以便从中获知各个方案的特点，为有效地开展多方案比选奠定基础。同时，根据工程建设方案编制的目的和意图，明确方案的比选目的和评选目标，确定出若干评价指标。结合这些方案的特点，选取出相应的多方案比选方法，然后即可按照预定的评价流程与步骤，开展多方案的评价工作。在获得所有方案的分析与评价结果之后，即可根据分析与评价结果对所有方案进行排序，从中选出最佳的实施方案。这一过程即为多方案评选的流程，该流程图如图 3.1 所示。

此外，如果比选的方案不太理想，在比选中还发现落选方案的优点，还可以请各方案的编制单位进一步修改和完善原有的方案。然后对修改后的方案进行再评审，这样就有可能使最终的方案融合所有方案的优点，使工程项目不仅能够有效解决所存在的问题，

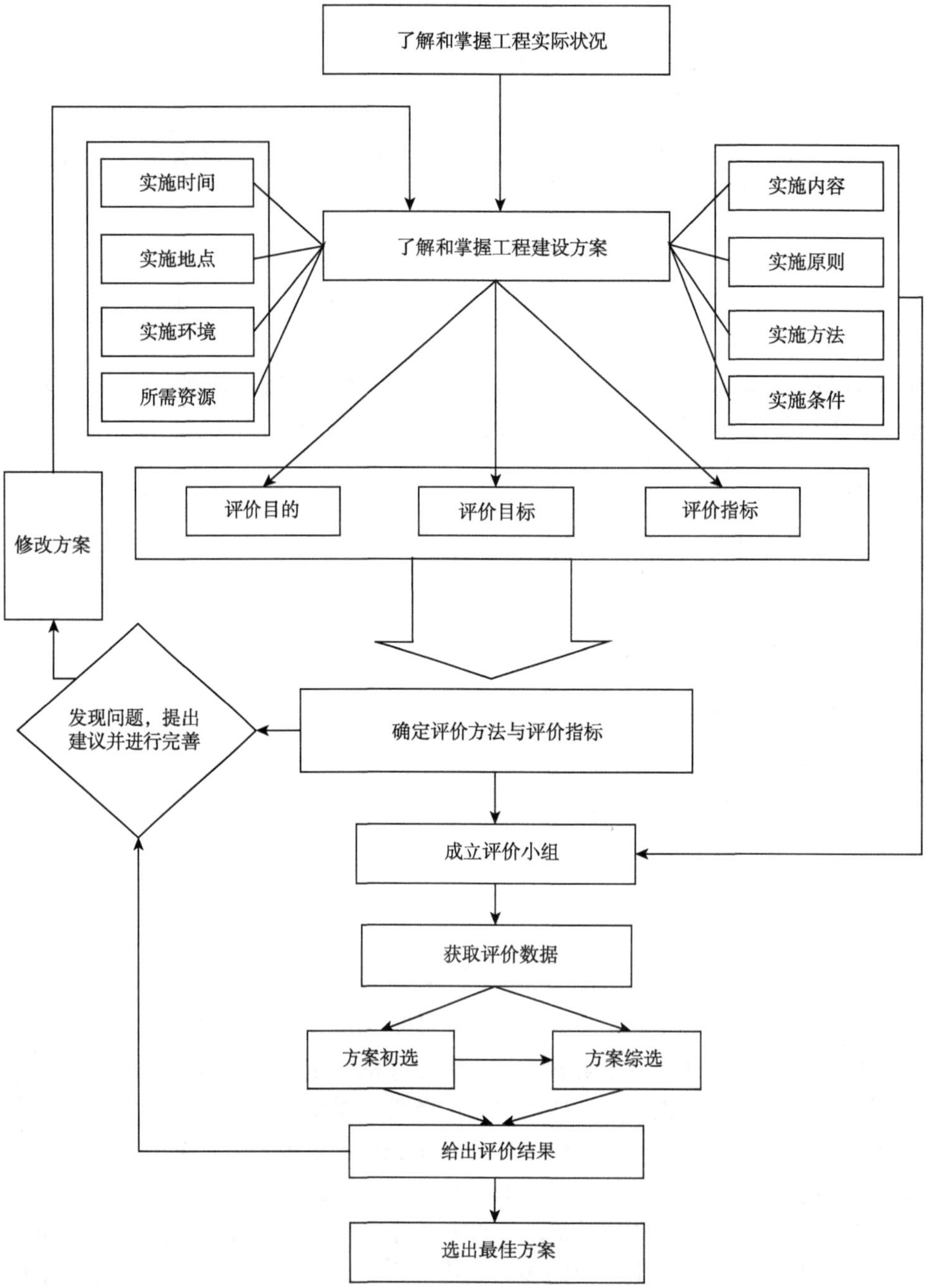

图 3.1　多方案评选流程图

而且能够获得最佳经济效益和社会效益。

3.2 应用案例

3.2.1 工程简介

随着科学技术的不断发展和社会的不断进步，人类对信息的依赖程度越来越高。为了满足当地经济发展的需求，提高人民生活水平，某地区拟建一座大型通信基站并同时配建一小型变电站。为此，通过招投标的方式，就该工程的建设意图、建设规模、建设环境、建设等级、建设工期、建设投资、功能要求等内容进行了公示。之后，从 12 家投标单位提出的 12 个建设方案中，选出 6 个符合要求的工程设计方案。这 6 个方案的工程主要设计参数及其相关指标如表 3.2 和表 3.3 所示。

表 3.2　工程主要设计参数

方案编号	方案一	方案二	方案三	方案四	方案五	方案六
建筑面积	660 平方米	673 平方米	682 平方米	690 平方米	710 平方米	732 平方米
站控主机	5 台	5 台	5 台	5 台	6 台	6 台
SDH 设备	1 台	1 台	1 台	1 台	1 台	1 台
授时系统	1 套北斗	1 套北斗	1 套北斗	1 套北斗	1 套 GPS	1 套 GPS
路由器	4 台	3 台	3 台	5 台	3 台	4 台
主变压器	3×50 兆伏安	3×50 兆伏安	3×50 兆伏安	3×50 兆伏安	3×50 兆伏安	3×50 兆伏安
UPS 系统	两套	两套	两套	两套	一套	一套
电力电缆	179 米/3*185	176 米/3*185	187 米/3*185	190 米/3*185	192 米/3*185	189 米/3*185
OPGW 光缆	24 芯/13 千米	24 芯/14 千米	24 芯/13 千米	24 芯/16 千米	24 芯/18 千米	24 芯/17 千米
测控装置	5 台	6 台	7 台	5 台	5 台	6 台
PC 设备	5 台	6 台	7 台	5 台	5 台	6 台
BL 器	5 组	4 组	3 组	4 组	6 组	5 组
MCPOS 板	4 块	4 块	4 块	4 块	4 块	4 块
MSTP 设备	1 套	1 套	1 套	1 套	1 套	1 套
SDH 设备	1 台	1 台	1 台	1 台	1 台	1 台
复合光缆	24 芯/26 千米	24 芯/24 千米	24 芯/25 千米	24 芯/24 千米	24 芯/28 千米	24 芯/26 千米
框电容器	1 组	1 组	1 组	1 组	1 组	1 组
层控主机	100 模光/4	100 模光/4	100 模光/4	100 模光/4	100 模光/4	100 模光/4
录波器	3 面	2 面	3 面	2 面	3 面	3 面
测控器	4 套	5 套	4 套	6 套	5 套	6 套
线路保护	5 面	5 面	5 面	5 面	4 面	4 面
通信 PC	1 台	1 台	1 台	1 台	1 台	1 台

表 3.3　工程相关指标

方案编号	方案一	方案二	方案三	方案四	方案五	方案六
现场用地	荒地	荒地	荒地	荒地	耕地	耕地
镀铜绞线	400 米	340 米	430 米	390 米	351 米	410 米

续表

方案编号	方案一	方案二	方案三	方案四	方案五	方案六
镀锌扁钢	260 米	234 米	279 米	284 米	280 米	289 米
道路占地	560 平方米	500 平方米	600 平方米	640 平方米	550 平方米	590 平方米
避针基面	20 平方米	16 平方米	18 平方米	19 平方米	19 平方米	18 平方米
ADSS 光缆	12 芯/8 千米	12 芯/8 千米	12 芯/7 千米	12 芯/9 千米	12 芯/9 千米	12 芯/8 千米
污水池	50 立方米	50 立方米	50 立方米	50 立方米	50 立方米	50 立方米
T35 型轴流风机	4 台	4 台	4 台	4 台	4 台	4 台
FT32 型轴流风机	4 台	4 台	4 台	4 台	4 台	4 台
引水管	深井泵房	1 500 米	深井泵房	1 521 米	1 500 米	1 450 米
控制电缆	铜芯电缆	铜芯电缆	铜芯电缆	铜芯电缆	铜芯电缆	铜芯电缆
电力电缆	铜芯电缆	铜芯电缆	铜芯电缆	铜芯电缆	铜芯电缆	铜芯电缆
电度表柜	7 面	9 面	8 面	9 面	9 面	8 面
C65 型断路器	7 台	6 台	8 台	8 台	6 台	8 台
隔离开关	9 组	8 组	9 组	8 组	8 组	9 组
避雷器	7 组	4 组	7 组	4 组	4 组	7 组
互感器	6 台	5 台	8 台	5 台	5 台	8 台
15 米砼杆	135 基	135 基	135 基	135 基	135 基	135 基
12 米钢杆	7 基	7 基	7 基	7 基	7 基	7 基
15 米钢杆	4 基	4 基	4 基	4 基	4 基	4 基
C60 型断路器	4 台	4 台	4 台	4 台	4 台	4 台
隔离开关	5 组	5 组	5 组	5 组	5 组	5 组
端子箱	3 座	2 座	4 座	3 座	2 座	4 座
地线 GJ80	8.4 吨	7.9 吨	10 吨	9.8 吨	8.9 吨	9.3 吨
接地圆钢	5.7 吨	5.9 吨	6.8 吨	7.4 吨	5.4 吨	6.7 吨
铁塔钢材	307 吨	296.4 吨	340 吨	310 吨	296.4 吨	340 吨
基础钢材	27 吨	25.1 吨	25 吨	30 吨	26 吨	27 吨
底脚螺栓	6.4 吨	6.5 吨	5.98 吨	6.71 吨	6.3 吨	5.6 吨
混凝土	1 300 立方米	1 264.4 立方米	1 360 立方米	1 290 立方米	1 252 立方米	1 364 立方米
毛石	1 765 立方米	1 641.8 立方米	1 690 立方米	1 842 立方米	1 648 立方米	1 687 立方米
树木砍伐	12 棵	16 棵	20 棵	20 棵	130 棵	160 棵

3.2.2 方案初选

为了从这六项方案中选出最佳方案，工程建设单位组织有关专家对这六个方案进行了初审。结合工程项目的建设意图和当地政府建设管理部门的建设规划与要求，并考虑到当地群众对该工程项目的诉求，工程建设单位制定了以下几项工程项目建设方案的初审比选原则：①工程项目尽可能减少对当地生态环境的影响。②工程项目所用材料不能对现场造成污染。③工程项目的主要核心设备必须采用拥有知识产权的国产化设备。④大型通信基站的通信稳定性必须尽可能得高。

根据这一原则，专家组对这六个方案进行了初步的分析，并确定方案初评主要指标为建筑面积、现场用地、站控主机、授时系统、UPS（uninterruptible power supply，即不间断电源）系统和树木砍伐六项指标。根据这六项指标，六项方案的具体情况即可从其设计方案中直接获取，具体的结果如表 3.4 所示。

表 3.4 方案初选指标

方案编号	建筑面积	现场用地	站控主机	授时系统	UPS 系统	树木砍伐
方案一	660 平方米	荒地	5 台	1 套北斗	两套	12 棵
方案二	673 平方米	荒地	5 台	1 套北斗	两套	16 棵
方案三	682 平方米	荒地	5 台	1 套北斗	两套	20 棵
方案四	690 平方米	荒地	5 台	1 套北斗	两套	20 棵
方案五	710 平方米	耕地	6 台	1 套 GPS	一套	130 棵
方案六	732 平方米	耕地	6 台	1 套 GPS	一套	160 棵

以表 3.4 的工程建设方案参数为基础，专家组对这六个方案进行了多方案同因素的对比分析，通过分析得出以下结论。

（1）在建筑面积方面，这六个方案略有差异。尽管方案一的建筑面积较小，但由于设备设施过于紧密，却给后期的维修维护带来不便。方案五和方案六的建筑面积稍微偏大，但在设备设施的维修方面却具有一定的优越性。

（2）在现场用地方面，方案一至方案四选择的都是荒地，方案五和方案六占用的是耕地，为此，需要付出较大数额的赔偿费用，有可能导致工程项目预算费用超支。

（3）在站控主机方面，这六个方案基本相同，只是选择的型号略有差异，但在使用功能方面都能满足系统工作的要求。

（4）在授时系统方面，方案一至方案四一致选择了还在发展中却具有自主知识产权的北斗导航系统，方案五和方案六则选择了已经非常成熟稳定的 GPS 导航系统。

（5）在 UPS 系统方面，方案一至方案四一致选择了两套系统，即一备一用的系统电源保供方式，方案五和方案六由于在其他设备的选择方面选择了安全稳定性都较高的运行和控制设备，因此，仅选择了一套 UPS 系统。

（6）在树木砍伐方面，由于方案五和方案六的建设场址都位于农用耕地区域，周围有树林围护，因此，在工程建设前需要砍伐较多的树木。而方案一至方案四只需砍伐少数影响输电线路的树木。因此，在环保方面，方案一至方案四具有明显的优势。

通过上述分析，专家组一致认为，从系统安全的角度来考虑，采用北斗导航系统更具有自主调控能力；从节能环保方面来看，方案一至方案四比方案五和方案六在节地、节能、节材方面更为明显。因此，从这六项方案的总体来看，将方案五和方案六剔除，最终的实施方案将从方案一至方案四中选择。

3.2.3 方案综选

目前，层次分析法是多方案评选中最常用的综合性比选方法，由于该方法在多方案的比选分析中可以将若干专家的经验包含进来，并通过定性问题的量化转化方式，有效处理那些难以用定性方法分析的复杂问题，而且还可以在分析的过程中尽可能地避免分析者的主观臆断，获得科学合理的分析结果。因此，在该项目的多方案分析中，经专家组分析和讨论，一致决定采用该方法进行多方案的评选工作。

按照图 3.1 所示的多方案评选流程，针对该工程初选确定的四套方案（A1、A2、A3、A4），工程项目建设单位的领导层为了选出更为科学合理的方案，邀请了四位具有 15 年以上工程设计和施工经验的专家（S1、S2、S3、S4）参与评审。确定评审方案最重要的四个指标分别是方案的经济性、方案的合理性、方案的有效性和可实施性。分析指标的量化可根据表 3.5 确定，同时规定四个指标和专家之间的权重相等。四位专家对不同方案提出的赋值结果见表 3.6。

表 3.5 指标定性与定量分析对照表

指标的定性描述	很低	较低	低	一般	高	较高	很高
对应的量化值	0	1	3	5	7	9	10

表 3.6 专家对各方案的赋值结果

指标 / 方案	投资效益				科技含量				成功度				环境影响			
	S1	S2	S3	S4	S1	S2	S3	S4	S1	S2	S3	S4	S1	S2	S3	S4
A1	9	7	10	9	9	7	10	9	8	7	8	8	1	2	2	1
A2	7	9	9	7	7	9	8	8	7	9	7	7	3	1	2	3
A3	7	8	7	9	7	5	8	7	9	8	9	7	4	2	3	2
A4	10	9	7	8	5	7	7	5	10	9	7	8	4	3	4	2

按照层次分析法的分析步骤，其评价过程如下。

（1）确定评价矩阵并进行标准化处理后得到标准化矩阵 $\boldsymbol{R}^i$，i 取 1、2、3、4，分别代表四位专家对方案的不同意见。

$$\boldsymbol{R}^1=\begin{bmatrix}0.9 & 1.0 & 0.8 & 1.0\\0.7 & 0.78 & 0.7 & 0.33\\0.7 & 0.78 & 0.9 & 0.25\\1.0 & 0.56 & 1.0 & 0.25\end{bmatrix}\qquad \boldsymbol{R}^2=\begin{bmatrix}0.78 & 0.78 & 0.78 & 0.5\\1.0 & 1.0 & 1.0 & 1.0\\0.89 & 0.56 & 0.89 & 0.5\\1.0 & 0.78 & 1.0 & 0.33\end{bmatrix}$$

$$\boldsymbol{R}^3=\begin{bmatrix}1.0 & 1.0 & 0.89 & 1.0\\0.9 & 0.8 & 0.78 & 1.0\\0.7 & 0.8 & 1.0 & 0.67\\0.7 & 0.7 & 0.78 & 0.5\end{bmatrix}\qquad \boldsymbol{R}^4=\begin{bmatrix}1.0 & 1.0 & 1.0 & 1.0\\0.78 & 0.89 & 0.88 & 0.33\\1.0 & 0.78 & 0.88 & 0.5\\0.89 & 0.56 & 1.0 & 0.5\end{bmatrix}$$

（2）矩阵 $\boldsymbol{R}^*$ 归一化处理后，因四个指标的权数相等，即 ω 都为 0.25，则可得加权标准化矩阵 $\boldsymbol{V}^i$。

$$\boldsymbol{V}^1=\begin{bmatrix}0.134 & 0.158 & 0.117 & 0.225\\0.105 & 0.123 & 0.102 & 0.750\\0.105 & 0.123 & 0.131 & 0.056\\0.150 & 0.087 & 0.146 & 0.560\end{bmatrix}\quad \boldsymbol{V}^2=\begin{bmatrix}0.106 & 0.123 & 0.105 & 0.098\\0.136 & 0.158 & 0.136 & 0.197\\0.121 & 0.88 & 0.121 & 0.098\\0.136 & 0.122 & 0.136 & 0.066\end{bmatrix}$$

$$\boldsymbol{V}^3=\begin{bmatrix}0.150 & 0.150 & 0.128 & 0.152\\0.135 & 0.120 & 0.112 & 0.152\\0.105 & 0.120 & 0.144 & 0.102\\0.105 & 0.105 & 0.112 & 0.076\end{bmatrix}\quad \boldsymbol{V}^4=\begin{bmatrix}0.136 & 0.152 & 0.133 & 0.197\\0.106 & 0.135 & 0.116 & 0.066\\0.136 & 0.118 & 0.116 & 0.098\\0.120 & 0.084 & 0.133 & 0.098\end{bmatrix}$$

（3）据加权标准化矩阵可得 S_i^k。

$S_1^1=0.3273$　$S_2^1=0.2050$　$S_3^1=0.3273$　$S_4^1=0.3273$

$S_1^2=0.2168$　$S_2^2=0.3169$　$S_3^2=0.2155$　$S_4^2=0.2369$

$S_1^3=0.2909$　$S_2^3=0.2615$　$S_3^3=0.2378$　$S_4^3=0.2011$

$S_1^4=0.3131$　$S_2^4=0.2174$　$S_3^4=0.2359$　$S_4^4=0.2215$

若取各位专家对所有方案评价的均值为 S，则可得出各方案的 W_i^j。

$W_1^1=0.0537$　$W_2^1=0.0937$　$W_3^1=0.0052$　$W_4^1=0.0348$

$W_1^2=0.0603$　$W_2^2=0.0889$　$W_3^2=0.0151$　$W_4^2=0.0437$

$W_1^3=0.0144$　$W_2^3=0.0142$　$W_3^3=0.0156$　$W_4^3=0.0130$

$W_1^4=0.0136$　$W_2^4=0.0183$　$W_3^4=0.0295$　$W_4^4=0.0023$

设允许偏差值 $\alpha=0.1$，由指标 W_i^j 可知，方案满足一致性要求。

（4）四个指标的权数 ω 都为 0.25，各方案 ε_i 值为

$\varepsilon_1=0.0355$　$\varepsilon_2=0.0538$　$\varepsilon_3=0.0163$　$\varepsilon_4=0.0234$

由此可知，应选择方案二。

【本章拓展材料】

第4章

工程项目管理指标赋权理论与方法

——以差异度排比赋权方法为例

在工程项目多方案的评选中，不论是对多方案的初步评选还是综合评选，很多评选方法都不同程度地利用了评价指标这一重要工具。从这些方法中可以看出，在方案的分析与评价中，不同的指标具有不同的作用和价值，即具有不同的权重。即使是在同一方案的分析中，当方案的预定条件发生变化后，方案分析中同一指标的原有权重可能也会随之发生变化。这即意味着，若要实现对研究对象的正确分析与评价，不仅要确保分析对象的指标具有针对性和有效性，而且还必须确保与指标紧密相关的权重能够正确地反映和描述与之相应指标的真实状态。只有这样，才能使研究对象得到正确的分析与评价，并得到能够有效反映研究对象客观实际的真实结果。因此，如何科学正确地确定指标权重就成为工程项目管理者必须掌握的理论知识与专业技能。

4.1 理论论述

4.1.1 权重的含义及其作用

权重的本意是权力的比重，即在处理某些事件的过程中权力所能发挥作用的程度。在数学上，为了表示若干参数或指标在所有参数或指标体系中所具有的价值或重要程度，就赋予这些参数或指标相应的系数。由于这个系数表示了该参数或指标在所有参数或指标体系中所占有的比重，此时，就将这一系数称为该参数或指标的权重。由此可知，权重是一个相对概念，是从研究对象的总体出发，针对某一参数或指标在总体中的价值或重要程度或占取总量的相对程度而设置的数值。因此，权重就是某对象在其相应整体中价值的高低和相对重要程度或所占比重大小的相对数值。

在数理分析中，权重分为两种：一种是自重权数，另一种是加重权数。自重权数是以指标或参数在其整体中所处等级的分数为其权值，加重权数是以指标或参数在其整体中的已知价值分值作为指标或参数的辅助系数。但不论是自重权数还是加重权数，它们都以指标或参数前的伴随系数来表示，由此也被称为指标权重系数。

权重系数具有两个特点：一是与其依附的主体（即指标或参数）在总体环境中所处的位置或价值或所具有的重要性直接相关；二是同一对象中所有权系数与其总值的比值之和与总值之比为一。第一个特点的含义是指每一个权重系数必须能够有效地表示出其依附主体在系统中的相对重要程度，当其依附主体在系统中发生变化时，表示依附主体在系统中相对重要程度的权重系数也必须做出相应的改变。只有这样，权重系数才能体现出其应有的作用和价值。第二个特点的含义是指体现系统总体中每个指标的相应权重系数只能占有系统总体的一定比例，且所有权重系数之和不能超出系统总量，否则，就存在事实上的不正确和逻辑上的不合理。据此，按照统计学原理推算，不论权重如何表示，同一系统中所有权系数的所占比例之和与其总值之比就必须为一。

从权重的含义中可以看出，权重是参数或指标在其体系中不同重要程度的反映。据此，在工程项目基于指标或参数的方案分析与评价中，指标权重就成为有效反映所附指标在其指标体系中相对重要程度的比重，是指标在评价过程中所具价值的一种客观反映。但当指标权重没有客观有效地反映指标这一客观状态时，得出的分析和评价结果就会与客观事实相背离。因此，权重的赋值必须通过科学的方法来有效反映依附主体的真实状态，赋值的结果或权重系数必须基于客观实际，使之在研究对象的分析与评价中发挥其应有的作用。

4.1.2　权重的表示方法

在工程项目管理中，使用权重最频繁最广泛之处就是工程项目的前评估、后评价和多方案的评选，这主要是因为在开展这些工作时，需要利用大量的指标来实现对研究对象的分析、评价与预测。但由于这些指标在其指标体系中具有不同的作用和价值，占有不同的地位和比重，因而就需要权重这一能够有效反映指标在其体系中所处地位的工具来发挥作用。因此，在基于指标的工程项目管理中，权重就成为不可或缺的重要组成部分。

目前，表示权重的方法有很多种，最常见的方法有分值法、自然数法、百分比法和零一域法。这些方法虽然有所不同，但从本质上来看，都是殊途同归，都是采用不同方式来有效表示其依附主体在系统总体或体系中相对重要性的科学方法。同指标体系一样，所有的指标权重也可构成系统完整的、与指标体系相对应的权重体系，从而实现对其依附主体全面系统的描述与反映，具体描述如下。

1）分值法

分值法是一种以分数表示的方法，分数的分母表示系统总体或体系的总值，分子表示系统中某一份子在该总值中所占的数值或份数。所有份子的份数之和不得超过系统总体或体系的总值。当表示所有份子的权重相加后，其值必为 1。

2）自然数法

自然数法是一种用自然数直接表示某对象在其系统总体或体系中所处状态或重要程度的方法。当数字越大时，该对象的重要性或所占份额就越大，权重相对也就越大。

尽管这种方式表示起来较为简单方便，但与指标综合使用前，必须对表示所有指标权重的自然数值进行归一化处理，以免由于量纲的不合理而造成分析结果的错误。

3）百分比法

百分比法是一种以百分数为基准的表示方法，该方法把所有的权重总值设定为 100，系统总体或体系中所有份子所占数值之和必须等于 100。一旦大于或小于该值，就说明权重设置不正确，这为确保系统权值整体的有效性提供了科学有效的保障。因此，百分比法是权重表示中最为常用的方式之一。

4）零一域法

零一域法是将系统总体或体系中所有对象的权重设定在零一范围内的方法，采用该方法设定的权重都是小于 1 的小数，且所有对象权重的小数之和为 1。总和一旦大于或小于该值，就说明个别对象的权重设置不合理，必须进行重新调整。由于该方法较为简单，所以也是权重表示中最为常用的方式之一。

4.1.3 权重的确定方法

分析和确定权重的工作主要有两项：一是确定权重的方法；二是构建权重体系。与确定权重的方法相比，构建权重体系相对较为简单，只要完成权重的确定，即可参照指标体系的构建模式，构建出相应的权重体系。而确定权重的方法则不然，如果确定权重的方法不科学，赋值的方法不正确，就不能正确客观地反映出权重依附主体的真实状态，此时的权重也就不再具有什么价值。因此，权重的确定方法就成为工程项目管理中较为重要的管理对象。

目前，就权重的确定方法而言，大体上分为三大类，即主观赋权法、客观赋权法和综合集成赋权法，各类赋权法的基本原理、计算步骤、适用范围及特点各有不同，现简介如下。

1. 主观赋权法

主观赋权法是一种由决策者或评价者基于个人工作经验和专业知识对分析对象进行赋权的方法，目前，采用此类模式赋权的主要方法有德尔菲法、模糊评判法、偏好型法、序关系法等方法。

1）德尔菲法

德尔菲法也称调查法，该方法是邀请若干专业人员组成权重分析小组，在明确分析对象的基础上，邀请各位专业人员根据自己的经验来确定各个分析对象的权重，然后进行汇总整理，并将整理结果再次发给每位小组成员，供其参考并对自己原来的结果进行修正，如此多次反复，使小组成员的意见逐步趋于一致，从而得到一致性较强、可靠性较大的分析结果的方法。采用德尔菲法主要包含以下几个步骤。

（1）组建权重分析小组。在开展权重分析工作之前，需要预先邀请若干名专业人员组成分析小组。人员的数量应根据分析对象的范围和数量来确定，一般以 15~50 人为宜。选择的人员应是了解和掌握分析对象所属专业领域的人员，并在研究对象方面具有一定的专业知识和工作经验。

（2）编制有关表格和规则。在开展权重分析工作之前，应预先确定分析对象，编制有关表格和资料，制定权重分析工作的相关规则。编制的表格要详细说明工作的目的、任务及表格填写的方法，以及在分析和确定权重过程中应该遵守的相关规定。

（3）组织人员进行权重分析。将编制的权重分析相关表格和资料分发给有关人员，在完成必要的解释、说明和答疑后，采用匿名方式请各位专业人员根据自己的经验来确定各个分析对象的权重，使各位人员充分表达自己的观点。

（4）对分析结果进行汇总。收集分析结果，并将分析结果进行汇总。汇总的结果不能随意删减，必须保持汇总结果的真实性和原态性。

（5）将汇总结果分发给有关人员，请各位专业人员在了解和参考相关人员意见的基础上，再次确定各个分析对象的权重，并修正自己的观点。

（6）重复进行第四步和第五步工作，直至得到一致的意见。

（7）对多次无法取得一致意见的个别权重，进行公开讨论，让大家各抒己见，说出各自的想法，并获得所有分析人员一致认可的结果。

（8）将所有分析对象的分析结果进行汇总，建立起系统完整的权重体系，并确认得到分析小组的一致认可。

2）模糊评判法

模糊评判法与多方案评选方法中模糊评价法的思想基本一致，都是以模糊数学为理论依据，在明确定性与定量转换关系的基础上，将所有分析对象的定性信息都转换为量化数据，然后按照一定的规则构建起包含所有分析对象的模糊分析矩阵。通过对矩阵的归一化处理和数理分析，给出所有分析对象基于一致性基础上的隶属度分析结果。所得出的隶属度即分析对象相对权重。使用该方法的具体步骤可参照模糊评价法，在此不再赘述。

3）偏好型法

偏好型法是将管理者对分析对象的偏好集合转化为带有矢量约束的规划模型，通过模型求解得到指标的权重向量。其分析的具体模式如下。

先设 $O=\{o_1,o_2,\cdots,o_n\}$ 为方案集，$P=\{x_1,x_2,\cdots,x_m\}$ 为指标集，$\boldsymbol{A}=\left[x_{ij}\right]_{n\times m}$ 为方案各评价指标的综合评价值。然后根据若干人员的已知判断，求解下式中含有效对 $\left(o_i,o_j\right)$ 的规划模型，从而确定各指标的权重。

$$\max H\left(o_i,o_j\right)=\sum_{\left(o_i,o_j\right)\in\psi}h\left(o_i,o_j\right)$$

$$\text{s.t.}\begin{cases}\boldsymbol{\omega}^{\mathrm{T}}\left(x_i-x_j\right)\geqslant 0\\ \boldsymbol{e}^{\mathrm{T}}\boldsymbol{\omega}=1,\alpha\leqslant\boldsymbol{\omega}\leqslant\beta\\ \alpha,\beta\in\left[0,1\right];\alpha\beta\neq 0;i,j\in\boldsymbol{N};i\neq j\end{cases}$$

从这一分析过程可以看出，偏好型法在指标权重的分析方面不需要直接确定权重系数，降低了信息表达的难度，便于从整体上判断分析对象的优劣，但含有较多的个人经验和主观倾向，容易使得到的权重不精确，因此，在工程实践中使用得较少。

4）序关系法

序关系法是一种无须对分析结果进行一致性检验的指标赋权法，其基本原理是基于某一判定准则对所有评价指标的重要程度进行定性排序，再对相邻指标间的相对重要程度进行量化判断，最后定量计算和确定各指标的权重系数。与其他方法相比，该方法的优点是简洁明了、直观易懂、计算量小、便于应用。同时，无须构造判断矩阵，也无须进行一致性检验，对同一层次中元素的个数也没有限制。但由于对全体对象的考虑还缺乏整体性，因此，得出的结果易受到标度选择的影响。该方法的具体算法如下。

（1）确定判定准则，即当某指标 x_i 的重要程度大于 x_j 时，记为 $x_i \succ x_j$。

（2）依据判定准则分析所有对象，即在明确指标集合 $\{x_1, x_2, \cdots, x_m\}$ 之后，依据判定准则，从中先选出最重要的指标并记为 x_1^*；然后在剩余的 $m-1$ 个指标中，按照该方法依次选出次重要的指标并记为 x_2^*。以此重复，完成全部所有对象的分析与排序。

（3）根据排序结果，建立起所有分析对象的序关系，即 $x_1 \succ x_2 \succ \cdots \succ x_m$。

（4）进行 x_{k-1} 与 x_k 间相对重要程度的量化判断，即进行 x_{k-1} 与 x_k 的相应重要度 w 之比。当 $w_{k-1} / w_k = \gamma_k \geqslant 1$ 时，调整原有的秩序，使最终的调整结果都符合判定要求。

（5）计算每个指标的权重系数：

$$\omega_m = \left(1 + \sum_{k=2}^{m} \prod_{i=k}^{m} r_i\right)^{-1}, i = 1, 2, \cdots, k, \cdots, m$$

2. 客观赋权法

客观赋权法是以分析对象的实际信息为依据，根据各个分析对象间相关关系的差异程度，通过一定的数理推导来对各个对象进行赋权的方法。这种方法最大的特点就是，当分析对象的数据客观正确时，由于分析过程完全数理化，得出的结果就具有了很好的真实性和客观性。从目前使用情况来看，客观赋权法主要包含突出整体差异的拉开档次法、逼近理想点法，突出局部差异的变异系数法、熵值赋权法，基于粗集理论的指标赋权法等方法。

1）拉开档次法

拉开档次法是从几何角度出发，把 n 个被评价对象看成是由 m 个评价指标构成的 m 维评价空间中的 n 个点，当寻求 n 个被评价对象的权重时，就相当于把这 n 个点向一维空间做投影。这样，即可在 m 维评价空间构建一个一维空间，使各点在此空间上的投影点方差最大。如果设定 $\boldsymbol{y}$ 为系统的综合评价函数，$\boldsymbol{W} = (w_1, w_2, \cdots, w_m)^{\mathrm{T}}$ 为 m 维权重向量，$\boldsymbol{x}_i = (x_{i1}, x_{i2}, \cdots, x_{im})^{\mathrm{T}}$ $(i = 1, 2, \cdots, n)$ 为被评价系统的状态向量，则：

$$\boldsymbol{y} = \begin{bmatrix} y_1 \\ y_2 \\ \vdots \\ y_n \end{bmatrix}, \quad \boldsymbol{A} = \begin{bmatrix} x_{11} & x_{12} & \cdots & x_{1m} \\ x_{21} & x_{22} & \cdots & x_{2m} \\ \vdots & \vdots & & \vdots \\ x_{n1} & x_{n2} & \cdots & x_{nm} \end{bmatrix}, \quad \boldsymbol{W} = \boldsymbol{y} / \boldsymbol{A}$$

若使函数 $\boldsymbol{y}$ 对 n 个系统取值的方差 s^2 最大化，即

$$s^2=\frac{1}{n}\sum_{i=1}^{n}\left(y_i-\overline{\boldsymbol{y}}\right)^2=\frac{\boldsymbol{y}^{\mathrm{T}}\boldsymbol{y}}{n}-\overline{\boldsymbol{y}}^2,\quad ns^2=\boldsymbol{W}^{\mathrm{T}}\boldsymbol{A}^{\mathrm{T}}\boldsymbol{A}\boldsymbol{W}=\boldsymbol{W}^{\mathrm{T}}\boldsymbol{H}\boldsymbol{W}$$

那么，权重的确定便转化为如下线性规划模型的求解问题，即

$$\max \boldsymbol{\omega}^{\mathrm{T}}H\boldsymbol{\omega},\mathrm{s.t.}\boldsymbol{\omega}^{\mathrm{T}}\boldsymbol{\omega}=1,\boldsymbol{\omega}\geqslant 0$$

其中，$\boldsymbol{H}=\boldsymbol{A}^{\mathrm{T}}\boldsymbol{A}$ 为实对称矩阵。当 $\boldsymbol{W}$ 为 $\boldsymbol{H}$ 的最大特征根对应的标准化特征向量时，即可求得所期望的值。

从上述的简述中可以看出，拉开档次法的分析过程具有较强的严谨性，指标权重已不是体现各个评价指标间的相对重要性，而是尽可能地体现评价对象间的整体差异。分析的结果不仅与指标样本的采样顺序无关，而且指标权重不再带有主观性。因此，该方法在工程实践中得到了较多的使用。

2）逼近理想点法

逼近理想点法与拉开档次法同属于突出整体差异的客观赋权法，它们都是通过构建并求解一定的数学模型得到指标的权重，其基本原理是根据各个被评价对象、评价指标的状态值确定理想系统，然后构建起各评价对象与理想系统的加权距离平方和最小化的线性规划模型。通过对该模型的求解得到指标的权重系数，具体计算步骤如下。

（1）根据各个评价对象及评价指标 x_i 确定出理想系统 $\boldsymbol{y}^*$，即

$$\boldsymbol{y}^*=\left(x_1^*,x_2^*,\cdots,x_m^*\right)^{\mathrm{T}}$$

其中，x_i^* 为 x_i 的理想值。

（2）计算被评价对象 y_i 与理想系统 $\boldsymbol{y}^*$ 之间的加权距离平方和 h_i，即

$$h_i=\sum_{j=1}^{m}(x_{ij}-x_j^*)^2,\quad i=1,2,\cdots,n$$

（3）将所有被评价对象与理想系统的加权距离平方和相加，求其最小值，即

$$\min\sum_{i=1}^{n}h_i=\min\sum_{i=1}^{n}\sum_{j=1}^{m}\omega_j^2(x_{ij}-x_j^*)^2,\quad \mathrm{s.t.}\sum_{j=1}^{m}\omega_j=1,\omega_j>0,j=1,2,\cdots,m$$

（4）根据分析结果，求得指标的相对权重 ω_j。

3）变异系数法

变异系数法是根据各个指标在对象评价中所观测的变异程度大小进行赋权的方法，其基本原理是先根据第 k 个指标的平均数 $\overline{x}_k$ 计算各个指标的标准差 σ_k，即

$$\sigma_k=\sqrt{\frac{1}{n}\sum_{k=1}^{n}\left(x_k-\overline{x}_k\right)^2},\ k=1,2,\cdots,n$$

然后，根据 σ_k 和 x_k 计算该指标的变异系数 c_k，即 $c_k=\sigma_k/\overline{x}_k$。在此基础上，对各个指标的变异系数归一化处理后，即可求得各个指标的相对权重，即

$$w_k=c_k\Big/\sum_{k=1}^{n}c_k$$

由此可以看出，变异系数法的分析过程简单透明，计算结果也较为客观。但它不能

体现评价者对指标价值的理解以及指标本身的独立性大小，所以，在工程实际中的应用就受到了一定程度的限制。

4）熵值赋权法

熵值赋权法是一种根据评价指标所提供的信息量大小来确定指标权重的方法。该方法以信息论的熵值计算方法为理论依据来求得各评价指标间的相互差异，并用求得的差异系数值来代表指标的相对权重。具体的计算方法如下。

（1）根据评价指标所提供的信息量，建立相应的分析矩阵，即

$$\boldsymbol{D}=\begin{bmatrix} x_{11} & x_{12} & \cdots & x_{1m} \\ x_{21} & x_{22} & \cdots & x_{2m} \\ \vdots & \vdots & & \vdots \\ x_{n1} & x_{n2} & \cdots & x_{nm} \end{bmatrix}$$

其中，x_{ij} 为第 j 个属性下第 i 个被评价对象的指标观测值。

（2）计算第 j 项属性下第 i 个被评价对象的特征比重 p_{ij}，即

$$p_{ij}=x_{ij}\bigg/\sum_{i=1}^{n}x_{ij}$$

（3）计算第 j 项指标的熵值 e_j，即 $e_j=-k\sum_{i=1}^{n}p_{ij}\ln p_{ij}, i=1,2,\cdots,n; j=1,2,\cdots,m$；常数 $k=1/\ln n$。

（4）计算指标 x_j 的差异性系数 g_j：$g_j=1-e_j$。

（5）对所有指标的差异性系数 g_j 进行归一化处理，并获得各指标相应的权重，即

$$w_j=g_j\bigg/\sum_{j=1}^{m}g_j$$

5）基于粗集理论的指标赋权法

粗集理论是一种有效处理不精确（imprecise）、不一致（inconsistent）、不完整（incomplete）信息的数学工具，它不需要提供问题所需处理的数据集合之外的任何先验知识，基于已有的数据，即可通过属性分析和信息约简，从中发现隐含的知识，揭示潜在的规律。据此，在确定指标权重方面，其基本原理是先从指标属性集中去掉该属性，然后观测没有该条件属性后样本决策分类的变化程度。如果去掉该属性后，决策分类会发生相应的改变，则说明该属性的强度较大，即重要性较高；反之，则说明该属性的强度较小，即重要性较低。但由于分析过于烦琐，因此，在工程实践中很少应用这一方法。

3. 综合集成赋权法

综合集成赋权法是从逻辑上将主观赋权法和客观赋权法有机地结合起来，使所确定的权重系数同时包含分析者个人经验和客观实际并符合数理关系的一种指标赋值方法，主要包含的类别有乘法赋权法、离差赋权法、组合赋权法、灰色关联度赋权法和层次赋权法等方法。

1）乘法赋权法

乘法赋权法是在获得某指标主客观赋权结果的基础上，对其进行归一化处理，从而得到该指标综合权重 ω 的一种方法，其计算方式为

$$\omega_j=\frac{p_j q_j}{\sum_{j=1}^{m} p_j q_j},\quad j=1,2,\cdots,m$$

其中，p_j 与 q_j 分别为利用主客观赋权法所得到的指标权重。由此可以看出，该方法实际上是将主客观赋权法所得到的指标权重进行折中处理后得到指标的权重，因此，最终的综合权重常会因所采用的主客观赋权法不同而有所差异。但由于这种方法的计算量过大，既需要采用主观赋权法进行赋权分析，又需要采用客观赋权法进行分析，还需要进行综合计算，因此，尽管该方法计算原理简明易懂，计算过程简便易行，但在工程实际中很少被采用。

2）离差赋权法

依据分析对象多属性决策理论可知，当多个分析对象综合评价值之间的差别越大时，越有利于分析对象的排序与决策。由于评价值之间的差别可用分析对象多属性综合评价值之间的离差平方和加以度量，因此，即可构建起基于多属性综合评价值离差平方和的分析模型，并通过求解该模型可得到分析对象的属性值，即有效表示该对象的权值。该方法主要包含以下几项分析步骤。

（1）对采用主观分析法对各个分析对象进行评价的综合评价值 a_{ij} 所建立的矩阵进行同向化和无量纲化处理，得到规范化和标准化的分析对象矩阵 $\boldsymbol{A}$，即

$$\boldsymbol{A}=\left(a_{ij}\right)_{m\times n}$$

（2）获取采用其他客观赋权法计算所得的各分析对象权重向量 $\boldsymbol{W}_l$、权向量分块矩阵 $\boldsymbol{W}_l^*$ 以及综合集成权向量 $\boldsymbol{W}$，即

$$\boldsymbol{W}_l=(\omega_{1l},\omega_{2l},\cdots,\omega_{nl})^{\mathrm{T}},\quad l=1,2,\cdots,k$$

$$\boldsymbol{W}_l^*=(W_1,W_2,\cdots,W_k)$$

$$\boldsymbol{W}=\boldsymbol{W}_l^*\boldsymbol{\theta}=(\omega_1,\omega_2,\cdots,\omega_n)$$

其中，向量 $\boldsymbol{\theta}=(\theta_1,\theta_2,\cdots,\theta_k)^{\mathrm{T}}$ 为各种赋值法所分配的权系数向量。

（3）求得 m 个分析对象总的离差平方和 Z：

$$Z=\sum_{i=1}^{m}\sum_{k=1}^{m}\left(\sum_{j=1}^{n}(a_{ij}-a_{kj})\omega_j\right)^2=\sum_{j_1=1}^{n}\sum_{j_2=1}^{n}\left[\sum_{i=1}^{m}\sum_{k=1}^{m}\left(a_{ij_1}-a_{kj_1}\right)\left(a_{ij_2}-a_{kj_2}\right)\right]\omega_{j_1}\omega_{j_2}$$

（4）构建基于离差平方和的优化模型：

$$\max Z=\max\sum_{j_1=1}^{n}\sum_{j_2=1}^{n}\left[\sum_{i=1}^{m}\sum^{m}\left(a_{ij1}-a_{kj1}\right)\left(a_{ij1}-a_{kj2}\right)\right]\omega_{j1}\omega_{j2}=\max\boldsymbol{W}^{\mathrm{T}}\boldsymbol{A}_1\boldsymbol{W}$$

（5）对优化模型进行分析。

由矩阵理论可知，由于 $\boldsymbol{W}_l^{*\mathrm{T}}\boldsymbol{A}_1\boldsymbol{W}_l^*$ 是对称矩阵，$\boldsymbol{W}_l^{*\mathrm{T}}\boldsymbol{A}_1\boldsymbol{W}_l^*$ 的最大特征根所对应的特征向量即为该模型的最优解。由此即可得到分析对象的属性值，即有效表示该对象的权值。

从上述权重分析过程可以看出，尽管离差赋权法同时反映了分析对象主客观两方面的信息，具有较强的数学理论基础，但计算过程冗长烦琐，最终的分析结果也会因为所选取的主客观方法不同而有所差异，因此，在工程实践中也极少被使用。

3）组合赋权法

组合赋权法是一种以主客观赋权法的权重分析结果为基础，以主客观信息的一致化为目标，基于综合赋权法基本原理所建立的数学模型，来获得全面反映研究对象或评价指标综合权重的方法。其相应的分析过程如下。

（1）采用主观分析法对各个分析对象进行分析，并用得到的分析值 r_{ij} 建立起标准化的分析对象矩阵 $\boldsymbol{R}$： $\boldsymbol{R}=\left(r_{ij}\right)_{m\times n}$，其中，$i=1,2,\cdots,m$； $j=1,2,\cdots,n$ 。

（2）采用其他主客观赋权法分别求得主观权重向量 $\boldsymbol{\omega}'$ 和客观权重向量 $\boldsymbol{\omega}''$，即

$$\boldsymbol{\omega}'=(\omega_1',\omega_2',\ldots,\omega_n')^{\mathrm{T}},\boldsymbol{\omega}''=(\omega_1'',\omega_2'',\ldots,\omega_n'')^{\mathrm{T}}$$

（3）定义最终的综合权重向量，即 $\boldsymbol{\omega}=\alpha\boldsymbol{\omega}'+\beta\boldsymbol{\omega}''$，其中， $\alpha\cup\beta>0,\alpha+\beta=1$ 。

（4）分析主客观信息的偏离程度，即 $d_i=\sum_{j=1}^{n}(r_{ij}\alpha\omega_j'-r_{ij}\beta\omega_j'')^2$ 。

（5）构建权重模型，即 $\min Z=\min\sum_{i=1}^{m}d_i=\min\sum_{i=1}^{m}\sum_{j=1}^{n}(r_{ij}\alpha\omega_j'-r_{ij}\beta\omega_j'')^2$ 。由此即可得到全面反映研究对象或评价指标的综合权重。

4）灰色关联度赋权法

灰色关联度赋权法是基于灰色理论而提出的指标赋权法，基本思想是将各个指标的专家经验判断权重向量式与由专家经验判断权重的最大值所组成的参考序列向量进行量化比较，根据其彼此差异性的大小来确定专家群体经验判断数值的关联程度，即关联度。关联度越大，说明专家经验判断趋于一致，该指标在整个指标体系中的重要程度就越大，权重也就越大。其相应的分析步骤如下。

（1）请 m 位专家进行指标权重分析，建立 n 个指标权重向量式 $\boldsymbol{X}_i$ 和参考序列式 $\boldsymbol{X}_0$，即

$$\boldsymbol{X}_i=\left(x_i^1,x_i^2,\cdots,x_i^m\right),\quad i=1,2,\cdots,n$$

$$\boldsymbol{X}_0=\left(x_1,x_2,\cdots,x_i\right),x_i=\max\left\{x_i^j\right\},\quad i=1,2,\cdots,n;j=1,2,\cdots,m$$

（2）计算每个权重判断值与参考值的关联度 $r_{0,i}(j)$ 以及各个指标与参考序列的关联度 $r(\boldsymbol{X}_0,\boldsymbol{X}_i)$，即

$$r_{0,i}(j)=\frac{\min\limits_i\min\limits_j\left|x_0-x_i^j\right|+\zeta\max\limits_i\max\limits_j\left|x_0-x_i^j\right|}{\left|x_0-x_i^j\right|+\zeta\max\limits_i\max\limits_j\left|x_0-x_i^j\right|},\quad \zeta\in(0,1)$$

$$r(\boldsymbol{X}_0,\boldsymbol{X}_i)=\frac{1}{m}\sum_{j=1}^{m}r_{0,i}(j)$$

（3）确定各个指标的权重，即

$$\omega_i = r\left(\boldsymbol{X}_0, \boldsymbol{X}_i\right) \Big/ \sum_{i=1}^{n} r\left(\boldsymbol{X}_0, \boldsymbol{X}_i\right)$$

从灰色关联度赋权法的分析过程可以看出，与乘法赋权法、离差赋权法和组合赋权法相比，灰色关联度赋权法基本原理简明易懂，算法简单，因此，在工程实践中有时也被使用。但由于权重的可区分度较弱，当分辨系数 ζ 取值不同时，会得到不同的结果，因此，得出的结果具有一定的争议性。

5）层次赋权法

层次赋权法是基于层次分析法原理而提出的一种分析方法，该方法根据指标赋权的要求，预先引入指标间相对重要性的比例标度（最常用的比例标度为 1~9，数值越大，重要度相对越高；数值越小，重要度相对越低），然后基于这一标度，建立起所有指标成对的判断矩阵。通过求解判断矩阵的最大特征根及其所对应的特征向量，即可获得各个指标的相对权重。其分析过程中的主要步骤如下。

（1）明确所有指标，建立指标间相对重要性的比例标度基准。

（2）基于比例标度，建立起所有指标成对间的判断矩阵。

（3）按照矩阵的分析方法进行矩阵分析，并获得各向量的最大特征根 $\lambda_{\max}$。

（4）检验判断矩阵的一致性，即 $\mathrm{CI} = \dfrac{\lambda_{\max} - n}{n-1}$，$\mathrm{CR} = \dfrac{\mathrm{CI}}{\mathrm{RI}}$。其中，RI 可从统计学手册查出。一般地，当 $\mathrm{CR} < 0.10$ 时，判断矩阵具有令人满意的一致性；当 $\mathrm{CR} \geqslant 0.10$ 时，需要对判断矩阵进行调整。

（5）按照分析结果，对所有指标的特征根进行排序，给出各个指标的相应权重。

从这一分析过程中可以看出，与其他综合赋权法相比，层次赋权法的赋权原理简单明了，清晰易懂，易被工程项目管理者理解和掌握。另外，该方法可将相对较为复杂的问题转化为具有结构和层次关系的简单问题，并通过相互间的对比与分析，建立起较为清晰的相对关系。在此基础上，由于分析所有指标相互关系判断矩阵的理论方法是非常成熟的方法，理论基础科学可靠，并进行了一致性检验，因此，得出的结果也较为可信。更有价值的是，该方法将定性与定量分析相结合，既可把使用者的实践经验包含进来，也可在分析过程中把理论上的严谨推理方法包含进来，因此，在众多的综合赋权法中，层次赋权法就成为工程项目管理者使用最多的方法。

但是，大量的工程实践证明，层次赋权法也有其不足之处，主要体现在以下三个方面：一是当引入的比例标度及其等级不同时，同一指标体系建立起的所有指标成对间的判断矩阵就会有较大的差异，这必然会导致同一指标不同的赋权结果。二是当分析者的经验不同时，即使使用的是同一比例标度，也可能得出不同的判断矩阵，进而得出与第一种情况类似的结果。三是尽管分析结果进行了一致性检验，但不少学者对一致性判定指标 CR 及其判定标准 $\mathrm{CR} < 0.10$ 有不同的看法，若这一标准发生变化，就必然给分析结果带来变化。因此，层次赋权法仍需要不断改进和完善。

4.1.4 差异度排比赋权法

差异度排比赋权法是一种基于差异度排比技术提出的新型赋权法，该方法不仅可将研究者个人宝贵的实践经验包含进来，还可以在获取研究对象大量实际状况调查数据的基础上，通过严谨的数理推导来发现分析对象之间存在的相互差异与彼此之间的相对重要性。该方法基于分析对象的差异度，首先确定具有高相关关系的分析对象，并用其中的一个对象来替代另一对象，有效消除了同类对象相互占据指标体系份额的不良状况。然后，以各个对象之间的相对重要性为基础，通过基于系统化的整体性处理来确定各个对象的相互权重，使所确定的分析对象权重能更有效地反映指标在系统中的真实状态。因此，该方法被提出之后，在工程项目管理领域就得到了广泛的应用。

1. 差异度排比技术

差异度排比技术以指标间的差异度值为依据，根据差异度的大小来分析和消减高相关度指标后，在确保指标间不存在重叠指标或重类指标占用指标系统份额的基础上，以各指标在指标系统中所处重要位势与其所得到的现实认可的综合评判值为系统组分，该组分在其指标系统同组中所占的份额即为其权重。从该技术原理可以看出，差异度排比技术等主要功能包含三个部分：一是利用差异度值消减高相关度指标；二是分析和确定各指标在其系统同组中的位势；三是以相应的综合评判值为依据，确定指标在系统同组中的权重。

1）利用差异度值消减高相关度指标

在指标体系中，由于同一分析对象存在不同的方面，因此，需要用不同的指标来分析和评判同一对象的不同方面。但由于是对同一对象的分析，一般将这些指标规划到同组之中。然而，在指标的提取和确定中，同组中的分析指标如若存在高相关性问题，极易引起分析结果的偏差。对此，为了消除可能存在的同组高相关度指标，在预先确定指标属性主次等级 s_k 的基础上，通过调查方式，将调查结果 x_i 与属性主次等级的量值 s_{ik} 相配置，计算出同组指标的相互差异度 r_{ij}。根据差比理论可知，当两个指标间的差异度 r_{ij} 小于 0.5 时，即可用同组中的一个指标替代另一个指标，由此即可利用差异度值 r_{ij} 达到消减高相关度指标的目的。差异度的具体计算公式如下：

$$r_{ij} = \sum_{k=1}^{5} \left| x_{ik} - x_{jk} \right| \cdot s_k, \quad i = 1, 2, \cdots, m$$

2）分析和确定各指标在其系统同组中的位势

在分析不同的对象时，不同的指标具有不同的重要性，在指标体系中同组中所占据的位势也必不相同。当完成各个指标属性主次等级的调查后，其相应位势 p_i 也就可以获得，即

$$p_i = \sum_{k=1}^{5} x_{ik} \cdot s_k, \quad i = 1, 2, \cdots, m$$

3）确定指标在系统同组中的权重

获得指标体系中各个指标在其系统同组中的位势 p_i 后，经过差异度排比技术的指标判定及高相关指标约简，便可在指标位势归一化的前提下，求得各个指标的相对权重 w_i，即

$$w_i = p_i \Big/ \sum_{i=1}^{n} p_i$$

2. 差异度排比赋权法的使用方法

根据差异度排比技术可知，当利用差异度排比技术求取指标体系各个指标的权重时，具体的实施步骤包含以下几个方面。

（1）建立分析对象的指标体系以及分析对象所含具体内容的同组分析指标，并对所有指标进行唯一代码编号。

（2）设定各个指标属性的主次等级。一般设为五个等级，并分别用 1~5 的阿拉伯数字替代。数值越大，属性越强，等级也越高。

（3）组织有关专业人员对所有指标的属性主次等级进行调查，确定每个指标的认可量值。当对应的属性等级分值越高时，说明该指标越能有效表示该分析对象的状态，也就应具有更高的权重。

（4）对调查结果进行分析，计算同组指标的差异度，利用差异度值消减高相关度指标，确保指标的唯一性和有效性。

（5）完成指标的消减后，对新组建的指标体系进行指标属性主次等级分析，确定各指标在其系统同组中的位势。

（6）根据各个指标在其系统同组中的位势，利用差异度排比技术计算指标在系统同组中权重的方法，求得各个指标的相对权重。

4.2　应用案例

4.2.1　工程简介

某一特大型建筑工程项目内含 23 项子项工程，每个子项工程又含多个单位工程，工程总建筑 148 545 平方米，占地面积约 393 368 平方米，地下空间工程面积 20 000 平方米。此外还有绿化工程面积 65 878 平方米，停车场工程面积 34 761 平方米，道路工程 6 千米，喷泉工程 3 座，共 20 000 平方米，码头工程 2 个，直升机坪 1 座，工程总造价约 35 亿元，建设工期为 21 个月。由于该工程较为庞大，工程建设指挥部拟采取自动控制仿真系统进行工程项目的全程管控。

基于这一思想，工程建设指标部组织工程项目专业管理人员建立了工程项目决策阶段、准备阶段、施工阶段和竣工阶段所有管理对象的 671 个管理指标，并对之进行了系统编码，为实现工程项目的计算机化管理奠定了必要的基础。以该工程准备阶段为例，其相应的各级指标及其代码如表 4.1 所示。

表 4.1 某工程准备阶段的各级指标及其编码

项目阶段	指标级别及其代码					
	代码	一级指标	代码	二级指标	代码	三级指标
准备阶段IB	IB1	机构组建	IB11	机构设置	IB111	机构合理有效率
					IB112	人员配置合格率
			IB12	制度职责	IB121	规章制度完善率
					IB122	职责分工明确率
	IB2	工程设计	IB21	设计管理	IB211	设计依据可靠率
					IB212	设计任务工效比
					IB213	专业图纸配套率
					IB214	图纸审核合格率
			IB22	设计质量	IB221	设计方案完善率
					IB222	工程设计出错率
					IB223	设计深度达标率
					IB224	设计指标达标率
	IB3	招标投标	IB31	招标管理	IB311	招标规则公开率
					IB312	招标工作合格率
					IB313	资质审查合格率
					IB314	招标投标违规率
			IB32	合同管理	IB321	合同内容完善率
					IB322	合同签订规范率
					IB323	合同履行违约率
	IB4	资源准备	IB41	资源保障	IB411	项目资金到位率
					IB412	设备机具到位率
					IB413	项目人员到位率
					IB414	现场准备完成率
			IB42	技术保障	IB421	预算编制有效率
					IB422	施工方案完善率
					IB423	技术交底有效率
					IB424	信息管理可靠率
	IB5	相关工作	IB51	工程手续	IB511	工程手续完善率
					IB512	相关税费拖欠率
					IB513	办理手续违规率
			IB52	其他问题	IB521	部门人员协调率
					IB522	准备工作工效比
					IB523	冲突矛盾处理率

在获得该工程项目所有的管理指标后，为了使之发挥有效的作用，就必须给每个指标配置相应的权重。为此，经多位专家的分析和讨论后，决定采用差异度排比赋权法来解决指标权重这一问题。

4.2.2 指标权重的调查

根据差异度排比赋权法可知，若要实现指标的赋权，首先必须确保指标体系中同组指标不存在重叠指标或重类指标占用指标系统份额的问题，在此基础上，方可以各指标在指标系统中的位势获得各个指标的权重。而这一切工作必须先从指标的调查开始入手。为此，工程项目指挥部组成调研小组，在设置好工程项目所有阶段的指标调查表的基础上，对工程项目的所有指标进行了调查。在调查前，将所有指标的属性主次等级分为五级，分别对应 5、4、3、2、1 五个等级分值。以准备阶段三级指标为例，其调查表如表 4.2 所示。

表 4.2 准备阶段三级指标调查表

项目阶段	三级指标	指标属性主次等级评价				
		5	4	3	2	1
准备阶段	机构合理有效率					
	人员配置合格率					
	规章制度完善率					
	职责分工明确率					
	设计依据可靠率					
	设计任务工效比					
	专业图纸配套率					
	图纸审核合格率					
	设计方案完善率					
	工程设计出错率					
	设计深度达标率					
	设计指标达标率					
	招标规则公开率					
	招标工作合格率					
	资质审查合格率					
	招标投标违规率					
	合同内容完善率					
	合同签订规范率					
	合同履行违约率					
	项目资金到位率					
	设备机具到位率					
	项目人员到位率					
	现场准备完成率					
	预算编制有效率					
	施工方案完善率					

续表

项目阶段	三级指标	指标属性主次等级评价				
		5	4	3	2	1
准备阶段	技术交底有效率					
	信息管理可靠率					
	工程手续完善率					
	相关税费拖欠率					
	办理手续违规率					
	部门人员协调率					
	准备工作工效比					
	冲突矛盾处理率					

在此次调查中，为了确保调查结果的科学性、可靠性以及分析结果的有效性，将该工程建设相关单位的项目经理、设计人员、施工人员、预算人员、材料供应人员、监理人员、承包商以及建设单位的有关领导和政府部门有关人员作为主要调查对象，先后邀请了 65 人参与此次调查。这 65 人的职业、工龄、职称分布情况分别如图 4.1~图 4.3 所示。表 4.2 中所述指标的调查结果如表 4.3 所示。

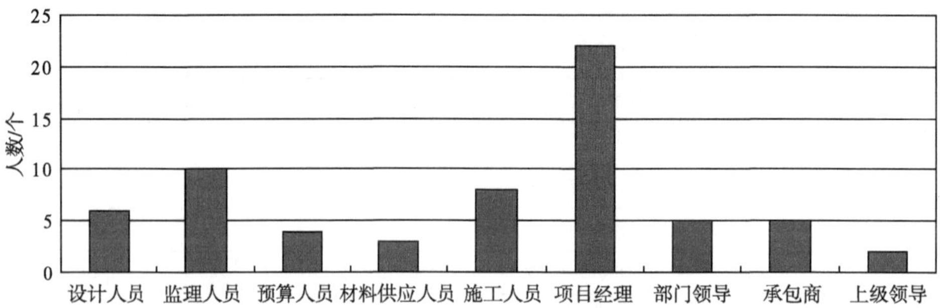

图 4.1　调查对象的职业分布图

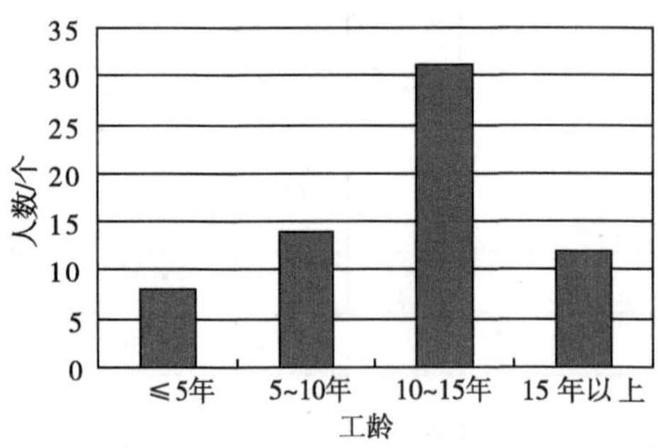

图 4.2 调查对象的工龄分布图

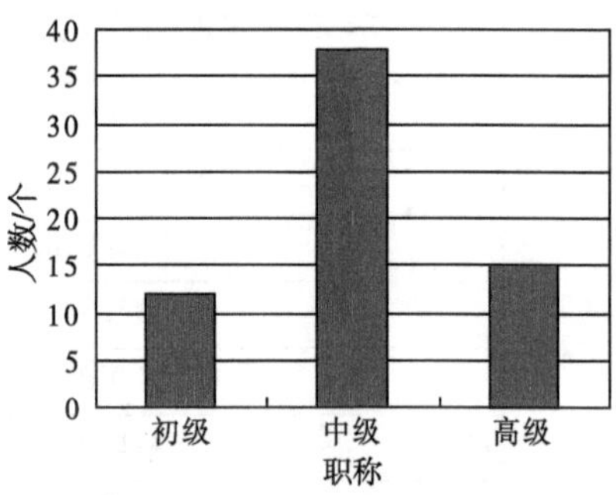

图 4.3　调查对象的职称分布图

表 4.3　准备阶段三级指标调查结果

项目阶段	三级指标	指标属性主次等级评价				
		5	4	3	2	1
准备阶段	机构合理有效率	1	4	21	29	10
	人员配置合格率	2	3	32	22	6
	规章制度完善率	3	3	24	30	5
	职责分工明确率	2	3	25	29	6
	设计依据可靠率	5	42	13	3	2
	设计任务工效比	6	14	38	5	2
	专业图纸配套率	8	52	5	0	0
	图纸审核合格率	7	58	0	0	0
	设计方案完善率	40	22	3	0	0
	工程设计出错率	53	6	5	1	0
	设计深度达标率	45	14	6	0	0
	设计指标达标率	30	26	7	2	0
	招标规则公开率	17	30	10	8	0
	招标工作合格率	35	15	9	5	1
	资质审查合格率	34	15	9	6	1
	招标投标违规率	36	17	8	4	0
	合同内容完善率	39	20	6	0	0
	合同签订规范率	21	22	18	3	1
	合同履行违约率	11	15	31	6	2
	项目资金到位率	21	39	5	0	0
	设备机具到位率	20	29	9	7	0
	项目人员到位率	12	37	9	7	0
	现场准备完成率	32	27	4	2	0
	预算编制有效率	11	9	37	7	1
	施工方案完善率	21	4	40	0	0
	技术交底有效率	19	10	35	1	0
	信息管理可靠率	16	15	27	4	3
	工程手续完善率	3	12	39	9	2
	相关税费拖欠率	2	10	38	11	4
	办理手续违规率	2	5	6	17	35
	部门人员协调率	11	22	21	7	4
	准备工作工效比	9	18	26	6	6
	冲突矛盾处理率	11	22	19	7	6

4.2.3 同组指标的差异度分析与修正

根据差异度排比赋权法可知，在获取分析对象的调查结果后，即可对调查结果进行分析，计算同组指标的差异度。按照差异度的计算模式，设各个指标的调查结果为 x_i，与其相应的属性主次等级量值为 s_{ik}，同组指标的相互差异度为 r_{ij}。将所有调查结果归一化后，该工程准备阶段三级同组指标的相互差异度具体数值如表 4.4 所示。

表 4.4 准备阶段三级同组指标的相互差异度

诊断内容	序号	诊断指标	指标归一化结果					差异度
			5	4	3	2	1	
机构设置	1	机构合理有效率	0.02	0.06	0.32	0.45	0.15	r_{12}=0.88
	2	人员配置合格率	0.03	0.05	0.49	0.34	0.09	
制度职责	1	规章制度完善率	0.05	0.05	0.37	0.46	0.09	r_{12}=0.15
	2	职责分工明确率	0.03	0.05	0.38	0.45	0.09	
设计管理	1	设计依据可靠率	0.08	0.65	0.20	0.05	0.03	r_{12}=3.02 r_{13}=1.34 r_{14}=1.86 r_{23}=4.20 r_{24}=4.70 r_{34}=0.97
	2	设计任务工效比	0.09	0.21	0.59	0.08	0.03	
	3	专业图纸配套率	0.15	0.77	0.08	0.00	0.00	
	4	图纸审核合格率	0.11	0.89	0.00	0.00	0.00	
设计质量	1	设计方案完善率	0.62	0.34	0.05	0.00	0.00	r_{12}=2.11 r_{13}=1.02 r_{14}=1.26 r_{23}=1.19 r_{24}=3.12 r_{34}=2.00
	2	工程设计出错率	0.82	0.09	0.08	0.02	0.00	
	3	设计深度达标率	0.69	0.22	0.09	0.00	0.00	
	4	设计指标达标率	0.46	0.40	0.11	0.03	0.00	
招标管理	1	招标规则公开率	0.26	0.46	0.15	0.12	0.00	r_{12}=2.46 r_{13}=2.28 r_{14}=2.48 r_{23}=0.19 r_{24}=0.29 r_{34}=0.38
	2	招标工作合格率	0.54	0.23	0.14	0.08	0.02	
	3	资质审查合格率	0.52	0.24	0.14	0.09	0.02	
	4	招标投标违规率	0.56	0.26	0.12	0.06	0.00	
合同管理	1	合同内容完善率	0.60	0.31	0.09	0.00	0.00	r_{12}=2.20 r_{13}=3.85 r_{23}=1.89
	2	合同签订规范率	0.32	0.34	0.28	0.05	0.01	
	3	合同履行违约率	0.17	0.23	0.48	0.09	0.03	
资源保障	1	项目资金到位率	0.32	0.60	0.08	0.00	0.00	r_{12}=1.09 r_{13}=1.22 r_{14}=1.70 r_{23}=1.11 r_{24}=1.43 r_{34}=2.54
	2	设备机具到位率	0.31	0.45	0.14	0.11	0.00	
	3	项目人员到位率	0.19	0.57	0.14	0.11	0.00	
	4	现场准备完成率	0.49	0.42	0.06	0.03	0.00	
技术保障	1	预算编制有效率	0.17	0.14	0.57	0.11	0.02	r_{12}=1.45 r_{13}=0.97 r_{14}=1.34 r_{23}=0.79 r_{24}=1.83 r_{34}=1.05
	2	施工方案完善率	0.32	0.06	0.62	0.00	0.00	
	3	技术交底有效率	0.29	0.15	0.54	0.02	0.00	
	4	信息管理可靠率	0.25	0.23	0.42	0.06	0.05	
工程手续	1	工程手续完善率	0.05	0.18	0.60	0.14	0.03	r_{12}=0.38 r_{13}=2.88 r_{23}=2.40
	2	相关税费拖欠率	0.03	0.15	0.58	0.17	0.07	
	3	办理手续违规率	0.03	0.08	0.09	0.26	0.54	

续表

诊断内容	序号	诊断指标	指标归一化结果					差异度
			5	4	3	2	1	
其他问题	1	部门人员协调率	0.17	0.34	0.32	0.11	0.06	r_{12}=0.70 r_{13}=0.12 r_{23}=0.76
	2	准备工作工效比	0.14	0.28	0.40	0.09	0.09	
	3	冲突矛盾处理率	0.17	0.34	0.29	0.11	0.09	

从表 4.4 的差异度分析结果可以看出，同组指标中确实存在差异度小于 0.5 的情况，这表明所构建的原指标体系中确实存在重类指标占用指标系统份额的问题。根据分析结果，该工程分析小组用同组的另一指标进行了替代，并建立了新的指标体系。

4.2.4　指标的权重分析与确定

在确保新的指标体系不存在重类指标占用指标系统份额的基础上，该工程小组利用调查所得实际数据，对新组建的指标体系进行了指标属性主次等级分析，确定了各指标在其系统同组中的位势值。以准备阶段三级指标为例，各指标在其系统同组中的位势值如表 4.5 所示。

表 4.5　准备阶段三级同组指标的位势值

诊断内容	序号	诊断指标	指标归一化结果					位势值
			5	4	3	2	1	
机构设置	1	机构合理有效率	0.02	0.06	0.32	0.45	0.15	2.35
	2	人员配置合格率	0.03	0.05	0.49	0.34	0.09	2.59
制度职责	1	规章制度完善率	0.05	0.05	0.37	0.46	0.09	2.57
设计管理	1	设计依据可靠率	0.08	0.65	0.20	0.05	0.03	3.69
	2	设计任务工效比	0.09	0.21	0.59	0.08	0.03	3.26
	3	专业图纸配套率	0.15	0.77	0.08	0.00	0.00	4.08
	4	图纸审核合格率	0.11	0.89	0.00	0.00	0.00	4.10
设计质量	1	设计方案完善率	0.62	0.34	0.05	0.00	0.00	4.57
	2	工程设计出错率	0.82	0.09	0.08	0.02	0.00	4.71
	3	设计深度达标率	0.69	0.22	0.09	0.00	0.00	4.60
	4	设计指标达标率	0.46	0.40	0.11	0.03	0.00	4.29
招标管理	1	招标规则公开率	0.26	0.46	0.15	0.12	0.00	3.86
	2	招标投标违规率	0.56	0.26	0.12	0.06	0.00	4.31
合同管理	1	合同内容完善率	0.60	0.31	0.09	0.00	0.00	4.81
	2	合同签订规范率	0.32	0.34	0.28	0.05	0.01	3.91
	3	合同履行违约率	0.17	0.23	0.48	0.09	0.03	3.41
资源保障	1	项目资金到位率	0.32	0.60	0.08	0.00	0.00	4.25
	2	设备机具到位率	0.31	0.45	0.14	0.11	0.00	3.95
	3	项目人员到位率	0.19	0.57	0.14	0.11	0.00	3.83

续表

诊断内容	序号	诊断指标	指标归一化结果					位势值
			5	4	3	2	1	
资源保障	4	现场准备完成率	0.49	0.42	0.06	0.03	0.00	4.37
技术保障	1	预算编制有效率	0.17	0.14	0.57	0.11	0.02	3.34
	2	施工方案完善率	0.32	0.06	0.62	0.00	0.00	3.71
	3	技术交底有效率	0.29	0.15	0.54	0.02	0.00	3.72
	4	信息管理可靠率	0.25	0.23	0.42	0.06	0.05	3.57
工程手续	1	工程手续完善率	0.05	0.18	0.60	0.14	0.03	3.08
	2	办理手续违规率	0.03	0.08	0.09	0.26	0.54	1.80
其他问题	1	部门人员协调率	0.17	0.34	0.32	0.11	0.06	3.45
	2	准备工作工效比	0.14	0.28	0.40	0.09	0.09	3.29

根据各个指标在其系统同组中的位势，利用差异度排比技术计算各个指标在系统同组中的权重，即可求得各个指标的相对权重。以准备阶段三级指标为例，各指标在其系统同组中的指标权值如表 4.6 所示。

表 4.6 准备阶段三级同组指标的指标权值

诊断内容	序号	诊断指标	位势值	指标权值
机构设置	1	机构合理有效率	2.35	0.48
	2	人员配置合格率	2.59	0.52
制度职责	1	规章制度完善率	2.57	1.00
设计管理	1	设计依据可靠率	3.69	0.24
	2	设计任务工效比	3.26	0.22
	3	专业图纸配套率	4.08	0.27
	4	图纸审核合格率	4.10	0.27
设计质量	1	设计方案完善率	4.57	0.25
	2	工程设计出错率	4.71	0.26
	3	设计深度达标率	4.60	0.25
	4	设计指标达标率	4.29	0.24
招标管理	1	招标规则公开率	3.86	0.47
	2	招标投标违规率	4.31	0.53
合同管理	1	合同内容完善率	4.81	0.40
	2	合同签订规范率	3.91	0.32
	3	合同履行违约率	3.41	0.28
资源保障	1	项目资金到位率	4.25	0.26
	2	设备机具到位率	3.95	0.24

续表

诊断内容	序号	诊断指标	位势值	指标权值
资源保障	3	项目人员到位率	3.83	0.23
	4	现场准备完成率	4.37	0.27
技术保障	1	预算编制有效率	3.34	0.23
	2	施工方案完善率	3.71	0.26
	3	技术交底有效率	3.72	0.26
	4	信息管理可靠率	3.57	0.25
工程手续	1	工程手续完善率	3.08	0.63
	2	办理手续违规率	1.80	0.37
其他问题	1	部门人员协调率	3.45	0.51
	2	准备工作工效比	3.29	0.49

【本章拓展材料】

第5章

工程项目数据处理理论与方法

——以工程项目基本预备费为例

数据是信息的载体，是事物表象和本质的外在体现，在工程项目的建设过程中，它已成为工程项目的重要组成部分，是工程项目处理一切事务必不可少的要素。从工程项目开始至结束，数据就贯穿于工程项目的每个环节，并从始至终发挥着不可替代的作用。

在工程项目中，数据具有较多的种类，按不同的类型划分，就具有不同的类别。例如，按数据之间的关系来划分，可分为连续数据和离散数据；按数据的形式划分，可分为数值数据和图形数据；按数据的准确性划分，可分为精确数据和非精确数据，非精确数据又分为模糊数据、灰色数据和随机数据；从数据的有效性划分，可分为有用数据和冗余数据。很显然，不同的数据有其不同的表现形式，也有其各自的作用和价值。在工程项目中，各种数据在不同的时段以不同的方式表现出来并产生不同的效用，但对工程项目管理而言，只有那些能够真正有效反映工程实际状况的数据才具有真正的作用和价值。因此，面对工程项目中从始至终不断出现的大量数据，如何在获取这些数据的基础上从中获得有用的数据，使之为工程项目管理与决策发挥应有的作用，就成为工程项目管理中的一项重要内容。

5.1 理论论述

5.1.1 工程数据及其种类

在工程项目管理中，工程数据主要是指以数值形式体现的数据，如工程投资、建设工期、质量偏差、工程费用、标准规定、基本参数等具体数量值。仅从数据本身来看，并不存在任何意义和价值，若将这些数据配置到与其相应的环境中，这些数据就成为工程项目管理者了解工程项目有关问题、掌握工程项目相关状态和情况的重要依据。

在工程项目中，为了有效管理和利用数据，一般会从管理需求的角度对有关数据进行分类和规整，最常用的分类方式主要有以下四种。

（1）数据来源：从数据的来源来划分，可分为原始数据和二次数据。原始数据是指从工程项目管理对象实态直接获取的数据；二次数据是指以原始数据为基础，利用数学模型或有关原理推导出的数据。

（2）阶段属性：从数据的阶段属性来划分，工程项目中的数据可分为项目决策阶段的数据、准备阶段的数据、施工阶段的数据和竣工阶段的数据。这类数据的划分多在建立工程信息管理系统的数据库并对数据进行分类存储与管理的环境中使用。

（3）对象描述：工程项目含有九大管理领域，管理对象主要包含工程质量、进度、费用、资源、安全、风险、组织、计划、合同等内容。为了表述各个管理对象的各种状态，各个管理对象都含有大量的数据与之相配置，因此，工程项目中的数据可分为工程质量、工程进度、工程费用、工程资源、安全风险、工程计划、组织合同等数据，这类数据的划分是工程项目管理中最为普遍也最为常用的数据划分方式。

（4）数据作用：不同的数据有不同的作用，工程项目中有些数据主要用于工程问题的状态描述；有些数据主要用于对比基准；有些数据主要用于状态判定；有些数据主要用于结果表述。根据数据的不同作用，工程项目中的数据具有不同的作用和价值。这种数据划分方式多用于工程信息管理系统数据模块的构建和数据调用研究中。

除这四种数据划分方式外，在工程项目管理中，管理者还可以根据工程项目的实际管理需求提出新的划分方式，最终的目的就是便于数据的管理和使用，使这些数据在工程项目管理中发挥应有的作用，体现应有的价值。

5.1.2　工程数据处理及其原则

在工程项目的建设中，工程数据从始至终不断地涌现，它可以系统全面地描述工程项目各个阶段各个管理对象的各种状态。然而，由于工程项目在其建设中始终受到项目内外各种因素的干扰和影响,这就可能使工程项目在其建设中会呈现出各种各样的形态，并伴随产生各种各样的数据。如果工程项目的若干形态未能有效表示工程项目的实际形态，那么描述这些形态的数据也就可能会成为冗余数据或无效数据。如果数据中存在大量的此类数据，那么在使用这些数据前，工程项目管理者就必须预先对其进行必要的分析和处理，以避免此类数据给工程项目管理与决策带来不利影响。

目前，处理工程数据的方式主要分为三大类：一是形式化处理；二是模式化处理；三是标准化处理。数据的形式化处理是以数据自身的属性和特点为基准，数据的类型和数据的量纲完全以描述对象为核心，只要能够有效反映描述对象的所属状态，就用那种数据形式来表示。数据的模式化处理是以预定的某一数据表达形式为基准，当获得此类数据后，都必须以此模式为标准，因此，尽管数据可能具有原始数据的形态特征，但已不是原始数据的原有形态。标准化处理是一种从数据使用的角度出发，为了使数据能够与其他相关数据共同配置、组合使用，按照数据分析和使用要求以及预先规定的统一模式，对所有数据进行处理的一种方式。在工程项目管理中，这种方式多用于数据的深度分析和使用，并进一步推导出新的数据，如对工程项目总体状态的判定、对工程项目某一对象的总体分析与描述等情况。无论采用哪种方式进行数据处理，在工程数据的处理中，都应遵循以下原则。

（1）科学性原则。

科学性原则是指在数据的分析和处理中，要以预定的数据处理规则为标准，使用科学的方法进行数据规整和处理，而不能完全依赖个人经验或主观臆断。

（2）客观性原则。

客观性原则是指在数据的处理中要以客观事实为依据，不能随意改变数据的量值和量纲，数据处理后的结果必须是能够有效反映工程项目管理对象真实形态的数据，而不是编造的虚假数据。

（3）可靠性原则。

可靠性原则是指在数据的分析和处理过程中必须严谨认真，确保处理后的数据源依旧能够有效反映数据原有的本质，而不是冗余数据或无效数据。

5.1.3 工程数据处理方法

目前，对工程数据处理的方法有很多种，如列表法、作图法、逐差法、最小二乘法、非线性最小值法、数据平滑法、神经网络法、Matlab 处理法、主成分分析法、因子分析法、决策树分析法、参数检验等。但在工程项目中，最常使用的方法主要有统计分析法、粗集约简法、相关分析法和聚类分析法，这四种方法的数据处理原理参见如下所述内容，其他方法可参见参考文献所列资料或相关数学书籍。

1. 统计分析法

统计分析法是基于调查或文献查阅等方式所获取的数据，运用统计学原理对研究对象的数量、性质、状态、规模、范围、程度等特征进行数理分析的一种方法。通过这种方法，可以发现和揭示研究对象内部或相互之间的潜在关系、变化规律及发展趋势，进而达到对研究对象更为直接和深刻的认识。在对研究对象进行统计分析中，基本方法主要有直观统计、对比统计、分组统计和时序统计。

1）直观统计

直观统计是以研究对象群体数据的某一特征值为分析目标，采用柱状图、散点图、折线图、雷达图、饼状图等形式对数据状态进行的描述性分析，描述性统计量主要有数据和值、均值、最大值、最小值、中位数、标准差、极差、偏差度等参数，通过这些参数，可以较为直观地看到研究数据的整体状况，易于研究者了解和掌握研究对象的总体形态，多用于对大量历史数据的分析与提炼。

2）对比统计

对比统计是以研究对象群体数据自身为基础，通过数据之间的相互比较来发现数据之间关系和内在规律的分析方法。该方法根据数据比较时段的不同，可分为横向比较和纵向比较。横向比较是指同一时段对同一类指标不同单位、不同部门、不同人员的比较，以此来分析和观察不同单位、不同部门、不同人员的所处状态与水平差异。纵向比较是指对不同时段同一类指标的同一单位、同一部门或同类人员的比较，以此来分析和观察同一单位、同一部门、同类人员在不同时期的所处状态与发展趋势。比较的结果可用相对值来表示，也可用绝对值来表示。

3）分组统计

分组统计是根据数据研究的需要，把数据群体中不同性质的数据分开，将性质相同的数据聚集在一起，保持各组数据的一致性和组与组之间的差异性，以便运用不同的统计方法，系统研究同一对象的各种数据，从而全面认识研究对象本质及其规律的分析方法。这种方法主要通过划分研究对象的类型来分析数据之间的关系，解释数据内部结构。分组统计的关键是要正确选择分组标值和划分各组界限，要选择最能有效反映研究对象本质特征的标志作为分组依据，以确保统计分析结果达到预期目的。

4）时序统计

时序统计类似于对比统计中的纵向统计，但时序统计对研究对象的分析是以时间为基准，对研究对象多个方面或多个指标进行的同时性比较，而不是纵向统计中的单一性比较。通过对研究对象多个方面或各个指标时间数列的描绘和分析，可以找出研究对象的动态变化规律，为预测研究对象的未来发展趋势提供依据。这种分析方法多用于分析研究对象的未来发展状态和变化规律，编制研究对象的有关参数，为制定相关措施或科学决策提供依据。

目前，使用统计法对研究对象的群体数据进行分析时，已从传统的手工作业转向基于计算机软件的快速分析与统计，最常用的统计分析软件为 SPSS 和 Excel。但无论使用何种统计分析工具，统计分析法都需进行三个步骤并完成三项工作才能达到统计分析的目的。

第一，数据收集。

数据收集是进行统计分析的前提和基础。收集数据的方法和途径有多种方式，既可以通过实验、观察和测量等方式直接获取，也可以通过文献检索、阅读、调查等方式间接获得。收集数据的过程中除了要注意数据的真实性和可靠性外，还要注意数据自身的完整性和时效性，确保所获取的数据能够满足统计分析需求。

第二，数据整理。

数据整理就是按一定的标准对收集到的数据进行归类汇总的过程。由于收集到的数据可能存在无序、零散、缺失等问题，因此，在使用这些数据前，应按照研究的目的和要求对数据进行核实，剔除其中不真实的部分，使用于统计分析的数据系统化、条理化、直观化，并能初步反映数据的主要特征。

第三，数据分析。

数据分析是指在整理数据的基础上，通过统计运算，得出结论的过程，它是统计分析的核心和关键。数据分析通常含有两个层次：一是用直观统计方法简洁清晰明了地反映出数据的集中趋势、离散程度或相关强度等主要特征及其特征值；二是在此基础上，用推断统计的方法对数据进行分析和处理，用样本数据的特征推断出数据的总体情况，并分析和推测数据总体特征及其规律。其中，数据分析和推断方法必须是科学的、理性的，要避免和消除研究者的主观臆断，确保统计分析结果的可靠性和有效性。推断统计中经常使用的几种数据分析方法参见如下公式：

最大值 $x_{\max}$： $x_{\max}=\max\{x_i\}(i=1,2,\cdots,n)$。

最小值 $x_{\min}$： $x_{\min}=\min\{x_i\}(i=1,2,\cdots,n)$。

算术平均数 $\bar{X}$： $\bar{X}=\sum_{i=1}^{n}x_i\Big/n$，其中，$x_i$ 为数据；n 为数据量。

加权算术平均数 $\tilde{X}$： $\tilde{X}=\sum_{i=1}^{n}\omega_i x_i\Big/\sum_{i=1}^{n}\omega_i$，其中，$\omega_i$ 为 x_i 的权重。

调和平均数 $\bar{H}$： $\bar{H}=n\Big/\sum_{i=1}^{n}\frac{1}{x_i}$。

加权调和平均数 $\tilde{H}$： $\tilde{H}=\sum_{i=1}^{n}\omega_i\Big/\sum_{i=1}^{n}\frac{\omega_i}{x_i}$。

几何平均数 $\bar{G}$： $\bar{G}=\sqrt[n]{\prod_{i=1}^{n}x_i}$。

加权几何平均数 $\tilde{G}$： $\tilde{G}=\sqrt[\Sigma\omega]{\prod_{i=1}^{n}\omega_i x_i}$。

中位数 x_m： $x_m=\begin{cases}x_i, i=\dfrac{n+1}{2}\\ \dfrac{x_i+x_j}{2}, i=\dfrac{n}{2}, j=\dfrac{n}{2}+1\end{cases}$。

标准差 α： $\alpha=\sqrt{\dfrac{\sum\left(x_i-\bar{X}\right)^2}{n}}$。

极差 R： $R=x_{\max}-x_{\min}$。

方差 σ^2： $\sigma^2=\dfrac{\sum\left(x_i-\bar{X}\right)^2}{n}$。

2. 粗集约简法

粗集约简法是依据粗集理论对所获取的数据可能存在的冗余成分进行约简，从而提高工程数据可靠性的一种方法。该方法以粗集理论为工具，利用已确定的数据对数据中可能存在的不确定数据进行近似分析与描述，并把那些无法确定的数据都归属到某类数据 R 的属性集 $\{A\}$ 中，如果数据中的某些成分 $\alpha\in\{A\}$ 在按照粗集理论约简公式 $\mathrm{IND}(R)=\mathrm{IND}(R-\{r\})$（$r$ 为冗余成分）对数据进行约简后出现了同原集合的等价结果，即 $\mathrm{IND}(A)=\mathrm{IND}(A-\{a\})$，则 a 为 $\{A\}$ 中不必要的元素；否则，a 为 $\{A\}$ 中必要的元素，此后 $\{A\}$ 中所有不可约去的成分都是数据 R 的核 $\mathrm{CORD}(R)$。由此原理即可得知所采集和获取的工程数据中是否含有冗余数据。根据粗集理论可知，采用粗集约简法进行冗余数据约简的主要步骤如下。

（1）设定 $\{Q\}$ 为 $\{A\}$ 的一个简化，且 $R=A-Q$。

（2）将 R 的约简关系 $R=A-Q$ 植入约简公式 $\mathrm{IND}(R)=\mathrm{IND}(R-\{r\})$ 中，依据粗集理

论对数据进行约简，并获得可能存在的 α 。

（3）分析 $\{\alpha\} \notin \mathrm{CORD}(R)$ 的可能性，并分析此时是否存在 $\mathrm{IND}\{Q\} = \mathrm{IND}\{A\}$ ，如果存在，则可用 $\{Q\}$ 替代 $\{A\}$ ，否则依旧保留 $\{A\}$ 。

（4）对其他数据设定新的 $\{Q\}$ ，重复进行（2）（3）步骤，直到所有的数据都通过检验。

从粗集约简法这一数据分析过程可以看出，当工程数据量非常大时，数据的处理量还是很大的。如果将这一数据处理工作交由计算机来完成，则会非常高效。但采用计算机处理最大的问题是必须预先确定数据约简关系 R ，且须将 R 的约简关系植入约简公式中。因此，面对工程项目中的大量数据，如何从中找到合适的数据约简关系，就成为使用这种方法的关键所在。对于这一问题，一般都是根据工程管理需求，预先设定工程数据的最小必需属性，然后明确属性中所包含的具体特征数量，即可建立起相应的数据约简关系。当所获取的数据包含的属性特征量大于预定数据的最小必需属性时，即存在数据冗余。

3. 相关分析法

在工程数据的处理中，相关分析法是一种通过数据的相关程度分析，来分析和判定工程数据有效性及数据分布规律的一种方法。通过相关分析，可以把数据中存在的重复数据和不相关数据剔除掉，为工程数据的有效使用提供保障。

在工程数据的相关性分析中，常用的数据相关分析法有欧氏距离法、参照差值法和相关系数判别法，具体的计算方法如下。

1）欧氏距离法

欧氏距离也称欧几里得距离（Euclidean distance），它采用类似距离计算的含义，来分析和表达两数据或数组之间的相关程度。但为了避免出现物理意义上的无效计算错误，多采用如下几何算式来进行推算：

$$D = \sqrt{\left(x_i - x_j\right)^2} \quad （一维数据）$$

$$D = \sqrt{\left(x_i - x_j\right)^2 + \left(y_i - y_j\right)^2} \quad （二维数据）$$

$$D = \sqrt{\left(x_i - x_j\right)^2 + \left(y_i - y_j\right)^2 + \left(z_i - z_j\right)^2} \quad （三维数据）$$

其他维度以此类推。

当把欧氏距离公式计算得出的数值作为数据相关程度的分析依据时，距离值越小，则相关程度越高，数据的重复性也就越大，就需要用其中的数据来替代另一个数据。否则，在工程数据的使用中，就可能存在数据复现问题，导致分析结果出现非客观性和倾向性，增大与工程实态的偏差度。

2）参照差值法

参照差值法是从工程数据中预先找出一个标准数据或参数，然后将所有数据与之相对比，根据对比的差值来衡量当前数据与标准数据的相关程度的方法。差值越小，相关程度越高，此类数据即为同类型数据，差值的计算方法为

$$D = \left|x_i - X\right| \quad （一维数据）$$

$$D=|x_i-X|+|y_i-Y|\text{（二维数据）}$$

$$D=|x_i-X|+|y_i-Y|+|z_i-Z|\text{（三维数据）}$$

其中，X、Y、Z为预先找出的标准数据。

3）相关系数判别法

相关系数判别法是通过数据间相互对比所得到的数值来分析数据相关程度的方法，以二维数据为例，其相关系数γ的判别公式为

$$\gamma=\frac{\sum(x_i-\bar{X})(y_i-Y)}{\sqrt{\sum(x_i-\bar{X})^2}\sqrt{\sum(y_i-Y)^2}}$$

根据相关程度的分析结果，工程数据处理人员即可得知数据间的相关关系。所有工程数据间的关系可分为完全相关、不完全相关和不相关三种类别，其中，当一个数据的变化会引起另一数据的变化时，则这两个数据完全相关；反之，则是不相关；处于二者之间则为不完全相关。在数据相关的前提下，当两个数据的变化是同一方向时，即一个数据增大，另一数据也增大，则为正相关；反之，为负相关。由此，工程数据处理人员即可按照数据处理原则开展数据处理工作。

4. 聚类分析法

聚类分析法是数据分析和处理中较为常用的一种方法，它将繁杂的数据按照数据的相似性程度划分为多个类别，以此来明确数据类别并提高同类数据的利用率。数据间的相似性程度既可采用绝对值距离来确定，也可采用欧氏距离、明科夫斯基（Minkowski）距离或曼哈顿（Manhattan）距离来确定，最常用的方法是欧氏距离。当两个数据的距离越大时，数据的相似程度就越低，则表明这两个数据就越不相似，不属于同类。

在数据的处理中，聚类的方法有直接聚类、最短距离聚类和最远距离聚类。其中，直接聚类是先把所有数据视为一类，然后根据距离最小的原则，依次选出多个分类对象。最短距离聚类则是把所有的M个数据转换为$m\times m$的矩阵，然后将两个最短距离的数据合成一类，重新计算构建新的（m–1）阶矩阵。在（m–1）阶矩阵再将两个最短距离的数据合成一类，重新计算构建新的（m–2）阶矩阵。与此类同，直至将所有数据分析完成为止，即可得知所有数据的所属类别。最远距离聚类与最短距离聚类相类似，只是最远距离聚类先把两个最远距离的数据分成两类，并将其中一类先剔除出去，将余下数据组成低一阶矩阵，其余分析步骤与最短距离聚类相同。

在聚类分析中，面对大量数据之间的分析，目前已采用计算机程序来处理，不仅聚类速度快，而且聚类精度高，完全可以满足工程数据的处理要求。

5.1.4 数据的无量纲处理

在工程项目的管理中，经常需要同时利用多种数据来对工程项目的有关问题进行分析和处理。但在问题的处理中，由于不同数据具有不同的类型，且具有不同的量纲，这就给多种数据的综合使用带来较大的困难。因此，在工程数据处理的范畴中，还需要考

虑和处理的另一个问题就是数据的量纲问题。

在工程项目多种数据的综合使用中，面对多种数据的多种量纲，最简单也最实用的处理方式就是无量纲化，即通过恰当的数学处理，将量纲不同的数据全部转化成为无量纲的数值，进而实现数据的标准化和归一化。目前，数据无量纲转化的方法主要有特征值法、标准化法和比重法。这些方法各有特点，并适用于不同的数据转化需求。

1）特征值法

特征值法是以同类数据的某一特征为基准，其他数据 x_i 与之相比后转化成新的数值 y_i，新的数值即成为无量纲的数据。特征值的选取既可以是同类数据的平均值，也可以是最大值或最小值，或是同类数据的极值，具体转化方法如下。

当特征值为均值 $\bar{X}$ 时，$y_i = x_i/\bar{X}$。

当特征值为最大值 $x_{\max}$ 时，$y_i = x_i/x_{\max}$。

当特征值为最小值 $x_{\min}$ 时，$y_i = x_i/x_{\min}$。

当特征值为极差 R 时，$y_i = x_i/R$。

2）标准化法

多组不同量纲的数据需要进行比较或综合利用时，可以将这些数据分别标准化，然后再转化成无量纲的标准化数据，标准化的转化方法为

$$y_i = \left(x_i - \bar{X}\right)/\alpha\ ,\quad \bar{X} = \sum_{i=1}^{n} x_i \Big/ n\ ,\quad \alpha = \sqrt{\frac{\sum\left(x_i - \bar{X}\right)^2}{n}}$$

3）比重法

比重法是将参数的实际值转化为它在总和中所占的比重，计算方法为

$$y_i = x_i \Big/ \sum_{i=1}^{n} x_i$$

从这三种转化方法可以看出，特征值法和比重法可用于同类量纲数据的直接转化，标准化法可用于不同类量纲数据的间接转化。无论采用哪种数据转化方法，在完成所有数据的无量纲化转化后，都必须确保数据原有的本质，否则，转化后的数据就成为无效数据，无法用于工程项目有关问题的分析和管理。

5.2　应用案例

5.2.1　案例分析背景

在工程建设项目中，输变电工程是一种较为特殊的工程，与其他工程项目相比，此类工程不仅具有输电线路长、工程投资大、材料设备种类多、工程质量要求高等特点，而且在工程建设中还具有地域跨度很大、建设环境复杂、作业环境多变、易受环境影响、不可预见因素较多等特点。而这些特点不仅给输变电工程项目的质量、进度、安全等多个方面带来不同程度的影响和约束，还会对工程造价产生最直接的影响。特别是在工程建设中，一旦遇到特殊气候、特殊地质环境以及周围情况的影响时，就可能直接导致工

程设计与施工的重大变化，这些变化轻则造成工程超支，重则致使工程停滞并带来一系列的不良后果。为此，在工程建设之前，就需要在工程造价中预先额外留出一笔工程建设资金，即基本预备费，以备在工程建设中一旦发生此类事件后予以及时弥补可能造成的损失，为工程项目的顺利进行提供必要的资金保障。

但是，从大量的工程资金实际使用结果来看，使用基本预备费所遇到的状况基本上是小概率事件，很多问题在工程建设期间，可以通过科学的管理、预测和监控，实现对工程项目的有效管理并实现其预定目标。这也同时意味着，工程中的基本预备费没有在该工程中发挥其应有的作用。然而，在工程造价的初步概算确定中，由于工程基本预备费一般占到了工程总投资的2%~2.5%，一旦工程建设规模很大，投资很高，那么，基本预备费在工程中所占的资金数额也会相应地大幅提高。当这笔费用在工程中列支后没有发挥其应有的效用时，不仅会对该工程造价产生较大的影响，而且也不利于工程建设所需资金的合理分配和科学配置。因此，为了科学合理地确定工程造价，加强输变电工程建设过程中基本预备费的有效管理与控制，为工程项目基本预备费的编制与管理提供科学的依据，就需要全面系统地了解和掌握输变电工程基本预备费的使用情况，以便为今后进一步提高电网投资效率，充分发挥建设资金的作用，实现电力行业的可持续发展提供有力的保障。

5.2.2 分析内容与分析方法

输变电工程是一项综合性的工程，它包含变电工程（变电站）、线路工程和通信工程三大部分。其中，线路工程又分为架空线路和电缆工程，通信工程又含有通信设备和通信线路工程。同时，输变电工程按不同电压等级又可分为 1 000 千伏、750 千伏、500 千伏、330 千伏、220 千伏、110 千伏、66 千伏、35 千伏、10 千伏、6 千伏、3 千伏及其以下共 12 个等级，其中，750 千伏、500 千伏、330 千伏、220 千伏、110 千伏、66 千伏、35 千伏这 7 个等级的输变电工程占到了输变电工程总量的 90%以上，是输变电工程建设资金的主要使用对象。由此可知，若要全面系统地了解和掌握输变电工程基本预备费的使用情况，这些不同电压等级不同类别的输变电工程也就成为相应的主要调研和分析对象。

不同等级和不同建设规模的输变电工程所需资金具有较大的差异，建设资金的差异必然会引起基本预备费的差异。所以，若要了解和掌握输变电工程基本预备费的使用情况，就需要了解和掌握不同电压等级不同类别输变电工程在工程项目中的分布状态以及基本预备费在不同电压等级不同类别输变电工程中的发生概率和在工程项目费用节余方面的状况。针对这些所需研究内容，就需要以大量工程实际数据为依据，利用工程数据的处理方法来分析和总结基本预备费在输变电过程中的使用情况。对于此类问题，在众多的工程数据处理方法中，统计分析方法是相对最为科学合理的方法。因此，在该案例中将就如何使用这一方法对输变电工程基本预备费进行分析与研究展开论述。

5.2.3 数据样本的选取

近年来，我国建设了大量的输变电工程，从研究角度来看，这为研究样本的选取提供了极为有利的条件。若要使研究结果与现实更为符合，更能有效反映基本预备费在工程中的实际状况，所选取的研究样本就应与当前更为接近。从这一点出发，本案例中选取的研究样本以我国 2015 年完成的输变电工程作为研究对象的选择范围。

同时，按照大数法则，只有将研究样本抽取到一定数量的基础上，才能在研究结果中消除研究对象个体特性对研究总体的局部影响，使研究结果能够有效代表研究对象的实际形态。因此，在这一问题的分析和研究中，为了提高数据处理精度，确保分析结果具有较高的可靠性和实效性，在确定研究样本的数量时，将研究样本置信系数设定为 1.96，期望的置信度设定为 0.95，可确性样本间偏差度设定为 0.09。这样，依照统计学原理，有效样本总量在不少于 140 的前提下即可满足该项研究所需。若按输变电工程不同电压等级的划分标准（本案例分析中只考虑 750 千伏、500 千伏、330 千伏、220 千伏、110 千伏、66 千伏和 35 千伏 7 个等级），则累积样本容量不少于 980 即可满足研究所需。

根据上述研究对象样本数量的选取原则，结合我国 2015 年已竣工输变电工程的实际情况，此次所选取的研究样本容量总数共计 5 529 项，若从电压等级来划分，则 750 千伏输变电工程共计 3 项，500 千伏输变电工程共计 229 项，330 千伏输变电工程共计 41 项，220 千伏输变电工程共计 1 499 项，110 千伏输变电工程共计 3 032 项，66 千伏输变电工程共计 261 项，35 千伏输变电工程共计 464 项。据之可知，不同电压等级的输变电工程在样本总数中的所占比例分别为 0.1%、4.2%、0.7%、27.1%、54.8%、4.7%和 8.4%，其具体数值分布如表 5.1 所示，其所占比例分布如图 5.1 所示。

表 5.1　不同电压等级输变电工程所占比例

电压等级/千伏	750	500	330	220	110	66	35
样本数量/个	3	229	41	1 499	3 032	261	464
所占比重/%	0.1	4.2	0.7	27.1	54.8	4.7	8.4

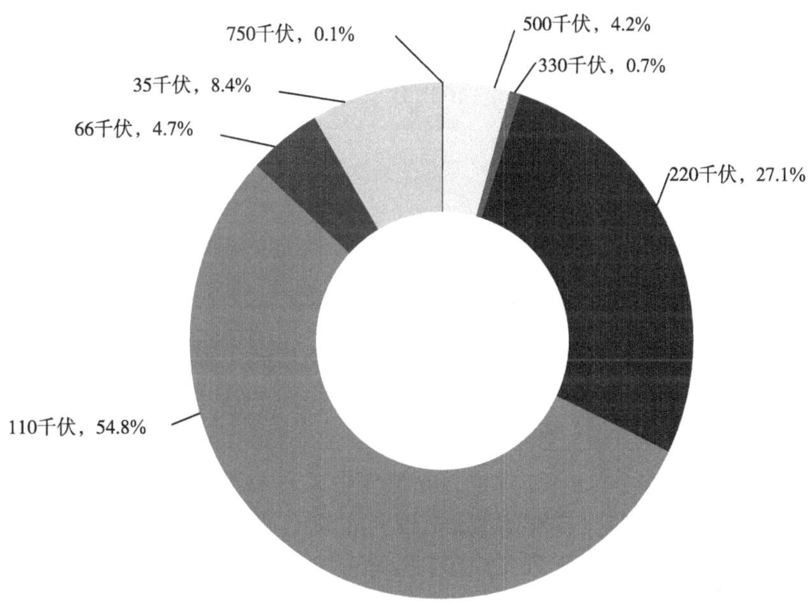

图 5.1　不同电压等级输变电工程所占比例

若从工程细分的种类来划分，则变电工程共计 1 842 项，架空线路工程共计 1 592 项，电缆工程共计 362 项，通信设备工程共计 773 项，通信线路工程共计 960 项。据之可知，不同类别输变电工程在样本总数中的所占比例分别为 33.3%、28.8%、6.5%、14.0%和 17.4%，其具体数值如表 5.2 所示，其所占比例分布如图 5.2 所示。

表 5.2 不同类别输变电工程所占比例

工程类别	变电工程	架空线路工程	电缆工程	通信设备工程	通信线路工程
样本数量/个	1 842	1 592	362	773	960
所占比重/%	33.3	28.8	6.5	14.0	17.4

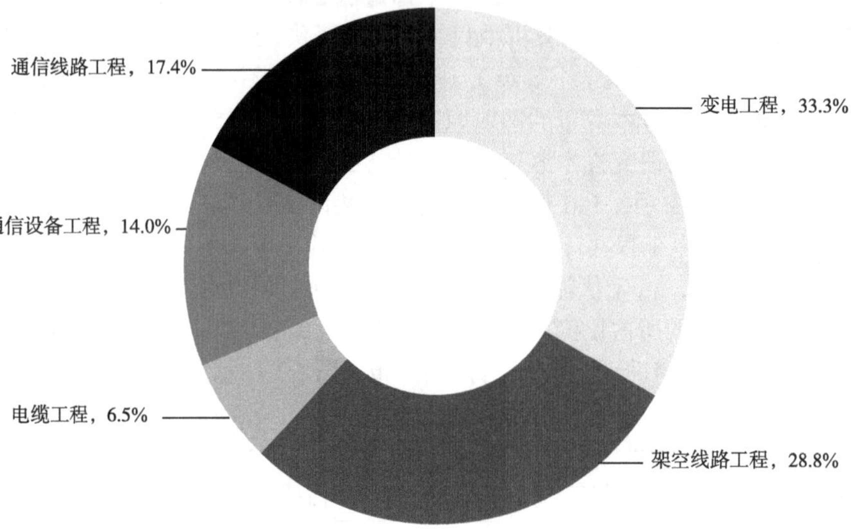

图 5.2 不同类别输变电工程所占比例

从统计学角度来看，这些样本数量符合研究所需样本数量的要求（750 千伏输变电工程单项投资大、数量少，属于特例），可以作为不同电压等级不同类别输变电工程基本预备费的整体特征研究的样本代表。

5.2.4 数据统计与分析

1. 不同电压等级不同类别输变电工程的分布状态

根据输变电工程所包含的类别可知，它可细分为变电工程、架空线路工程、电缆工程、通信设备工程和通信线路工程 5 种类别。同时，由于输变电工程又可按电压等级分为多个类别，如果以 750 千伏、500 千伏、330 千伏、220 千伏、110 千伏、66 千伏、35 千伏这 7 个等级的工程样本为研究对象，并与变电工程、架空线路工程、电缆工程、通信设备工程和通信线路工程这 5 种类别进行组合，则有 35 种样本组合结果。很显然，不同电压等级不同类别的输变电工程无论是在工程的施工工艺方面还是在工程建设难度方面都有很大程度的差别，而不同种类和等级的工程项目将需要不同数量的工程建设资金，这就意味着，不论是在基本预备费的数量方面还是在发生基本预备费的概率方面，它们必将会有很大程度的差别。因此，若要了解和掌握输变电工程基本预备费的使用情况，就需要首先了解和掌握不同电压等级不同类别输变电工程在工程项目中的总体分布状态。如果以所选取的 5 529 项样本为基数，不同电压等级不同类别输变电工程研究样本的分布状况及其所占比重如表 5.3 所示，与之相应的柱状图如图 5.3 所示。

表 5.3 不同电压等级不同类别的输变电工程的样本分布

样本分布	变电工程		架空线路工程		电缆工程		通信设备工程		通信线路工程	
	样本量	比重	样本量	比重	样本量	比重	样本量	比重	样本量	比重
750 千伏	2	0.67	0	0	0	0	1	0.33	0	0
500 千伏	70	0.31	50	0.22	0	0	62	0.27	47	0.21
330 千伏	16	0.39	12	0.29	0	0	7	0.17	6	0.15
220 千伏	587	0.39	416	0.28	31	0.02	194	0.13	271	0.18
110 千伏	963	0.32	902	0.30	252	0.08	407	0.13	508	0.17
66 千伏	63	0.24	86	0.33	10	0.04	40	0.15	62	0.24
35 千伏	141	0.30	126	0.27	69	0.15	62	0.13	66	0.14

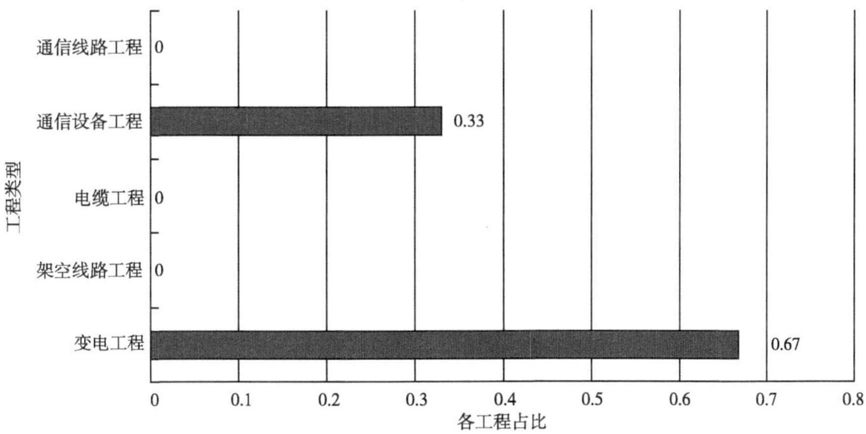

（a）750 千伏输变电工程所占比例图

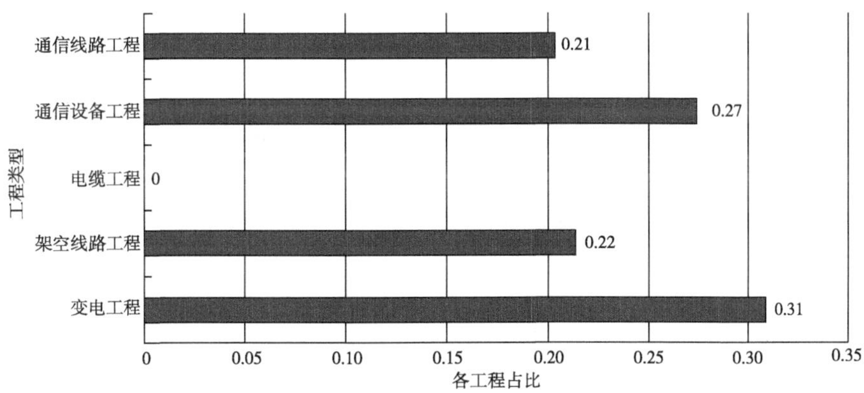

（b）500 千伏输变电工程所占比例图

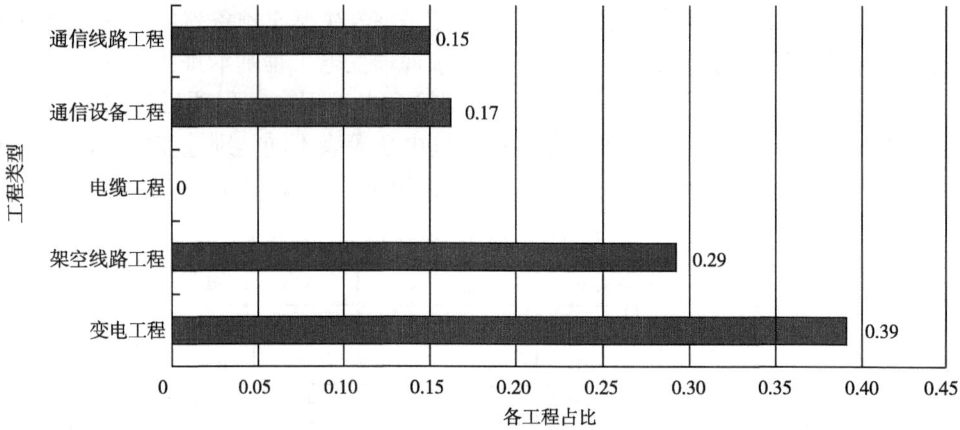

（c）330 千伏输变电工程所占比例图

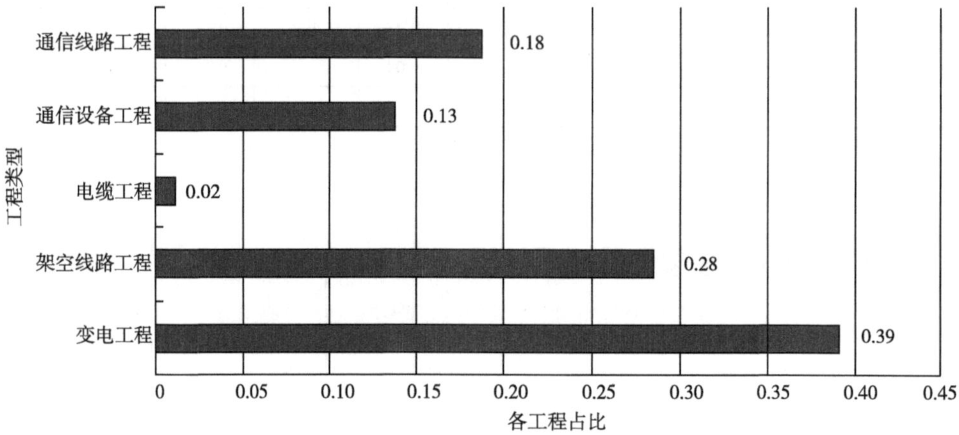

（d）220 千伏输变电工程所占比例图

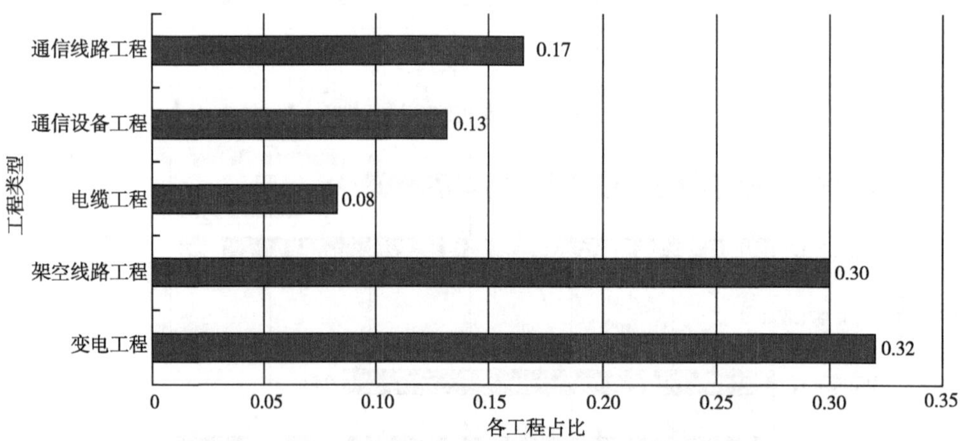

（e）110 千伏输变电工程所占比例图

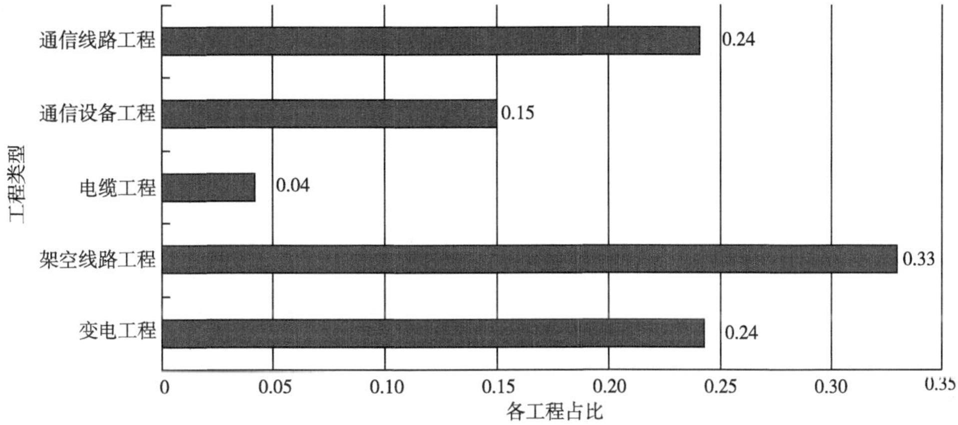

（f）66 千伏输变电工程所占比例图

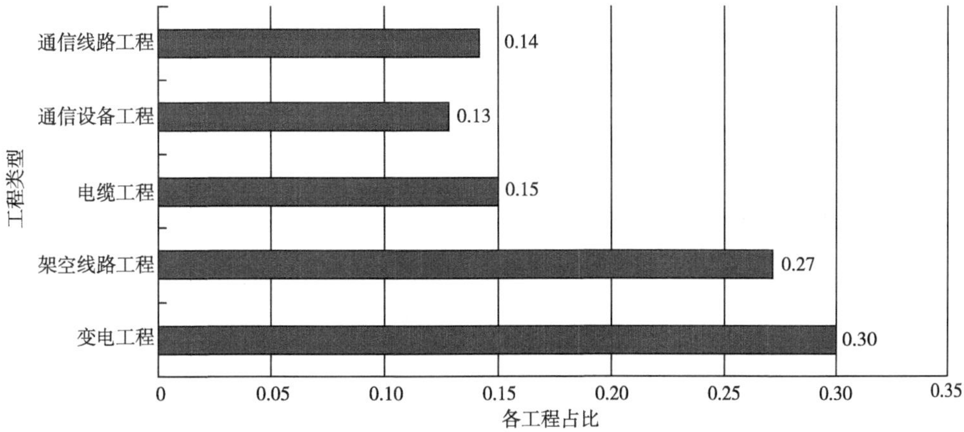

（g）35 千伏输变电工程所占比例图

图 5.3　不同电压等级不同类别的输变电工程所占比重图

从表 5.3 和图 5.3 可以明显看出，220 千伏和 110 千伏输变电工程在工程项目总量上占有很大的比重，是工程建设资金的主要占用对象，因而也就成为基本预备费的主要占用对象。

2. 基本预备费在不同电压等级不同类别输变电工程中的发生概率

由于不同电压等级不同类别的输变电工程在其施工工艺和建造难度等方面具有较大的差别，再加上在工程项目实施过程中不确定因素的随机影响，因此在工程建设中，发生基本预备费的可能性就有很大差别。若以发生概率来描述这类情况，那么，根据这些工程的实际决算结果，即可获知不同电压等级不同类别的输变电工程基本预备费的发生数量。以总的发生量为基准，即可得知不同电压等级不同类别的输变电工程基本预备费的发生率，其具体数值如表 5.4 所示，发生率的直观柱状图如图 5.4 所示。

表 5.4　不同电压等级不同类别的输变电工程发生基本预备费的比率

样本分布	变电工程		架空线路工程		电缆工程		通信设备工程		通信线路工程	
	发生量	发生率	发生量	发生率	发生量	发生率	发生量	发生率	发生量	发生率
750 千伏	2	1	0	0	0	0	0	0	0	0
500 千伏	2	0.028	6	0.120	0	0	1	0.016	0	0
330 千伏	3	0.187	5	0.417	0	0	1	0.142	0	0
220 千伏	25	0.043	27	0.065	0	0	5	0.025	6	0.022
110 千伏	47	0.049	62	0.069	12	0.047	12	0.029	16	0.033
66 千伏	0	0	0	0	0	0	0	0	0	0
35 千伏	10	0.071	8	0.063	6	0.087	0	0	3	0.045
总计	89	0.048	108	0.068	18	0.049	19	0.025	25	0.026

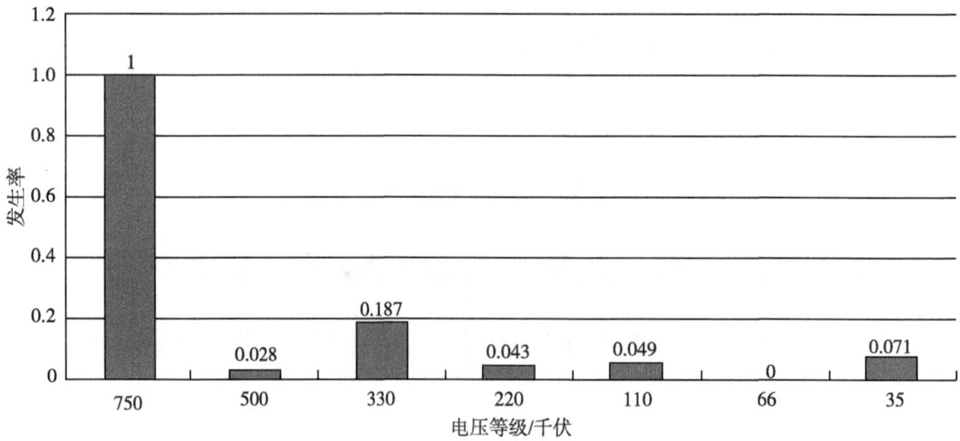

（a）不同电压等级变电工程基本预备费发生比率图

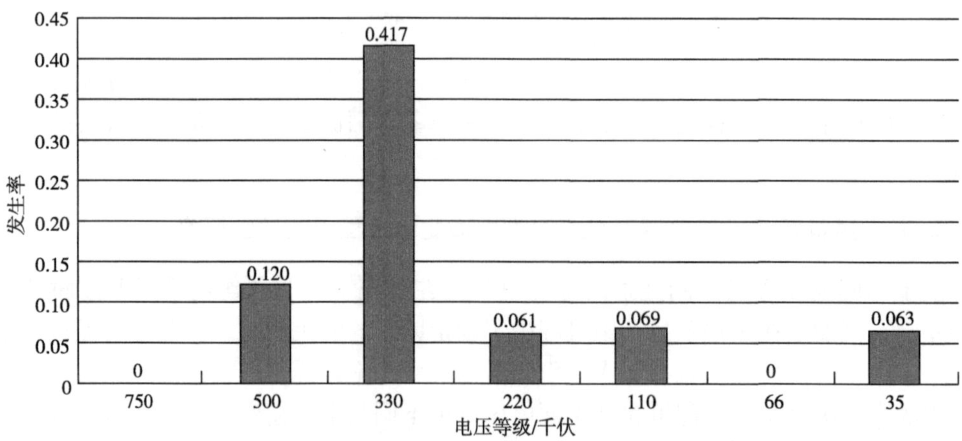

（b）不同电压等级架空线路工程基本预备费发生比率图

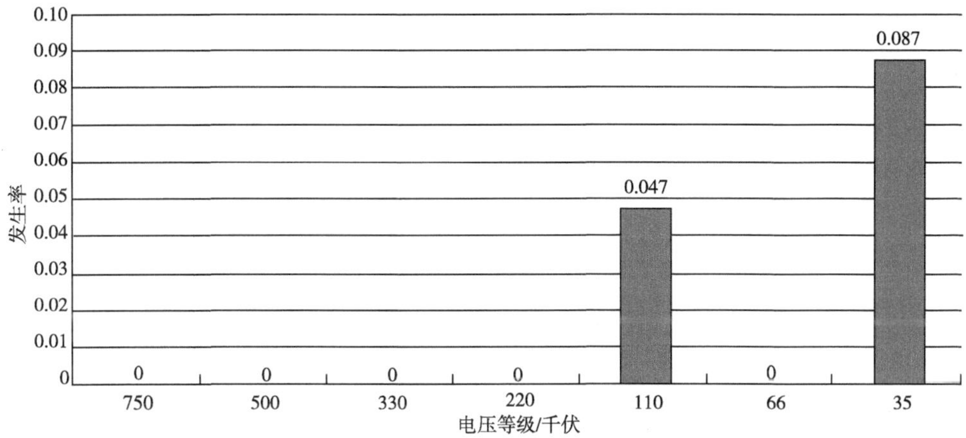

（c）不同电压等级电缆工程基本预备费发生比率图

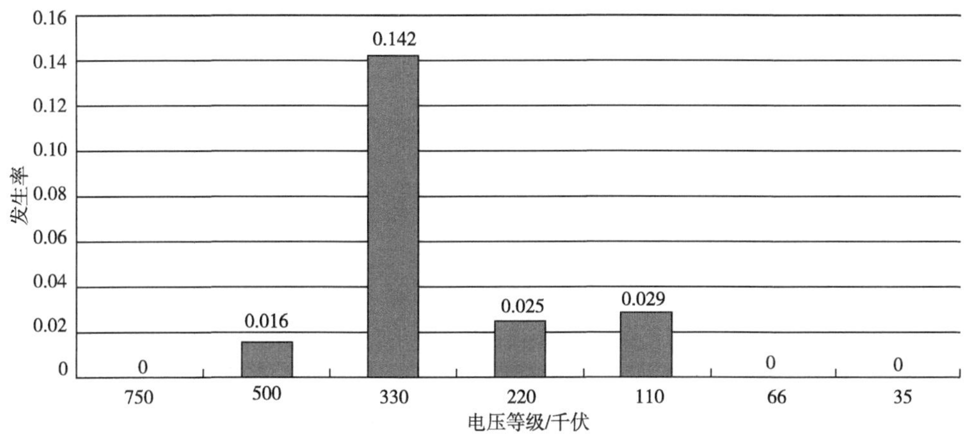

（d）不同电压等级通信设备工程基本预备费发生比率图

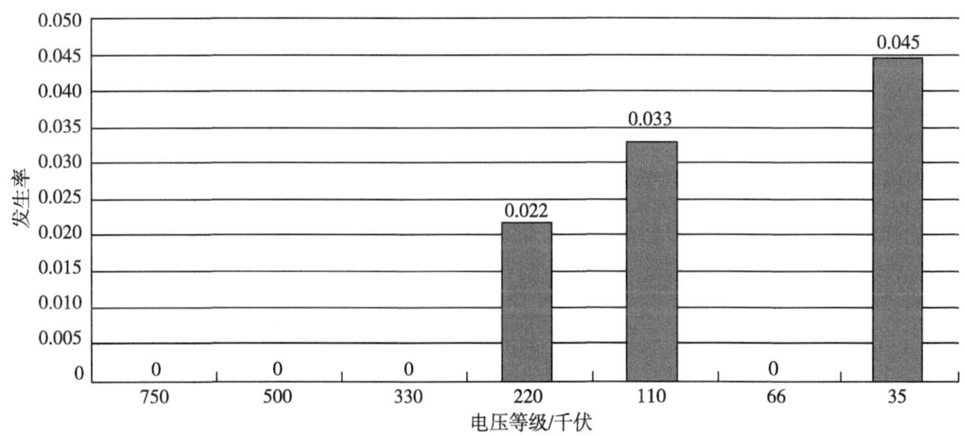

（e）不同电压等级通信线路工程基本预备费发生比率图

图 5.4　不同电压等级不同类别的输变电工程基本预备费发生比率图

3. 基本预备费在工程项目费用节余方面的状况

根据 2015 年输变电工程造价分析报告可以得知，2015 年输变电工程不仅未发生决算超支问题，基本遵循了决算不超预算、预算不超概算、概算不超估算的规则，而且大多数工程还略有结余。从工程各类费用结余的角度来看，基本预备费也有一定的贡献，总的贡献率为 4.29%，其中，变电工程（含通信工程）基本预备费的结余贡献率为 2.16%，线路工程基本预备费的结余贡献率为 2.13%，具体情况分别如下。

1）变电工程

根据调查可知，基本预备费对变电工程费用结余总的贡献率为 2.16%，其中，500 千伏变电工程基本预备费在其他费用中的贡献率为 99.68%；330 千伏变电工程基本预备费在其他费用中的贡献率为 97.80%；220 千伏变电工程基本预备费在其他费用中的贡献率为 97.82%；110 千伏变电工程基本预备费在其他费用中的贡献率为 95.39%；66 千伏变电工程基本预备费在其他费用中的贡献率为 100.00%；35 千伏变电工程基本预备费在其他费用中的贡献率为 96.91%。按贡献率大小依次排序，相应为 66 千伏、500 千伏、220 千伏、330 千伏、35 千伏和 110 千伏。不同电压等级基本预备费在工程其他费用中的所占比例如表 5.5 所示，与之相应的直观对比图如图 5.5 所示。

表 5.5 基本预备费在变电工程中的费用节余贡献率

电压等级/千伏	建筑费/%	设备费/%	安装费/%	其他费	
				小计/%	其中：基本预备费/%
500	−8.97	26.21	2.95	7.99	99.68
330	18.01	13.05	−0.06	−2.62	97.80
220	−3.93	19.89	3.78	13.60	97.82
110	0.63	14.66	4.04	10.42	95.39
66	3.41	15.73	8.60	16.89	100.00
35	5.00	22.41	5.57	19.30	96.91
合计	−2.29	19.20	3.84	11.6	97.33
对工程总投资结余的贡献率/%	−0.40	9.99	0.39	4.03	2.16

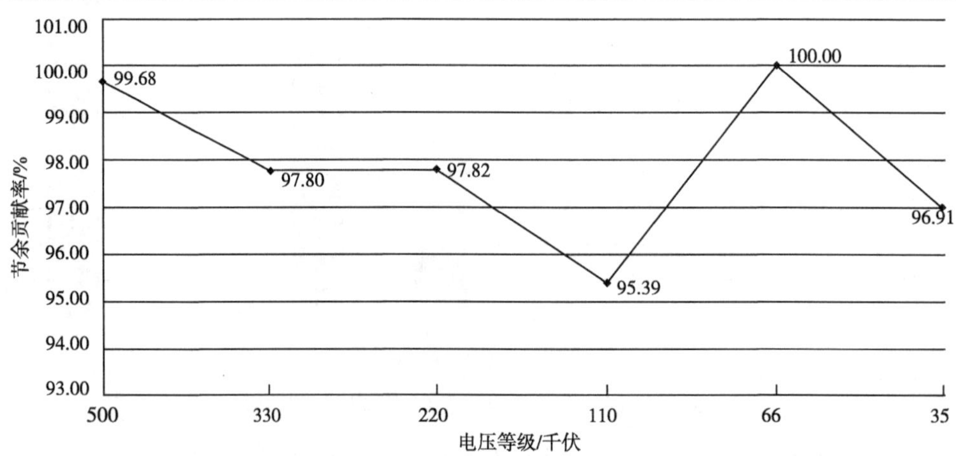

图 5.5 基本预备费在变电工程中费用节余贡献率对比图

2）线路工程

根据调查可知，基本预备费对线路工程费用结余总的贡献率为 2.13%，其中，500 千伏线路工程基本预备费在其他费用中的贡献率为 98.73%；330 千伏线路工程基本预备费在其他费用中的贡献率为 93.75%；220 千伏线路工程基本预备费在其他费用中的贡献率为 97.48%；110 千伏线路工程基本预备费在其他费用中的贡献率为 94.84%；66 千伏线路工程基本预备费在其他费用中的贡献率为 100.00%；35 千伏线路工程基本预备费在其他费用中的贡献率为 96.23%。按贡献率大小依次排序，相应为 66 千伏、500 千伏、220 千伏、35 千伏、110 千伏和 330 千伏。不同电压等级基本预备费在工程其他费用中的所占比例如表 5.6 所示，与之相应的直观对比图如图 5.6 所示。

表 5.6　基本预备费在线路工程中的费用节余贡献率

电压等级/千伏	建筑费/%	设备费/%	安装费/%	其他费	
				小计/%	其中：基本预备费/%
500	7.12	21.15	18.01	12.59	98.73
330	2.88	9.35	−8.81	−19.37	93.75
220	7.54	11.19	0.16	19.56	97.48
110	8.01	12.27	0.74	10.78	94.84
66	7.89	11.50	2.61	9.32	100.00
35	12.18	29.18	19.54	42.01	96.23
合计	7.64	14.58	6.80	15.53	97.08
对工程总投资结余的贡献率/%	5.37	4.73	1.04	0.10	2.13

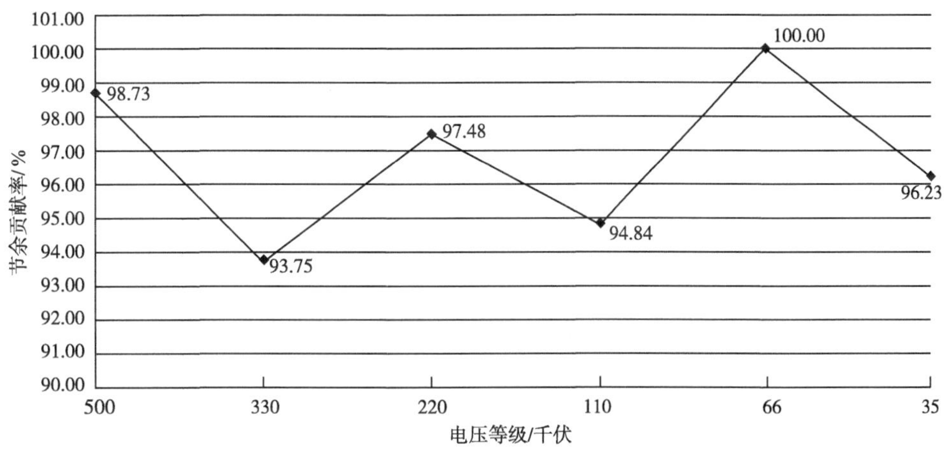

图 5.6　基本预备费在线路工程中费用节余贡献率对比图

【本章拓展材料】

第6章

工程项目信息管理系统的设计与开发

——以大型建设工程项目管理平台为例

建设工程项目是一项开放且复杂的系统，系统内不仅包含实现系统目标的诸多要素，而且包含影响系统的多种因素。若要实现对工程系统的有效管理，需要及时全面地了解和掌握这些因素。由于这些因素在工程项目中具有很强的时变性和动态性，会随着工程项目实施状态的变化而变化，这就给及时了解和掌握这些因素带来较大的困难。对此，基于信息自控化、管理元素集成化和管理方式信息化的工程管理模式就成为当代工程项目管理的重要手段，而构建工程项目信息管理系统则是其中最有效的手段之一，并且在工程实际中，这一管理手段已为工程项目的信息收集、问题分析和快速决策发挥了极为有效的作用。因此，详细了解和掌握并学会应用工程项目信息管理方面的专业知识就成为当代工程项目管理者必须掌握的专业技能。

6.1 理论论述

6.1.1 工程信息管理系统

工程信息管理系统是以工程信息为主要管理对象，以计算机为主要工具，对工程信息采集、信息传递、信息存储、信息加工和整理、信息分析和处理、信息输出和反馈等若干工作进行系统化、逻辑化、程序化和集成化处理的综合体系。在信息的整个处理过程中，它以所获得信息数据为依据，基于预定的对象基准以及分析或判断模型，通过信息数据间的相互对比，就管控对象的所处状态给出相应的评价，为工程项目管理者和决策者及时了解和掌握工程项目的实施状态提供参考依据。

在工程项目管理中，工程项目包含较多的管理对象，每个管理对象又有自身的特点，这就需要采用不同的管理方式来管理不同的对象。同样，在构建工程项目信息管理系统时，也就需要建立不同管理对象的信息管理系统。因此，从理论上来讲，一个较为系统全面的工程项目信息管理系统应包含工程质量、工程进度、工程费用、工程安全、风险识别、风险预警、合同管理、物资管理、能源管理等工程项目的各个方面。系统所包含的功能不仅能够及时处理工程项目的有关信息，而且还能通过对信息的分析，给出工程项目各个管理对象所处状态的即时判定，为工程项目管理提供相关依据。当一个系统过于庞大时，可能会给系统的安装和使用带来其他一些问题，因此，在工程项目实际使用中，很多管理者就以这些管理对象为目标，分别构建成多个子系统。这样，在工程项目信息管理系统方面，信息系统就被划分为工程质量信息管理系统、工程进度信息管理系统等多种类别，以满足工程项目不同情况的管理需求。

此外，为了使工程项目信息管理系统更好地发挥作用，目前还出现了多种工程项目信息管理系统的辅助系统，如工程项目指标分析系统、指标权重确定系统、指标与权重动态修正系统、工程状态判定系统、工程仿真模拟系统等多种信息管理辅助系统。这些系统与工程项目质量、进度、安全、费用等系统集成起来，形成无缝链接，可以构成一个功能更为强大的工程项目信息管理系统，为工程项目的管理发挥更大的作用。

6.1.2　系统研发及其原则

1. 系统研发原则

工程项目信息管理系统是一个需要多种功能相互支持才能发挥作用的集成系统，在系统的运行和使用中，任何部分功能的缺陷都可能使整个系统失效。因此，在设计和开发工程项目信息管理系统时，需要考虑信息系统所涉及的各个方面，并在系统的设计中遵循一定的原则，以确保设计和开发的工程项目信息管理系统满足工程项目管理的实际需求。一般来讲，系统设计与开发中遵循的主要原则如下。

1）一致性原则

在设计和开发工程项目信息管理系统前，必须明确信息管理系统开发的目的，并以此为基础来确定工程项目信息管理系统的所需功能，以确保系统所具有的功能与工程项目管理所需功能具有一致性。

2）整体性原则

在设计工程项目信息管理系统的过程中，系统内各个相关部分都有相应的输入与输出，并形成系统完整的信息处理流程。因此，设计的系统不仅要考虑系统各模块自身的功能，还要考虑相互之间的关系，使整个系统具有完整性。

3）标准化原则

为了使开发的系统具有较强的适应性，开发的系统要尽可能地采用标准模块，使用的系统语言、信息规则、传输协议、表达方式等内容要保持一致，避免产生信息处理障碍，为工程信息的高效处理提供技术保障。

4）面向用户原则

开发的系统是为了满足用户的使用需求，而很多用户并不能准确地表达出自己的要求，因此，这就要求开发人员在系统开发的过程中，应始终面向用户，与用户保持密切联系，让用户及时了解系统设计的状况，及时听取用户的意见，使开发的系统具有实用性。

5）实效性原则

在工程项目信息管理系统的开发过程中，既要积极汲取最新的科学技术与方法，在系统设计中敢于创新，追求卓越，设计出更新、更好、更高效的信息管理系统，同时又要坚持从客观实际出发，避免盲目追求高大上的虚荣心理和攀比心理。要坚持从工程项目实际管理需求出发，综合考虑企业的实际情况和人员素质，在有效满足工程项目管理需求的前提下，使设计的工程项目信息管理系统简洁、实用、有效，易于工程项目管理者快速有效地解决工程实际问题。

2. 系统研发技术

在工程项目信息管理系统的开发中，需要多种技术的支持，如计算机技术、网络通信技术、信息处理技术、工程项目管理技术、数据挖掘技术、数据处理技术、语言分析技术、信息预警技术、状态判定技术等。但在系统的开发方面，最为重要的技术主要是系统编程语言、数据库技术和计算机网络通信技术，没有这三种技术的支持，工程项目的信息管理系统就无法开发和实现。

1）系统编程语言

了解和选用适合的编程语言是开发信息管理系统的首要工作。目前，开发信息系统的语言已有很多种，如 VB（Visual Basic）、VF、C 语言、C++、Java、C#等，这些语言各具特色。例如，VB 是当今通用的设计语言之一，它具有高编程效率和强开发功能等特点。它起源于 Basic 编程语言，至今包含了数百条语句、函数和关键词，拥有图形用户界面和快速应用程序开发系统，是一种可视化的程序设计语言。同时，该语言还具有强大的数据库功能，可方便地与 SQL Server、Access 和 Oracle 等数据库相连。与其他语言相比，该语言功能强大、简单易学，还引入了控件理念，可以使大量已经编译好的 VB 程序直接被引用。

C 语言是一门通用计算机编程语言，它的目标是提供一种能以简易方式编译和处理低级存储器，产生少量的机器码以及不需要任何运行环境支持便能运行的编程语言。与其他初级语言相比，C 语言一共只有 32 个关键字，9 种控制语句，因此，它具有简洁紧凑、灵活方便的特点。同时，该语言数据类型丰富，表达方式灵活，允许直接访问物理地址，能够像汇编语言一样对位、字节和地址进行操作，生成的目标代码质量高，程序执行效率高，生成的语言可读性好，易于调试、修改和移植。因此，它受到了很多编程者的喜爱。

C++语言源于 C 语言，是 C 语言的扩展和超集。作为一种面向过程的编程语言，C 语言无法满足运用面向对象方法开发软件的需要。因此，为了满足管理程序的复杂性需求，美国的 Bjarne Stroustrup 对 C 语言进行了改进和扩充，使之成为目前所流行的 C++程序设计语言。该语言不仅保留了 C 语言的简洁性和高效性，而且增加了面向对象机制，并与 C 语言完全兼容。作为一种大型语言，C++支持自定义类与对象、数据封装和数据隐藏、继承和重用，但是从语言的角度来看，C++语言并不是一个完全的面向对象过程，它被认为是 C 语言向 Java 语言过渡的一个语言。

Java 是 SUN 公司开发的一种简单的、安全的、动态的、跨平台的、分布式的、面向对象程序的语言，它可以在不同机器、不同操作系统及不同网络环境中进行开发，具有类似 Basic 解释型语言和 C 编译型语言的某些特性。Java 编程语言的编写风格与 C 语言、C++语言十分接近，是一个纯粹的面向对象语言，它集成了 C++语言面向对象的技术核心，舍弃了 C++中易出错的指针、运算符重载、多重继承等特性；增加了垃圾回收器功能，使程序员不用再为内存管理而烦恼；实现了真数组，避免了覆盖数据的可能。总之，这些功能的特性大大地缩短了 Java 应用程序的开发周期，同时也提高了系统运行的稳定性。

C#是一种简单的、现代的、面向对象的和类型安全的全新程序语言，由 C 语言和 C++语言演绎而来，专门为使用.NET 平台而创建的。C#的目标在于把 Visual Basic 的高生产力和 C++的自身能力结合起来，充分挖掘.NET Framework 提供的编译潜力。它可以生成在.NET Framework 上运行的多种应用程序，包括本地程序和 XML Web 程序等，但也只能在.NET Framework 上运行。此外，C#还提供了庞大的 Windows 开发接口，进而实现了应用程序的快速实施过程。作为一种面向对象语言，C#具有支持面向对象的三大基本特征，即封装、继承和多态。C#由类构成，所有的变量和方法都可封装在类中。尽管类只能直接从一个父类继承，但可以实现任意数量的接口连接。与其他语言相比，C#具有简洁、安全等特点。它语法简单、功能强大，与 C++和 Java 非常相似，同时也继承了 C 语言的优美语法形式。然而，C#的语言优势不仅局限于此，表 6.1 给出了较为详细的说明。

表 6.1　C#与其他程序语言的比较

<table>
<tr><th>语言</th><th>比较内容</th></tr>
<tr><td rowspan="5">C++</td><td>C++可直接译为本地执行代码；C#默认编译为中间语言代码，编译时再通过 Just-In-Time 将需要的模块临时编译成本地代码</td></tr>
<tr><td>C++需要随时地删除动态分配给堆的内存；而 C#则采用垃圾回收机制自动在合适的时机回收不再使用的内存</td></tr>
<tr><td>C++中需要使用大量的指针；C#使用对类实例的引用，一般不需要使用指针</td></tr>
<tr><td>C++依赖于以继承和模板为基础的标准库；C#则依赖于.NET 基库</td></tr>
<tr><td>C++允许类的多继承；C#只允许类的单继承，再通过接口实现多继承</td></tr>
<tr><td rowspan="4">Java</td><td>Java 和 C#语法类似，但在一些关键字上有区别；两者在使用上几乎是相通的</td></tr>
<tr><td>Java 有虚拟机可以跨平台编译；C#必须在.NET Framework 环境下运行</td></tr>
<tr><td>C#面向对象的程度比 Java 高，且基本类型都是面向对象的</td></tr>
<tr><td>C#具有比 Java 更强大的编译功能，其执行速度比 Java 快</td></tr>
<tr><td rowspan="2">VB</td><td>同 C++类似，VB 编译为内部机器代码；而 C#为中间语言代码，优点是它允许与其他语言编写的代码交互，允许 C#使用.NET 基类提供的丰富功能</td></tr>
<tr><td>与 VB 相比，C#在语法方面更为简洁，允许变量同时声明和初始化</td></tr>
</table>

2）数据库技术

顾名思义，数据库是存放数据的仓库，是按照一定的组织方式，将系统的各种数据有规律地存放在系统空间，实现对数据有效管理的一种方式。为了实现对数据的有效管理，已开发出多种类型的数据库，常用的有 Oracle、Sybase、SQL Server、MySQL 和 Access

等类型的数据库。在众多的数据库类型中，微软公司研发的 SQL Server 最受欢迎。到目前为止，SQL Server 已有四个版本，其中，SQL Server 2005 是一个相对最为全面的数据库平台，它使用集成化的智能工具，提供了企业级的数据管理。与其他三个版本相比，SQL Server 2005 在存储性能和运行效率方面表现得尤为突显。此外，它引进了上百种新功能和改进功能，拥有了强大的数据管理和分析能力，并具有可伸缩性、可用性和高安全性等特点；同时，为数据库引擎关系型数据和结构化数据提供了更安全可靠的存储功能，使用户便于构建和管理用于业务的高可用和高性能数据应用程序。在数据库的开发方面，SQL Server 2005 针对行业应用和一般事务处理两类应用程序提供了一种更安全、可靠和高效的数据平台，该平台具有很强的业务处理能力和稳定的运行操作环境，可以帮助开发人员大幅度地提高生产效率，缩短开发时间，因此，成为数据库设计和开发的主要技术工具。

3）计算机网络通信技术

工程项目是一个多点组成的分布式工程系统，工程项目之间的信息传输多是利用通信设备和线路将地理位置不同、功能独立的多个计算机相互连接起来实现信息共享的。因此，在工程项目的信息管理系统中，计算机网络通信系统就是指由不同空间的多个计算机系统通过通信设备和线路连接起来，并以网络协议、网络操作系统等网络软件实现网络资源共享的技术系统，是整个信息系统结构的主体和系统运行的基础。

目前，计算机网络主要分为局域网、城域网、广域网和互联网四大类型，其中，局域网是在数千米范围内，将各种计算机和外围设备连接而成的网络，被广泛用于办公自动化和计算机辅助企业管理等方面。这种网络一般由特定类型的传输媒体（如电缆、光缆和无线媒体）和网络适配器（亦称为网卡）互连在一起，由于范围较小，因此具有很高的传输效率。城域网则是一种可以覆盖若干城市的互联网络，物理距离一般在 50 千米之内。广域网是一种跨地区的数据通信网，通常包含多个地区或若干个国家，通常由两个或多个局域网组成，信息之间的传输主要通过电信运营商提供的专用设备，也可通过专线或卫星连接，因此，与局域网和城域网相比，广域网对通信的要求较高，网络复杂性也较高。互联网是将许多国家的广域网结合在一起形成的遍布全球的网络，是国际最大的互联网，可实现全球范围的信息资源共享。互联网分为三个层次，即底层网、中间层网和主干网。底层网为大学校园网或企业网，中间层网为地区网络和商用网络，最高层为主干网，一般由国家或大型公司投资组建并负责管理。互联网上的信息传输是在超文件传输协议 HTTP（Hype Text Transmission Protocol）支持下运行的，超文本中不仅含有文本信息，还包括图形、声音、图像、视频等多媒体信息。利用超文本，用户能轻松地从一个网页链接到其他相关内容的网页上，获取所需要的信息资源。

3. 系统研发方式

信息管理系统的开发有多种方式，如自行开发、委托开发、合作开发、咨询开发和外购软件等。自行开发是完全依靠企业自己的力量进行开发。委托开发是企业将开发项目完全委托给一个开发单位，被委托单位完成系统开发任务后再交付企业使用。合作开发是企业与外部开发单位合作，双方共同开发软件的一种方式。咨询开发是以企业自己的力量为主，在开发中遇到困难和问题后，向有关专家请教和咨询，然后企业自己开发的一种方式。外购软件则是购买开发商已开发出的成熟软件。在工程项目中，由于不同的工程项目有其自身的特殊性，现有的软件或管理系统并不一定能够满足所有工程项目的管理需求，因此，在工程项目信息管理系统的开发方面，建设单位就多采用自行开发、产品购买、合作开发或对已购产品进行二次开发等方式。

1）自行开发

当工程项目具有明显的特殊性，需要开发满足该工程的专用软件或信息管理系统时，一般多采用自行开发方式。这种开发方式对企业的开发人员有较高的要求，不仅要求企业的开发人员必须熟悉工程项目的建设流程与施工工艺，对该工程的特殊性已有全面的了解和把握，而且还要求开发人员掌握信息系统开发的专业知识。一旦满足这些要求，开发出的系统就能较好地满足用户的使用需求。同时，在系统的开发中，开发人员易于与工程有关人员开展专业技术交流，便于对软件存在的不足及时进行改进。在软件的后期使用中，也容易指导使用者正确使用，出现问题易于维护。但开发出的软件水平和规范程度相对较低，开发周期相对较长。

2）产品购买

近年来，随着软件产业的快速发展，很多专业公司已开发出能够满足常规性工程项目管理要求的工程软件，如工程辅助设计软件、工程项目预决算软件、工程项目进度绘制软件、合同管理软件、工程档案管理软件等多种软件。如果专业公司已开发出的这些软件能够满足工程项目的管理要求，那么，这种开发方式既节省时间，又快速高效，是系统开发中一种非常好的开发方式。

3）合作开发

合作开发是工程建设单位邀请专业软件的开发公司一起开发的系统开发方式。在开发中，建设单位负责开发过程的专业技术指导，并给出详细的工程建设工艺流程和施工方式及管理要求，开发公司负责软件功能的开发与集成。这种开发方式既有利于建设单位的业务人员熟悉和维护系统，也便于借助专业开发公司的专业知识与经验，有利于提高系统的水平，因而这种方式是系统开发方式中最常使用的开发方式。

4）对已购产品进行二次开发

如果购买的软件有部分功能不能满足工程项目的管理需求，且工程建设单位又有系统开发的专业人员，那么就可以已购买的软件为基础，根据工程项目的实际情况进行系统软件的二次开发。对已购产品进行二次开发的一般方式是以已购买的软件为主件，再开发若干子系统作为辅件。然后，对所有软件进行封装，开发出新的软件，以满足工程项目的实际使用需求。与全部自行开发相比，这种开发方式成本较低，周期较短，又能保证软件的质量，因此，在工程软件的开发中使用得较多。

4. 系统研发方法

信息管理系统的开发是一项较为复杂的系统性工作，若要科学、正确、高效地完成系统开发工作，不仅需要必要的系统开发硬件条件，还必须有一个科学有效的开发方法。目前，常用的系统开发方法主要有结构化开发方法、原型法、面向对象的开发方法和信息工程方法。

1）结构化开发方法

结构化开发方法是按照系统工程的思想，自顶向下开展整体性分析与设计，然后自底向上逐步实施的系统开发过程。这种方法的思想是先将整个信息系统开发过程划分成系统规划、系统分析、系统设计、系统实施、系统运行和维护五个阶段，并严格规定每一阶段的工作任务和实施步骤。然后，按照预定的实施步骤完成每个阶段的各项工作任务，最终完成系统开发的所有任务，并获得开发的系统软件。

在系统规划阶段，主要的工作是对拟开发的系统进行初步调查，明确系统开发的目的与要求，对系统的需求做出初步分析和预测，并给出拟建系统的建设方案。在系统分析阶段，主要的工作是对拟建系统进行系统功能分析、业务流程分析和数据流程分析，由抽象到具体建立起系统逻辑模型，形成系统的初步构架。在此基础上，对拟建系统进行代码设计、数据库和文件设计、输入输出设计、模块结构和功能设计，完成系统设计阶段的所有工作。此后，即可进行系统的实验与调试，将系统可能存在的问题予以修正完善。当开发的系统满足预定的要求后，即可交给用户使用，进入系统的正常使用与维护阶段。由此可以看出，结构化开发方法通过分段逐步的设计与实施，可以使每一步工作都得到有效的落实，避免了开发过程的无序状态，极大地提高了系统开发效率。但该方法的缺点是耗时过长，难以适应迅速变化的外部环境。因此，只有面对较为复杂的系统开发时才采用这种方法。

2）原型法

原型法是一种基于拟开发系统的基本模型而开发出完全满足用户要求所需系统的方法。该方法的基本路径是由系统设计人员与用户合作，在短期内暂时先开发出一个具备基本功能的简易系统软件。在此基础上，借助于功能强大的辅助系统开发工具，通过不断地完善和反复多次试验，使之逐步完善，直至获得用户满意的系统软件。由此可以看出，在采用原型法进行系统开发的过程中，用户发现问题并提出修改意见是最为主要的工作。面对直观的软件，用户可以直接感受到系统运行的真实状况，避免了需求表达不清等问题，使系统开发真正实现了面向用户的原则。因此，该方法深受用户的欢迎，提高了用户参与系统开发的积极性，同时也减少了用户培训时间，间接地降低了系统开发风险和开发成本。

3）面向对象的开发方法

面向对象的开发方法是基于所研究的问题，对问题空间进行自然分割，识别其中的对象及其相互关系，然后建立相应的信息模型。在此基础上进行系统设计，用相应对象和关系的软件模块构造成整个系统。整个开发过程分为四个步骤：一是对拟开发的系统需求进行调查研究，确定系统目标；二是根据系统目标弄清系统行为、结构、属性及操作方法，为对象与操作关系的建立奠定基础；三是对分析结果进一步抽象、归纳和整理，给出对象的实现描述；四是采用面向对象的程序设计语言，实现抽象出来的对象范式，使之成为应用程序软件。在系统开发过程中，面向对象的开发方法以对象为基础，利用特定的软件工具直接完成从对象客体的描述到系统结构之间的转换，有效解决了传统结构化开发方法中描述工具与软件结构的不一致性问题，消除了从分析和设计到软件模块结构之间多次转换映射的繁杂过程，缩短了开发周期。因此，面向对象方法比结构化方法在系统开发方面更为直接。

4）信息工程方法

信息工程方法是一种与结构化开发方法较为相近的方法，但该方法在开发过程中引入了知识库的概念，从业务分析到系统制作的每一过程都离不开知识库的支撑。它的开发过程主要包含系统规划、业务分析、系统设计和系统制作四个阶段，所有的工作采用自顶向下的方式予以开展和实施。在系统规划阶段，具体开发工作包括调查系统需求，建立系统的总体框架和体系结构，确定数据基本模型并存入知识库。在业务分析阶段，主要的工作内容是对业务处理数据和处理过程进行分析，提炼出详细的数据模型和处理模型，明确两者之间的关系，建立起业务处理模型并存入知识库。在此基础上，从知识库中取出已确定的数据基本模型和业务处理模型，设计出系统的数据结构和输入输出模块并存入知识库。最后，从知识库中取出设计阶段存入的所有模型，利用编程语言生成程序代码，完成信息系统的构建。

6.1.3　信息管理系统分析

在系统开发前，系统开发者首先需要开展的工作就是了解系统服务对象的业务流程，只有全面系统地了解和掌握服务对象的业务流程，才能确定拟开发系统应包含的基本功能、各功能使用中数据的流动方式及系统运行所需的基本结构。在此基础上，才能为系统的设计与开发提供相应的依据。因此，在信息系统的分析中，就含有系统的业务流程分析、功能需求分析、数据流程分析和系统结构分析四个方面的内容。

1. 业务流程分析

业务流程分析是对系统服务对象工作过程所包含的工作内容、工作步骤、工作方法和工作方式等方面进行的分析。通过对这些方面的分析，系统开发者可以了解服务对象活动中的各个环节，掌握业务活动的内容、业务活动的具体方式和步骤以及有关数据与信息的处理方式，以便确定组成系统的基本要素，并明确系统各要素之间的相互关系。

在系统分析工作中，业务流程分析是一项最为基础也是最为主要的工作，进行此项工作不仅需要开展必要的业务调查，还必须在完成调查工作的基础上，对调查结果进行详细系统的分析，从中提炼出系统服务对象在其工作中的各种关系，并以清晰简洁的流程图方式描绘出来，为信息管理系统的数据分析和结构构建提供直接的依据。

1）开展业务调查

业务流程调查是一项工作量较大、内容繁多且涉及面较广的信息获取过程。开展此项工作前，要预先明确调查的对象与范围以及调查人员的层级与数量。调查的人员必须是从事业务工作的主要人员和今后使用系统的主要人员以及与系统开发具有直接关系的人员。调查的内容必须以系统的服务对象为主，同时从系统的角度了解当前业务流程中存在的问题和今后改进的方向。在调查的过程中，要确保调查所获信息的真实性和可靠性，调查的结果要能全面有效地反映出业务的全部内容，以免给系统的后期开发带来不利影响。

2）业务关系分析

完成业务调查工作后，要依据调查结果，分析业务中包含哪些具体工作，每项工作包含哪些内容以及各项工作之间的关系。要将业务处理过程中每一项工作的每一步骤细化，详细明确在整个业务处理中有哪些部门和哪些人员参与，每项工作由哪个部门的哪些人员负责，与之相关的部门和人员有哪些，每项工作如何开展，开展的步骤是什么，每项工作的相关规定有哪些，这些规定如何执行和落实。在整个业务的活动中，每项工作的开展需要具备什么条件，会生成哪些结果。特别是那些较为复杂的业务流程，要根据现有业务的工作流程逐层逐步地将之描述出来。如果业务活动中包含多个子流程，也必须进行同样的分析，将每一个流程转化成一个清晰的过程，内含业务流程可以描述为一个子流程，并从组织架构角度，清晰地描述出它们之间的相互关系。通过对业务活动中所有工作的梳理，为今后的系统功能分析、数据流程分析和系统结构的选择与确定提供有效的依据。

3）绘制业务流程图

流程图是以图形和符号表示多个对象之间相互关系的一种方法，在完成业务关系分析之后，使用该方法可以更加逻辑条理地阐述出系统业务的处理过程和业务中内含各项工作的分工与联系，清晰明了地描绘出各项工作之间物流和信息流的传递与流通关系。同时，还可以帮助业务管理者与系统开发者发现现有业务流程中存在的不足，优化业务处理过程，为业务流程的改进和系统性能的提高提供有效依据。

2. 功能需求分析

工程项目信息管理系统的功能是指开发的系统应具有完成某项工作的能力，是为了实现系统目标所需具备的主要条件，如信息收集功能、信息处理功能、信息存储功能、信息转换功能、图像绘制功能、数据查询功能和结果判定等功能。在设计和开发一个信息管理系统前，必须了解和掌握拟开发系统需要具备怎样的功能才能满足工程项目的管理需求，因此，系统的功能需求分析就成为系统开发前必须开展的一项重要工作。

系统需要具备哪些功能主要是由工程项目管理需求决定的。在开发工程项目信息管理系统时，为了解工程项目的管理需求，首先需要开展必要的调研工作。在此基础上，依据调研结果，了解和掌握工程项目管理系统需要解决的具体问题。围绕这一问题，即可明确拟开发系统应具有的功能。据此，信息管理系统的功能需求分析应包含以下几个步骤。

1）开展功能需求调查

针对拟开发的信息管理系统，系统开发者首先需要明确系统开发的目的。为达到这一目的，使开发出的系统能够满足使用要求，就需要系统开发者对拟建工程项目进行调查。调查中，既可以对相关用户进行访谈和咨询，也可以设计调查表请用户填写，还可以查阅与系统开发有关的工程记录文本、原始单据和报表等资料。通过调查，不仅要详细了解工程项目的有关工作流程，还要了解用户使用系统的目的和拟解决的各种问题以及用户在工程中获取信息的方式、处理信息的方式、信息的输入输出方式、信息的输出格式等要求，为下一步确定系统所需具备的功能提供实证依据。

2）明确系统功能要求

在完成系统功能调查的基础上，系统开发人员应依据调查结果，详细分析用户对系统的各种要求，包括系统的功能种类、处理方式、性能要求、各功能之间的相互关系、系统的可靠性和可用性等需求。通过这些分析，明确各功能所包含的内容以及实现各功能所需要的相关组成，给出拟开发系统所应具备的功能清单，确保今后开发出的系统具有功能完备性。

3）确定系统需求功能

在明确系统用户所需功能的基础上，从业务管理流程和信息管理系统的角度来确定系统的功能需求，如使用需求（系统需要做什么）、性能需求（系统要达到什么指标）、环境需求（系统的机型和操作系统）、可靠性需求（不发生故障的概率）、安全保密需求、用户界面需求、资源使用需求（软件运行所需的内存和中央处理器要求）、软件成本消耗与开发进度需求等。在此基础上，确定哪些功能由计算机完成，哪些功能由人工完成。那些必须由计算机完成的功能就是系统应该具备的功能。同时，由于系统的各种功能是由其内含的各子功能实现而实现的，因此，要逐步细化所有的系统功能，明确各功能及其所含子功能之间的接口特性和设计限制，确定各功能之间的逻辑关系，并同步剔除不合理的功能，增加需要的功能。从系统整体角度做出合理的选择与取舍，提出系统功能结构组成及其结构模型，为系统的进一步开发构建出系统功能的结构框架。

4）编写需求分析报告

在完成系统功能分析之后，要对功能分析结果进行汇总，说明系统开发的目的、范围和定义，系统、逻辑、条理地编写出系统功能说明文档，对系统功能进行具体描述，并就各功能之间的关系进行详细阐述，配置必要的图表，避免系统功能的模糊性和不准确性，同时确保满足工程项目业务管理的需求，报告应以用户易于理解的方式组织编写，确保报告内容能够准确完整地表达用户对拟建系统的功能需求，编写出的报告要得到用户的认可和确认。

3. 数据流程分析

数据流程分析是把业务流程中涉及的信息和数据从业务中提取出来，舍去信息载体、工作方式、工作流程等内容，仅从信息和数据管理的角度，对业务中相关信息和数据的产生、采集、输入、存储、传递、处理和输出等方面进行的分析和研究。其目的是通过对数据从始至终流动过程的分析，摸清业务流程中各种数据的特点及其相互间的关系，并建立起数据间的关系模型，为系统开发中系统数据的调用和数据链接提供依据。

与业务流程分析一样，在开展数据流程分析前，首先需要了解和掌握整个业务流程中含有哪些数据，了解的方式一般是在业务流程的调查中同步进行。在调查中，通过对工程管理业务中各种报表、记录、文件、方案、设计、规定等材料的查阅，对各种数据的种类、数量、名称、结构、特点、来源、产生方式等内容进行调查。在此基础上，逐次进行开展数据分析、确定数据关系和绘制数据流程等工作。

1）开展数据分析

获得业务流程中所有工作的相关信息和数据后，系统开发者需要以系统功能需求为目标，以业务流程为主线，从工程项目管理的需求角度来分析和确定哪些数据是系统开发中必须留存的数据，哪些数据是可以去除的数据，哪些数据是暂缺的数据，哪些数据是需要系统开发者编辑和设计的数据。通过对所有数据的分析，完成系统开发中所需数据的完整性处理，并对数据的有效性做出判定，为系统数据库的建立做好必要的前期准备。

2）确定数据关系

在确定系统所需的所有数据后，为了给系统的开发和数据资源的充分调用与共享创造条件，需要预先明确数据的类型，即将所有的数据按照数据的来源分为源于工程项目的原始数据、经过系统初步处理而产生的中间数据和经过系统分析与判断而得出的用于工程管理与决策的分析数据，并据此进一步确定出系统的输出数据及其结构类型，为系统后期开发中用户界面的设计和数据输入输出方式的确定提供技术指导。

3）绘制数据流程

在明确系统所需数据及其类型的基础上，根据业务关系流程和工程管理需求，以计算机处理环境为背景，即可确定原始数据、中间数据和分析数据及最终输出数据的结构关系。在进行此项工作时，确定数据之间关系的主要方式是以数据流程图来表述的，通过数据流程图，系统内含所有数据之间的输入、存储、传递、加工、处理和输出等关系即可清晰地描绘出来，客观地反映出系统逻辑功能各个环节的外部项、输入和输出数据流、数据存储各功能模块之间和组成部分之间数据流的相互关系。依据数据流程图，系统开发者不仅可以及时发现数据流通中是否存在数据流程不畅、前后数据不匹配、数据处理过程不合理等问题，而且可以实现对数据流向及数据间相互调用关系的正确分析与判定，为系统功能的开发提供技术支持与帮助。

4. 系统结构分析

工程项目信息管理系统是由多个功能模块组成的，这些模块按照一定的规则形成系统的整体结构。由于不同的结构会对系统的运行效率和管理维护产生不同的影响，因此，在设计工程项目信息管理系统前，就须进行系统结构分析。

目前，信息管理系统结构主要分为 C/S 结构和 B/S 结构，两种结构各有特点，使用所需的环境与条件也各不相同。

1）C/S 结构

C/S 结构即 Client/Server（客户端/服务器）结构，该结构将应用程序一分为二，远程服务器作为数据库，主要负责数据管理；客户机安装相应的软件程序，完成与用户的交互任务。前端是客户机（Client），即用户界面（User Interface，UI），通常由个人计算机担任。它结合了表示层与业务层的逻辑关系，通过接收用户请求，转发至服务器来完成其后台工作任务。后端是服务器，即数据管理（Server），它将数据提交给客户端，客户端再将数据进行计算并将结果呈递给用户。采用这种系统结构时，要求开发者自己处理事务管理、消息队列、数据的复制和同步、通信安全等系统问题，这对应用程序的开发者提出了较高的工作要求。虽然 C/S 结构在技术上已趋近完美，并具有开发费用低、开发周期短、数据交互性强、存取模式安全、网络通信量低、响应速度快等特点，可为多个客户同时访问同一个数据库的操作请求提供良好的物理环境。但是，面对程序技术的日益发展和功能需求的不断提高，C/S 模式也出现若干不足，如 C/S 结构对客户端软硬件的要求高，服务器端的硬件必须有足够强的数据处理能力才可以支撑整个平台的正常运作。C/S 结构兼容性差，不同开发工具开发出来的应用程序不能很好地移植到其他平台上去。此外，当用户数量增多时，可连接用户数有限，其使用性能会明显下降；开发后系统升级维护复杂，如果应用程序需要更新升级，那么每个客户机上的应用程序都需要重新安装。

2）B/S 结构

B/S 结构即 Browser/Server（浏览器/服务器）结构，它是随着互联网技术的兴起而产生的，是对 C/S 结构的一种变化和改进。通常情况下，服务器端的主要任务是进行事务处理和业务操作，然后利用 WWW 互联网技术，安装多种 Script 语言和 ActiveX 插件，构造一种全新的软件系统，客户端通过浏览网页的形式来对服务器端的应用系统进行访问操作。与 C/S 不同的是，B/S 结构采用了三层结构模式，即在数据管理层和用户界面层增加了一个中间层。这种三层结构伴随着中间插件技术的成熟而兴起，其核心作用是利用中间插件，将应用系统从逻辑角度出发划分为表示层、业务逻辑层和数据存储层。中间插件作为构造三层应用系统的基础平台主要提供以下功能：负责客户机与服务器、服务器与服务器的连接与通信；实现应用软件与数据库的高效交互；提供一个三层结构应用系统的开发、运行、部署和管理平台。这种三层结构在层与层之间相互独立，任何一层的改变都不会影响到其他层的正常运作。在基于 B/S 结构的应用系统中，用户可通过浏览器向分布在互联网上的多家服务器发出请求，服务器对浏览器的请求进行相关处理，将用户所需要的信息返回到浏览器，而其余工作如数据请求、加工、结果返回以及动态网页生成、对数据库的访问和应用程序等全部由 Web 服务器来完成。由此可以看出，B/S 结构的主要特点是分布性强、维护方便和共享性强。然而，它的主要缺点是对服务器要求过高、数据安全性较低、软件个性化较强、数据传输速度慢等，同时这些弊端也难以实现传统 C/S 模式下的某些特殊要求。

综合上述优劣情况来看，C/S 与 B/S 的差异性主要体现在以下几点。

（1）硬件环境不同。C/S 结构建立在局域网上，通过专门服务器提供连接和交换数据服务。广域网通过虚拟专用网技术实现安全、快速的网络构架，主要面向企业级的产品应用和固定的系统用户群。B/S 建立在广域网基础上，有比 C/S 更广阔的适用范围，一般只需要操作系统和浏览器即可，主要面向众多互联网络的系统用户群。

（2）层次结构不同。C/S 应用软件一般采用两层结构，而 B/S 则是采用三层结构。它们的不同之处在于前者的客户端参与运算，而后者的客户端不参与运算，只是处理简单的收发请求。由于三层结构中的客户端并不参与计算，所以客户端对个人计算机的配置要求也比较低。尽管 B/S 采用逻辑上的三层结构，但其物理网络结构仍是环形网或以太网搭建的。因此，第一层和第二层之间的通信、第二层与第三层之间的通信都会占用同一条网络线路，从而导致通信总量增大。而拥有两层结构的 C/S 模式只包括客户端和服务器端之间的信息流，网络通信量势必会减小。所以，C/S 结构在处理大量信息能力方面要比 B/S 结构稍强。

（3）处理模式不同。B/S 模式的处理方式与 C/S 相比，简化了客户端的安装构件，只需在客户端上安装好操作系统、网络协议及浏览器即可。而 C/S 模式则不然，它不仅要求所有客户端都安装相同的应用软件，而且数据处理过程主要集中在客户端解决，服务器端仅负责从数据库中存/取数据。

（4）系统维护不同。以 C/S 为构架的系统软件需要安装在所有的客户端中，当软件需要系统更新或升级时，客户端必须重新安装。不过，随着科学技术的快速发展，C/S 结构已有解决客户端软件快速升级和维护问题的有效方法，这一问题不再成为影响 C/S 结构使用的障碍。与 C/S 结构相比，B/S 结构只需更新服务器端的软件，即开发和维护等工作都集中在系统服务器端。

（5）安全要求不同。C/S 模式采用的是点对点的配对模式，一般面向相对固定的用户群体，程序本身又注重业务流程的运作情况，它可以对权限进行多层次的校验，提供更安全可靠的存取模式和控制能力。所以，一般企业级的信息管理系统较为倾向于 C/S 构架的应用软件。B/S 采用的是点对多点、多点对多点的开放式结构模型，并采用基于互联网网络上的传输控制协议/互联网络协议，安全性只能依靠服务器端数据库中的登录密码来得到保障。由此可见，C/S 模式在数据的安全性方面要比 B/S 模式略胜一筹。

（6）处理速度不同。由于 C/S 在逻辑结构上比 B/S 少一层，所以，对于等量的工作任务来说，C/S 的完成速度总是比 B/S 稍快些，使 C/S 更倾向于处理大量的数据信息。

（7）交互性与信息流不同。交互性强是 C/S 结构的一大优点，C/S 模式的客户可以在各子程序间实现自由切换。B/S 虽由 JavaScript、VBScript 提供了一定的交互能力，但与 C/S 相比，能力比较有限。C/S 的信息流单一，而 B/S 的信息流多变。

通过两种结构的对比分析可知，C/S 与 B/S 这两种模式各有利弊。从技术成熟度、软件设计、开发人员的角度来看，C/S 技术更为成熟可靠。现在 B/S 结构受到某些软件公司的盲目追捧，一味地强调 C/S 结构的缺点，片面地夸大 B/S 结构的长处，造成客户在系统选型时的随波逐流，从而忽略了更为重要的系统业务处理能力、安全性以及系统的运作速度和使用效率等重要因素。事实上，采用 100%的 B/S 方式会造成系统响应速度慢、服务器开销大、通信带宽要求高、安全性差、总投资增加等一系列问题。因此，在开发工程项目信息管理系统时，应结合工程项目的实际情况及其特点，通过对 C/S 与 B/S 的分析与对比，选出最为合适的信息管理系统结构。

6.1.4 信息系统设计

系统设计是工程项目信息管理系统研发中最为主要的工作，其目标是基于系统需求分析结果，进一步实现系统分析提出的思想与模型，详细确定拟开发系统的具体形式与可视化结果，为系统开发提供详细的依据。其主要工作包含系统总体设计、功能模块设计、数据库设计和输入输出设计。

1）系统总体设计

系统总体设计是根据系统需求分析的结果对拟开发系统的总体结构形式和功能结构组成进行的宏观设计。它从系统的总体出发，就系统信息的处理方式及其操作平台、系统的网络结构及软硬件配置、所需包含的功能以及输入输出方式等内容进行全面系统的规划，为实现系统资源的最优配置而提出最为科学合理的实施计划与方案。

2）功能模块设计

系统功能模块设计是在完成系统总体设计的基础上，根据系统功能需求分析所得到的系统功能结构框架与模型，构建起系统各功能行为模式的过程。在设计过程中，它借助标准化的图表工具，以系统功能结构框架为基础，导出系统的功能模块图。该图结合模块的作用和功能，给出该模块内含的管理对象及其属性、管理流程及其操作方式、信息的输入输出具体方式。通过功能模块，系统开发者利用开发工具，即可开发出相应功能模块的系统界面，编写出具体的应用程序，实现每个模块所具有的功能。

3）数据库设计

数据库的系统设计包括两部分：一是结构设计，即设计各级数据库模式，决定数据库系统的信息内容；二是行为设计，即决定数据库系统的功能。

在结构设计方面，数据库的基本结构分三个层次：一是以内模式为框架所组成的物理数据库，是物理存储设备上实际存储数据的集合；二是以概念模式为框架所组成的概念数据库，它是数据库的中间一层，是数据库的整体逻辑表示，它指出了每个数据的逻辑定义以及数据间的逻辑联系，是存储记录的集合；三是以外模式为框架所组成的用户数据库，它是用户所看到和使用的数据库，表示了一个或一些特定用户使用的数据集合，即逻辑记录集合。这三个层次之间的数据转换通过映射来实现。

在这三个层次中，概念数据库的设计在信息系统开发中占有重要的地位，它是将现实世界的信息向计算机世界转换的关键过程。这个过程主要包含三个步骤，即概念结构设计、逻辑结构设计和物理结构设计。概念结构设计是根据用户需求设计的数据库模型，也称概念模型，一般用实体联系模型（E-R 模型）来表示；逻辑结构设计是将概念模型转换成某种数据库管理系统支持的数据模型；物理结构设计是为数据模型在设备上选定合适的存储结构和存取方法。

在信息转换初始，现实世界的实物还无法被计算机识别，但任何实物都有其相应的属性（如学生这一实体可由其学号、姓名、年龄、性别、专业、年级等属性来描述）。如果将每个实体都用其属性进行描述，并用相应的符号与之对应，就可以建立起用符号表示实体的映射关系，即实体与符号的关系。如果采用图示的方式将这种关系系统全面地表示出来，就形成了 E-R 模型。在此基础上，对实体的所有属性进行抽象，即可形成一个以实体为主题的记录集合。由于这个集合一般是以人们熟悉的表格形式描述数据记录之间关系的，是以数学中的关系理论为基础而建立的集合，这就使实体信息进一步转换成为数据库管理系统支持的数据模型。据此，即可利用数据库技术开展系统数据库的行为设计。

4）输入输出设计

系统信息的输入输出是信息利用必不可少的过程，由于不同工程项目的信息采集和信息需求方式不同，系统信息的输入与输出方式就有了较大的差异。在系统信息的输入方面，不同的数据类型可能采用不同的输入方式。例如，对于非直接采集的工程数据，多采用键盘输入方式；对于直接采集的工程数据，多采用光电设备检测输入；对于由其他计算机产生的数据，可采用直接网络传输或磁介质（如磁盘）输入。在工程实际中，具体的输入方式是在全面考虑信息特点、信息数量、信息格式、输入时间等多个因素基础上综合决定的。但无论采用哪种方式，信息输入设计的原则是在保证输入信息的正确性和满足输出需求的前提下，输入方式要尽可能简便、迅速和经济。

在系统信息的输出方面，不同的数据类型可能采用不同的输出方式，如作为中间结果输出的信息多以磁文件的形式输出，对于最终结果的信息多以图表或纸质文件的形式输出。在工程实际中，具体的输出方式多是在综合考虑信息特点、信息数量、信息格式、使用要求、输出设备等多个因素基础上决定的。无论采用哪种方式，信息输出设计的原则是针对不同的信息，以适当的表达形式，输出能够满足用户使用要求和习惯的信息。

6.1.5 信息系统开发

在完成信息系统的设计后，就可进入信息系统的开发阶段。信息系统的开发实际上就是系统设计实现的过程，也是系统研发从理论化阶段进入实用性阶段的过程。在这一过程中，主要的工作包含系统开发环境的确定、系统硬件的配置、系统软件的实现、系统代码的编写和系统的整体封装五个方面。

1）系统开发环境的确定

信息系统开发环境是用来支持信息系统开发的一组协调工具，是支持信息系统进行分析、设计、实施和维护的一个综合平台。目前，最常使用的系统开发环境就是美国微软公司发布的 Visual Studio 系列产品，该软件支持多种程序语言，为系统程序的开发提供了一个优良、稳定的集成开发环境。其中，该系列的 VS 2005 是微软公司于 2005 年研发出的一种基于.NET 2.0 框架的程序开发工具，该版本是一套更为完整的开发工具集，可用于生成 ASP.NET Web 应用程序、XML Web Services 应用程序、桌面应用程序和移动应用程序，采用了统一的系统集成环境，使跨语言应用程序的开发成为可能。在系统开发中，程序员可根据系统开发的实际需求，在同一应用程序中使用不同的编程语言，使执行效果得到显著提升，安全性也大大增强。作为一个完全面向对象的开发平台，VS 2005 的可视化效果可将代码界面与设计界面相分离，这样的开发环境不仅提高了代码的编写效率，还保证了界面布局的美观性。此外，VB 2005 中还提供了多种数据库访问形式，如 DataBase、FoxPro 和 Access 等，可以 C/S 方式存取数据库中的数据信息，为系统开发者在系统开发方面提供了极大的便利。因此，VS 2005 在系统开发中得到了广泛的应用。

2）系统硬件的配置

系统硬件配置是为满足系统软件运行要求而提出的计算机物理配置，从实体形态来看，主要包括系统主机、外围设备、网络设备和接口等设备。在选择和配置系统硬件设备时，主要是根据系统信息处理方案来确定的，考虑的因素主要有系统运行速度要求、网络通信速度要求、系统数据存储容量、设备性能的稳定性和可靠性、设备的兼容性与可维护性以及设备的升级换代能力等方面。在构建系统网络时，传输介质和网络节点设备（如集线器、交换机、路由器等）的选择要综合考虑信息传输速度、系统安全程度和线路维护难度等因素，确保系统在硬件方面能够满足信息系统安全稳定运行的要求。

3）系统软件的实现

系统软件的实现是系统开发工作中最为重要的环节，是能否最终实现系统设计与开发的关键。在这一工作中，系统开发者要利用系统开发平台和程序化的编程语言，将已确定的系统功能模块转变为计算机可执行的软件。按照开发方式，系统软件的实现有两种途径：一种是自顶向下的实现方式；另一种是自底向上的实现方式。采用自顶向下的方法时，要求系统开发人员首先实现软件结构的最高层次，之后再实现下一个层次，直至用程序设计语言实现最低层次。采用自底向上的方法时，则与自顶向下的方法相反，它从系统最底层开始，直至实现最高层次。在系统开发中，这两种方法各有特点，采用自顶向下的开发方法所开发的系统可读性好，条理分明，可靠性也相对较高；采用自底向上的开发方法所开发的系统可以实现系统局部的最优化，但可能存在系统整体结构的缺陷。在系统软件的实现中，无论采用哪种方法，都必须遵守系统整体结构、系统业务流程、系统信息流程和系统运行关系的预定规则，否则就无法实现系统设计的目标，达到预期的目标。

4）系统代码的编写

系统代码是系统开发对象实物名称的符号，是系统运行的语言与规则，是实现系统设计的重要工具。系统的所有管理对象只有通过代码，才能实现信息管理系统的预设功能。

在信息系统的开发中，系统代码编写是一项非常细致复杂的工作，在完成系统开发语言的确定后，它利用选定的计算机语言，基于已确定的信息功能模型，用工程化的方法进行软件开发，并按照开发软件的语言规则，即可编写出相应的系统各模块代码。但为了确保所编代码的有效性，避免出现编码错误，就需要在代码编写的过程中注重代码的编写规则，遵守代码的书写格式，编写的代码应简单且直接，必要的情况下应增加代码注释，提高代码的可读性，确保所编写的代码能够实现信息系统的预定功能及相关要求。

5）系统的整体封装

在完成系统开发后，开发的系统软件可能需要安装到其他多个计算机上运行。在安装中，除必须有开发的系统软件外，还需要其他相关控件的支持以及其他辅助软件的支持。此时，为了便于用户安装系统，需要把与系统安装有关的所有软件做成镜像文件并进行整体打包封装，存放到某一介质中。如果系统仅供个别用户使用，还必须将开发的软件安装限定程序一并封装到安装包中，以便实现系统开发知识产权的保护和软件使用权的限定，同时也可以尽可能地避免外界病毒对系统的侵害。

6.1.6 信息系统测试

尽管系统软件的开发工作已经完成，但开发的系统软件是否达到了预期的目的，能否实现预期的功能还需要实际的检验来判定。因此，在系统软件正式投入使用前，系统开发者都将对开发的系统软件进行测试，以便发现软件系统中存在的问题，并通过及时的修改和完善使开发的系统实现预期的目标。

1. 测试的方法

目前，对系统软件的测试方法主要有黑盒测试和白盒测试。其中，黑盒测试也称功能测试或数据驱动测试，是指对系统/组件进行的测试，主要用于测试程序与客户间存在的显式或隐式需求行为。在测试时，它仅考虑输入输出和需求规范中定义的普通功能，不考虑系统的内部处理结构，只要系统输入后得出的输出满足功能要求，则认为系统是正常的。

白盒测试又称结构测试或逻辑驱动测试，是在需求、设计、编码标准和指导方针所定义的软件内部结构基础上进行的一种验证。通过这种试验，可以分析和确定设计和代码间的关系以及软件的构建过程是否正确。使用白盒测试时，要求测试人员必须了解系统模块的内部结构，通过对程序所有逻辑路径的测试，检查和判定程序的实际状态与预期状态的一致性，并由此发现系统可能存在的问题和缺陷。这两种测试方法的优缺点如表 6.2 所示。

表 6.2 黑、白盒测试的优缺点比较

测试方法	优缺点	
黑盒测试	优点	对于较大的代码单元，测试效率更高；测试人员不需要了解实现的细节，甚至是编程语言；测试人员和编码人员彼此独立；从用户角色进行测试，容易理解和接受；易暴露任何规格不一致或有歧义的问题；测试工作可在测试完成后马上执行
	缺点	不能覆盖到每个输入流，导致许多程序路径没有被检测到；在测试验可能会存在冗余测试；受需求驱动，会错过编码中的逻辑错误检测；不能直接针对程序段测试
白盒测试	优点	能够检查是否遵循了编码标准、注释和重用；可以检测代码中的每条分支和路径，揭示隐藏在代码中的错误；对代码的测试比较彻底；使测试效果最优化，减少对阶段的污染
	缺点	测试成本高；无法检测代码中遗漏的路径和数据的敏感性错误；无法确保满足用户需求；不能验证规格的正确性，受检查列表控制

需要注意的是，使用这两种方法进行测试时，无论是黑盒测试还是白盒测试，都不可能将程序中的所有错误检测出来，这主要是因为黑盒测试不可能将所有的输入情况全都试验多次，白盒测试也不能穷举模块中所有可能的路径。因此，在实际检测中，针对不同的检测需求，基于黑盒测试和白盒测试的各自特点，可以把测试工作分为模块测试、子系统测试和系统测试三个层次，通过对不同层级模块和功能单元的测试，尽可能地发

现相应层级的系统问题，为系统程序所现问题的解决提供修正依据。

2. 测试的注意事项

为了使系统测试工作顺利进行，在开展系统测试前，应编制相应的系统测试计划和执行方案。在进行系统测试的过程中，要严格执行制订的测试计划，避免随意性测试，提高系统检测效率，确保系统检测的有效性。同时，在系统检测中，还要注意以下几个方面。

（1）由于在系统开发的过程中存在很多影响因素，不可避免地给开发的系统带来若干缺陷，因此，应尽早开展软件测试工作，尽早发现系统中存在的问题，以便降低软件开发成本，提高软件开发质量。

（2）为了更加客观地分析和评价所开发的系统，系统软件最好交给独立于开发组和用户的第三方机构进行检测，避免系统开发者固有模式的干扰和影响。

（3）测试用例应由测试输入数据和预期输出结果两部分组成。在测试过程中，不仅要考虑合法与不合法的输入条件及各种临界条件，而且还要制造出某种极端或意外状况，如电源突然断电、网络异常中断等情况，以检验系统的稳定性。

（4）对测试出的错误结果要有严格的确认程序，即 A 测试出的错误，应由 B 来确认完成。对于测试中出现的严重错误，应以小组讨论的形式来展开分析，以便提出更为客观的有效解决方案。

（5）在软件错误修改后，可能存在修改一个错误而引起更多错误出现的情况，因此，要高度重视回归测试的关联性，避免重测过程中可能出现的连续关联性错误。

（6）要妥善保管好各阶段各层级的测试文档，包括测试用例、测试计划、测试报告和最终分析报告，以备进行回归测试和后期运行维护之用。

6.2 应用案例

6.2.1 案例简介

大型建设工程项目一般具有两个显著特征：一是形态特征集中表现在工程大、工期紧、要求高、难度大和技术含量高方面；二是系统特征主要表现在多重作业、多元集合、多级传递、多维管理和多种状态方面。基于这两个特征，大型工程项目所具有的综合性、多样性、多元性和复杂性就明显地表现出来，并且随着工程建设规模的不断扩大而更为复杂。因此，若要实现对大型建设工程项目的有效管理和控制，就需要工程项目管理者在紧密结合工程实际的基础上，提出具有针对性的能够有效分析和解决工程项目中各种实际问题的新思路、新方法和新技术。然而，这些新思路、新方法和新技术不仅需要有基于理论支撑的思想创新，更需要有基于工程实践的技术创新。同时，只有将两者有效地结合起来，才能真正推动工程管理与科学技术的实质进步。

针对大型建设工程项目管理的这一现实需求，很多工程项目管理者和建设单位开发了相应的大型工程项目信息管理系统，为提高大型建设工程项目的管理水平发挥了积极的作用。但从总体来看，由于在系统开发的过程中存在若干不足之处，开发的管理系统存在较多的不足和缺陷，其中，较为突出的问题如下。

1）信息孤岛问题严重

大型建设工程项目有众多的参与方，各方都有各自的工程管控对象，但从工程整体来看，这些管控对象之间具有紧密的关系，并且一方或多方的工程项目实施状况将会给工程项目的相关方带来不同程度的影响，因此，项目参与各方之间就必须了解和掌握有关方的工程信息。但在工程项目的实施过程中，由于各单位、各部门之间存在着严重的沟通壁垒，工程信息难以顺畅流动，信息孤岛问题严重，给工程项目管理带来不利影响。

2）系统功能专业单一

目前的大型建设工程项目信息管理系统大多数是对工程项目质量、进度、费用、安全等单项业务的处理系统，没有实现信息资源在各管理对象之间的有效流动和资源整合，无法实现项目信息资源的集成与共享，不能满足工程项目高效管理的现实需求。

3）系统通用性不强

尽管已开发出较多的单一性专业管理软件，但由于不同建设工程项目的管理主体及管理需求存在较大的差异，在工程项目的管理方法与管理模式方面也有很大的不同，各种专业项目管理系统具有明显的局限性。因此，这些管理系统通用性不强，应用范围受到了较多的限制。

4）缺乏对系统功能的有效整合

目前使用的系统管理软件主要侧重于对信息的收集和信息的简单处理，而对系统内各功能模块之间的相互关系以及系统数据的关联性缺乏必要的集成与整合，这不仅不利于信息资源的有效利用和信息系统作用的充分发挥，而且也不利于工程项目管理者全面了解和掌握工程项目的整体状况。

有鉴于此，某大型工程项目指挥部为了更好地对该工程项目进行管控，同时为项目管理者和决策者在工程项目的实施过程中快速分析问题和解决问题提供有力的工具，在全面考虑该工程特点和企业创新能力的基础上，决定采用自行开发方式开发出一套大型建设工程项目管理平台。通过这一平台，不仅要为工程项目参与各方及时了解和掌握工程项目的实施状态提供一个科学有效的新工具，而且要为及时有效地解决工程项目中出现的各种问题、科学调配项目资源、实现项目参与各方全过程的协同高效工作创造一个新环境。同时，为了满足工程管理所需，与其他类似管理软件相比，该平台还必须具有以下几个方面的新功能。

（1）实现系统资源的有效整合。与其他工程相比，该工程具有极为繁多的管控对象，为满足工程项目的管理需求，该管理平台将由多级多层次的模块组成，一级模块下属的二、三级模块数将会因管理需求的不同而不同。由于各模块之间的数据具有极强的关联性，因此，必须将系统定义的公共变量信息作为共享数据，实现各模块处理数据或信息的相互调用，使系统资源得到有效的整合，为工程项目各种信息的高效利用提供快速、安全的传输通道，也为确保信息分析的高效性和准确性提供相应的技术保障。

（2）实现工程项目实施状态的即时分析与决策。由于该工程项目涉及面广，涉外因素多，极易受到工程外部环境的影响，因此，需要工程项目管理者能够及时了解和掌握工程项目的实施状态。同时，根据工程项目的实施状态对该项目全过程各阶段的各个管控对象进行科学分析，并把分析结果反馈给工程项目的有关各方，为项目管理者准确判定工程项目的实施状态以及所存在的问题、及时调整相应的管理策略、确保整个工程项目的顺利实施提供科学的依据。

（3）实现参与方之间的快速互馈与响应。结合该工程点多、面广、战线长的特点，为了实现项目参与各方的高效互动，给工程项目有关问题的处理提供更为便利的条件，要求该系统利用互联网等技术，使工程项目参与各方不受时间和现场的限制，能够及时获取工程项目的有关信息，并实现参与各方之间基于该信息平台的相互联系与响应，为工程项目参与各方快速解决各种问题提供最为有效的新工具。

6.2.2　系统需求分析

该大型建设工程项目管理平台是为满足该工程管理需求而开发的工程项目信息管理系统，通过专门的调查得知，在业务管理方面，该工程的管理对象不仅包含常规工程项目所含有的工程质量、进度、费用、安全、风险、设备、材料、设计、合同等多项内容，而且还包含工程项目多级多层的实施状态诊断、状态判定、状态预警、信息采集、信息处理、信息互馈、信息查询等多种新要求。因此，从业务管理和功能需求的角度，针对该工程项目参与各方（建设单位、设计单位、施工单位、监理单位、咨询单位、物资供应单位和政府主管部门）的管理需求，按照业务流程分析和功能需求分析的流程，该工程系统开发小组绘制了该工程项目管理平台的业务流程图，并给出了该平台需要包含的基本功能模块结构，如图 6.1 和图 6.2 所示。同时，从系统管理和使用的角度，该平台以项目经理为核心，项目管理人员为主要对象，普通用户为基本对象，系统管理员为辅助对象，将系统用户分为四种类型，并构建了与之相应的系统使用功能结构，如图 6.3 所示。

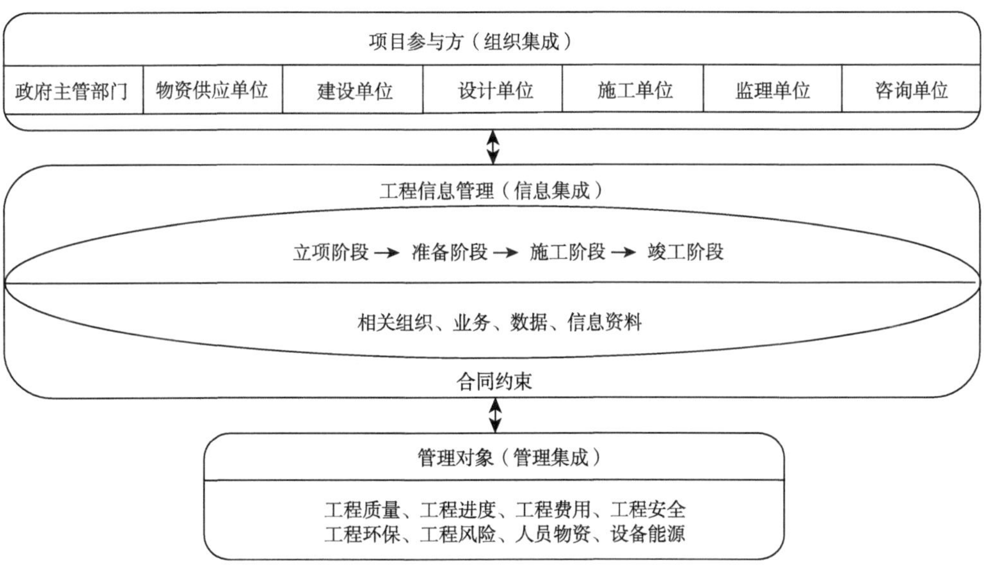

图 6.1　工程项目管理平台业务流程

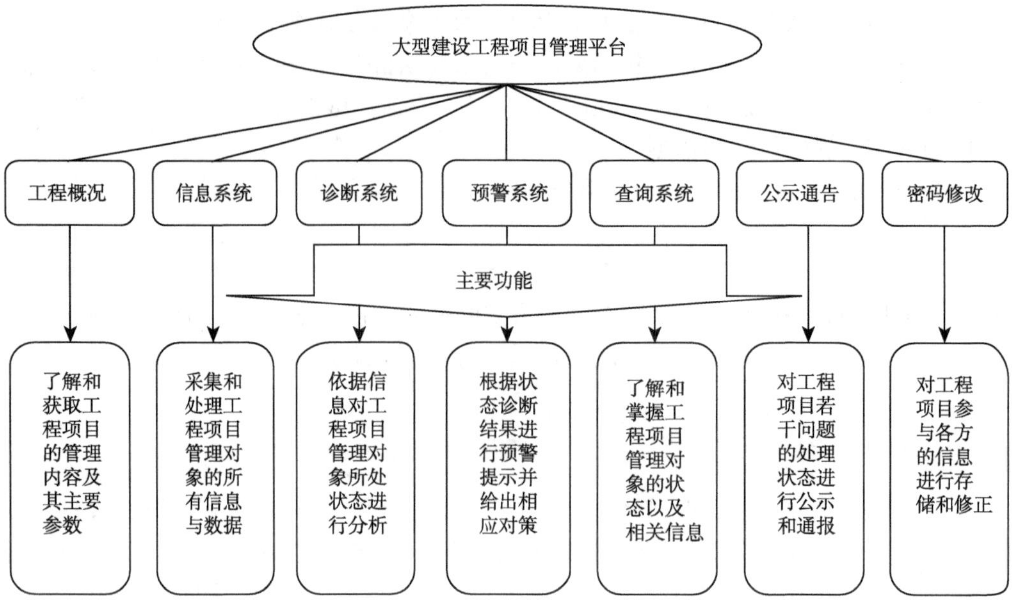

图 6.2 大型建设工程项目管理平台功能组成结构

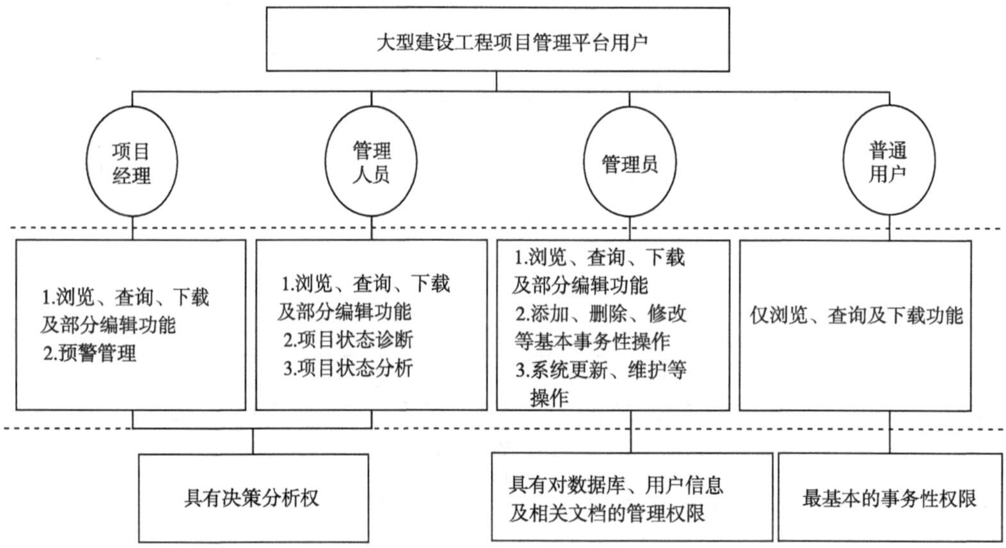

图 6.3 系统用户使用功能结构

6.2.3 数据流程分析

根据该工程项目的管理业务及管理功能，系统开发人员对所有管理对象所内含的信息进行了分析和提炼。通过分析后可以确定，从系统用户进入系统到系统信息全部输出，所有信息都可得到明确的归属和关系确定。在这些信息中，主要的数据项有工程信息、分项工程信息、诊断指标信息、项目诊断信息、用户信息和工程预警信息六大项，每项中又包含多个具体的信息数据，其中，预警信息主要包含工程质量、进度、费用和安全四大类信息。这六类数据的数据模型及其描述分别参见表 6.3~表 6.8，这些信息数据形成的数据流程图如图 6.4 所示。

表 6.3　工程信息数据 ProjectProfile

序号	列名	数据类型	允许空	描述
1	ProjectID	nvarchar（20）	否	项目 ID，主键
2	PName	nvarchar（50）	否	工程名称
3	IndexType	nvarchar（5）	是	指标类型
4	InvestedMoney	money	是	投资数额
5	ConveredArea	numberic（30，　2）	是	建筑面积
6	BeginTime	datetime	是	开工日期
7	EndTime	datetime	是	竣工日期
8	ConstructionUnit	nvarchar（50）	是	建设单位
9	DesignUnit	nvarchar（50）	是	设计单位
10	ConstructionOrg	nvarchar（50）	是	施工单位
11	ConstructionAdd	nvarchar（50）	是	建设地址
12	ProjectOrg	nvarchar（50）	是	项目组织
13	SomethingElse	nvarchar（MAX）	是	其他介绍

表 6.4　分项工程数据 SubProjectProfile

序号	列名	数据类型	允许空	描述
1	SPID	nvarchar（10）	否	分部分项 ID，主键
2	SPName	nvarchar（50）	否	分部分项名
3	UpperSPID	nvarchar（15）	否	所属上级项目

表 6.5　诊断指标数据 IndexInfo

序号	列名	数据类型	允许空	描述
1	IndexID	Nchar（5）	否	指标 ID，主键
2	IndexName	nchar（10）	否	指标名称
3	IndexType	int	否	指标类型
4	Weight	numeric（18，　2）	是	权重值
5	Degree	int	是	指标等级

表 6.6　项目诊断数据 SystemEvaluation

序号	列名	数据类型	允许空	描述
1	UserID	nvarchar（10）	否	用户 ID，外键
2	ProjectID	nvarchar（20）	否	项目 ID，外键
3	IndexID	nvarchar（10）	否	指标 ID，外键
4	Degree	int	是	指标等级
5	FResult	decimal（18，　2）	是	评价结果
6	WResult	numeric（18，　2）	是	加权结果

表 6.7 用户信息数据 Login

序号	列名	数据类型	允许空	描述
1	UserID	nvarchar（10）	否	用户 ID，主键
2	PassWord	nvarchar（50）	否	密码
3	Name	nvarchar（50）	是	姓名
4	IDNum	nvarchar（50）	是	CPU 号
5	Checked	int	是	记住用户名
6	Role	int	是	角色
7	AuthorA	Nchar（10）	是	授权 A 码
8	AuthorB	Nchar（10）	是	授权 B 码
9	Mail	nvarchar（50）	是	邮件地址
10	Telephone	nvarchar（50）	是	联系电话

表 6.8 工程预警数据 Remind

序号	列名	数据类型	允许空	描述
1	PID	nvarchar（20）	否	工程 ID，外键
2	SPID	nvarchar（10）	否	分部分项 ID，外键
3	Theme	nvarchar（50）	否	安全主题
4	Reporter	nvarchar（50）	是	预报人
5	RTime	datetime	是	报告时间
6	WarningReport	Nvarchar（MAX）	是	预警内容
7	Suggestion	Nvarchar（MAX）	是	相关建议

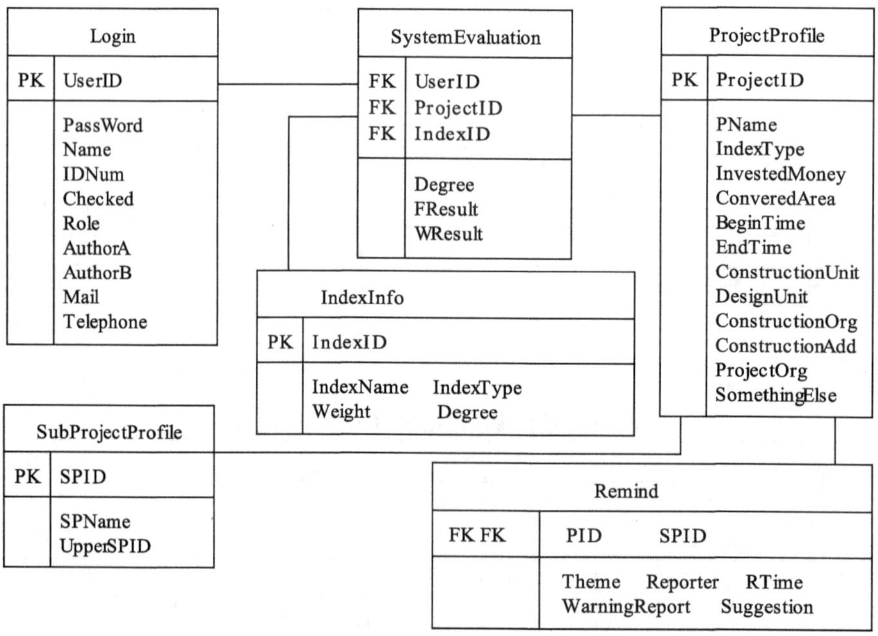

图 6.4 数据流程图

6.2.4　系统的设计

从系统功能的分析结果可得知，大型建设工程项目管理平台是由工程概况、信息系统、诊断系统、预警系统、查询系统、公示通告和密码修改七个一级功能模块组成的集成性综合管理平台，这七个一级功能模块以工程项目的质量、进度、费用、安全、风险、合同、设备、材料等为管理对象，以工程项目信息处理、状态诊断和状态预警为主要功能，形成了一个系统的工程项目管理体系。与此同时，为了使该系统发挥更大的作用，还将项目计划、设计监理、指标管理、能源环境、文档处理等相关辅助工作一并纳入进来，为该工程实现多阶段、全过程、多层次、多角度的项目管理提供支持与服务。据此，即可构建起该系统的总体结构（参见图 6.5），完成系统的总体设计工作。

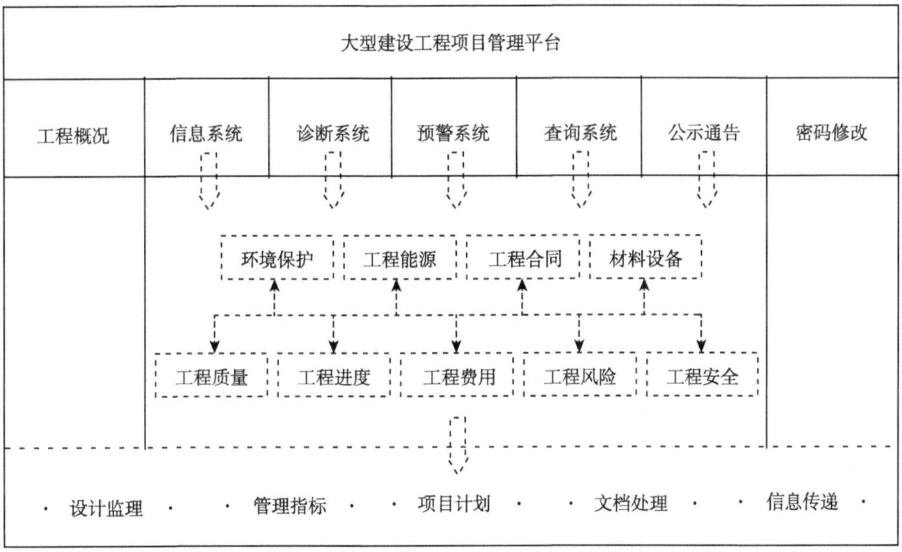

图 6.5　大型建设工程项目管理平台的整体构架

然而，在形成系统总体结构设计的基础上，若要实现大型建设工程项目管理平台的具体功能，不仅需要这七个一级功能模块形成一个具有紧密关系的系统整体，还必须将每个功能模块内含的子功能具体化。为此，根据该工程项目的管理需求分析结果，结合该工程项目数据结构的设计和确定的数据流程关系，即可开展各个功能模块的设计以及系统的输入输出设计工作。

1）工程概况模块

根据该工程项目管理者的建议和管理需求可知，该大型建设工程项目管理平台设置工程概况模块的目的主要是让系统使用者对工程项目的基本情况拥有更为方便、快捷的了解途径。从工程管理的角度来看，需要了解的内容主要包含工程项目的具体名称、投资金额、工程规模、工程内容、开/竣工时间、建设地址、建设单位、设计单位、施工单位和监理单位等基本信息。该系统设置这一功能模块后，不仅可以清晰明确地定义内含多个子项工程的工程内容与范围，明确工程项目参与各方的管理职能与职责，使该工程项目得到很好的管理，还可以为工程项目的组织管理、现场机构的设置、项目若干管理制度的编制、项目管理人员的调配、项目资源的合理安排、项目进度计划的编制、工程项目实施方案的规整等其他工作带来极大的便利。在促进和改变工程项目参与各方传统落后管理思想与工作方式的同时，还可提高工程项目参与各方的工作效率，简化工程项目的管理流程，并使存储在后台数据库的信息资源变得富有逻辑性和条理性，使之在档案管理中发挥更大的作用，为工程项目的后期验收、日常维护与管理打下良好的基础。

同时，在设计该模块时，为了便于用户使用系统相关资料，还增设了工程概况信息的查询和下载操作功能。为了确保系统信息的准确性，还为管理员增加了工程资料信息的编辑、添加、删除和修改权限，使该模块能够发挥更大的作用。工程概况模块结构如图 6.6 所示。

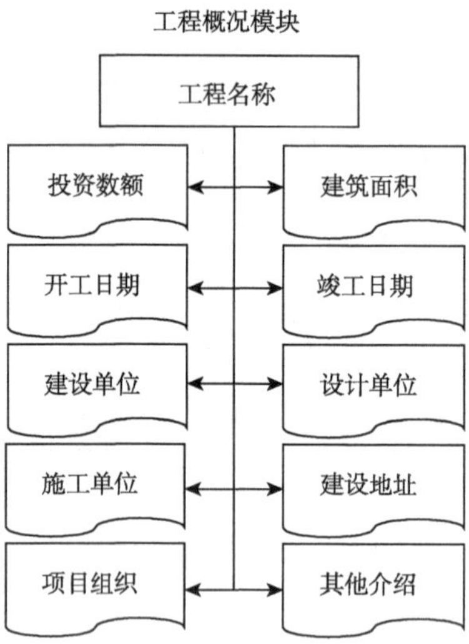

图 6.6 工程概况模块结构

2）信息系统模块

根据该工程项目管理者的建议和管理需求，此模块设置了九个二级模块，其内含子模块如图 6.7 所示。每个子模块会根据不同的子项工程存放在若干个不同的文件包中。其中，文件包会以文件的存储格式分门别类地存放在不同的数据库中。从该工程的目前情况来看，工程文档类型主要有文本文档（如 doc、docx、txt、dot 等）、网页文本（如 xml、mht、html 等）和图像图片文档（如 jepg、gif 等），这些文档资料均可在后台服务器进行资源共享，用户还有权进行文件上传操作，确保项目信息得到及时的更新。

3）诊断系统模块

此模块是该大型工程项目管理平台独有的模块，由项目诊断、结果查询、指标查询、评价标准、诊断指标修正、指标权重修正、指标标准修正和状态标准修正八个二级子系统构成。该模块主要由两大功能组成：一是工程项目实施状态诊断；二是诊断指标及其权重的动态修正。其中，工程项目诊断的操作权仅限于该工程项目的评审专家，系统用

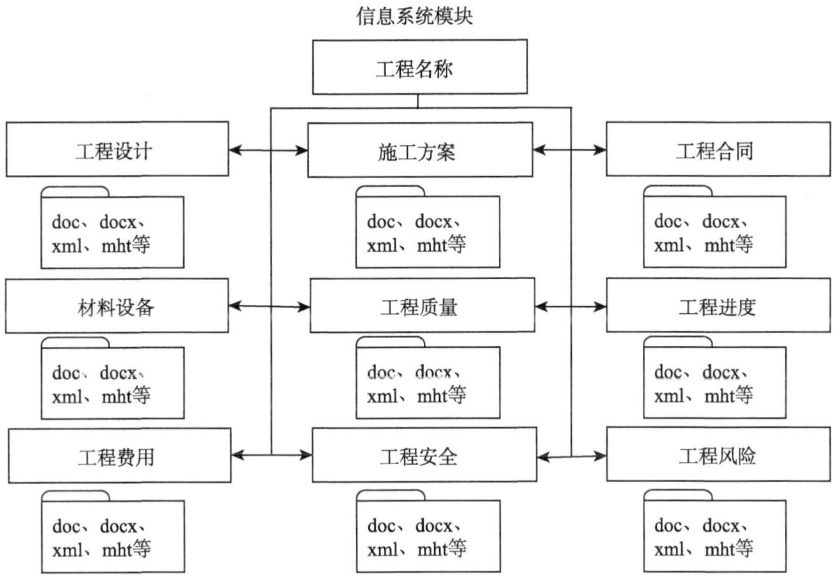

图 6.7　信息系统模块结构

户中的项目经理与管理员均无此权限，目的是确保工程状态评价的严肃性、科学性和可靠性。在使用该功能时，评审专家不仅需要凭借多年的实践经验根据项目本身的实际情况，为评价对象的相关指标进行评定打分（该过程可结合其实践经验），同时还需要调用其他一些模块中的相关数据对其进行辅助评价（这些数据具有很强的客观性）。该模块的结构如图 6.8 所示。

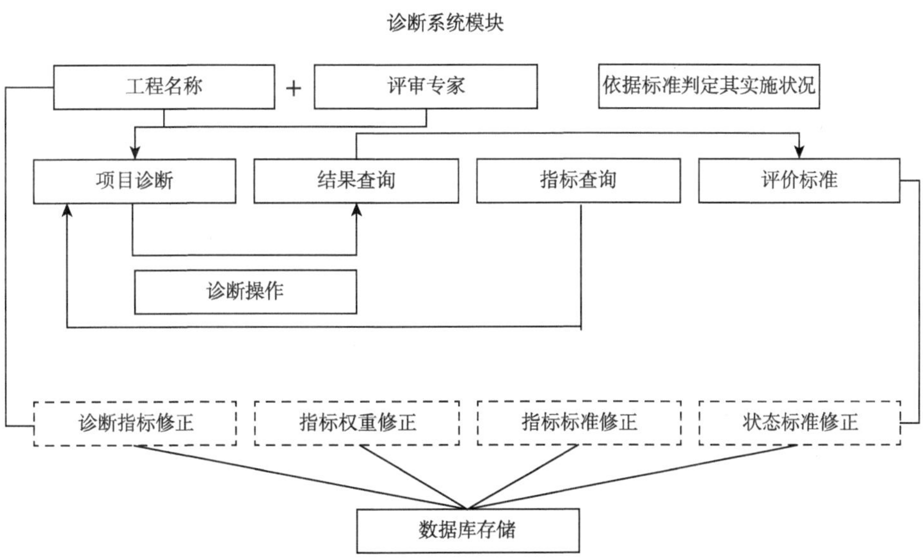

图 6.8　诊断系统模块结构

4）预警系统模块

该模块是以工程项目诊断的数据为依据，结合本模块中工程质量、费用、进度、安全、材料、设备等管理对象的预定计划与目标，通过相互之间的对比与分析，发现工程项目存在的问题并给出相关建议，同时进行预警提示的模块。

根据工程项目管理所需，该模块含有质量分析、费用分析、进度分析、物资供应、安全分析、IR 查询（进度费用比）、发展趋势和预警报告八个二级子系统，之所以设这八个二级子系统，是为了让工程项目管理者及时了解和掌握工程项目的宏观进展状况，并就项目实施中在工程质量、进度、费用和安全四大主要管理对象方面所存在的问题进行实时监控，以便及时发现其中存在的问题，开展工程即时分析，为工程项目若干问题的处理提供科学的实证性依据，使工程项目的建设活动得到有力的保障。预警系统模块结构如图 6.9 所示，该图同时给出以工程质量管理为例的具体管理功能。

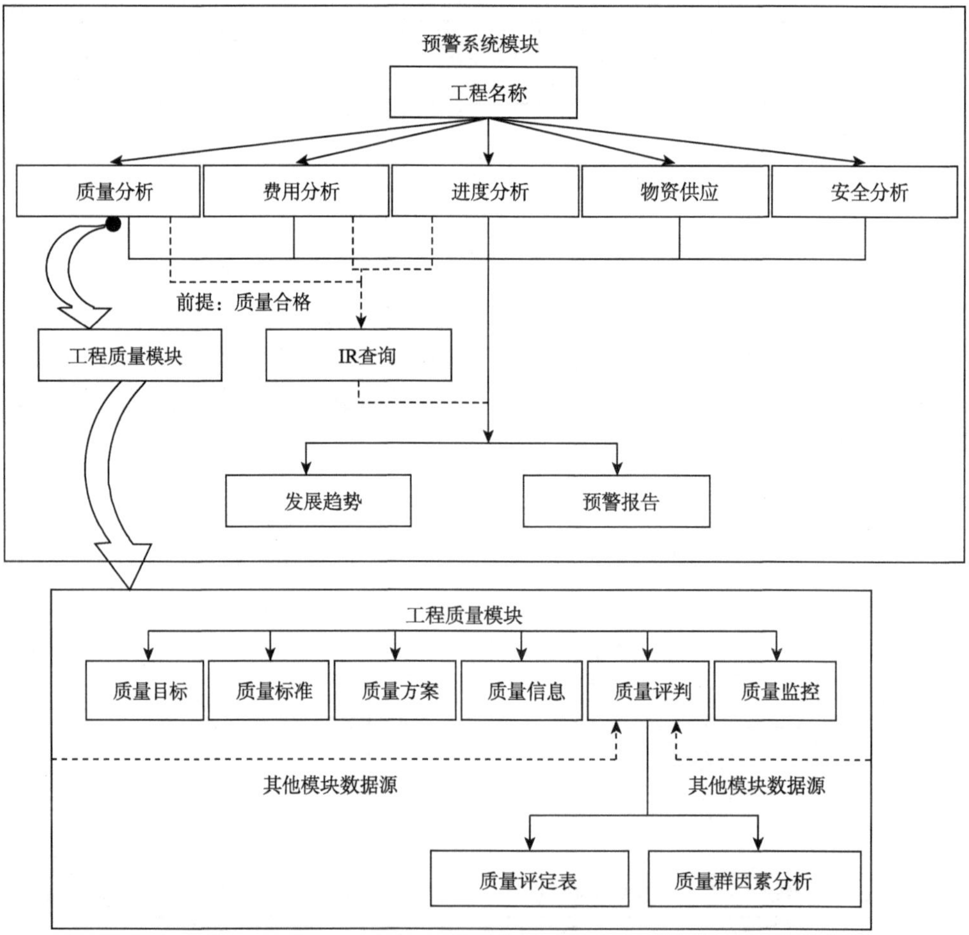

图 6.9 预警系统模块结构

5）查询系统模块

查询系统模块为用户提供有关工程项目的相关文档资料，方便用户快速、准确地查找所需资料的编号、名称、所属工程、文档类型和存档方式等信息，其结构如图 6.10 所示。

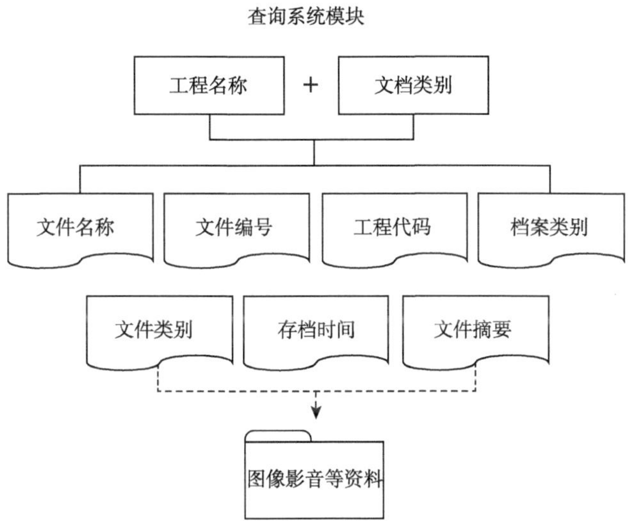

图 6.10　查询系统模块结构

6）公示通告模块

公示通告旨在为工程项目管理者发布信息通告提供快速、便捷的操作平台，如图 6.11 所示。在实现了告示功能的同时，该模块还利用互联网技术，实现了将发布信息或公示通告内容同步发送至相关人 E-mail 或手机终端的功能。该功能不仅可以极大地提高用户获取信息的效率，还可以帮助用户之间及时相互沟通与交流，提高彼此合作效率。

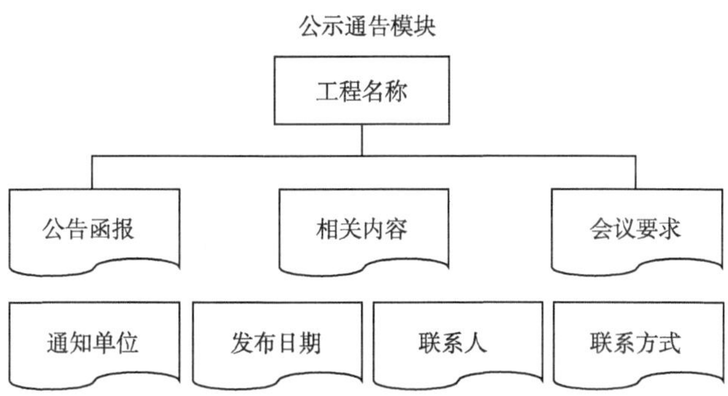

图 6.11　公示通告模块结构

7）密码修改模块

在密码修改模块中，所有用户均享有对其个人登录密码进行修改编辑的权限，确保使用者用户名及密码的安全性。此外，用户还可通过个人信息栏编辑自己的联系方式和详细信息，为同事间相互沟通提供必要的信息，如图 6.12 所示。因此，该模块除设有信息输入输出功能外，还有必要的信息删除、修改等功能。

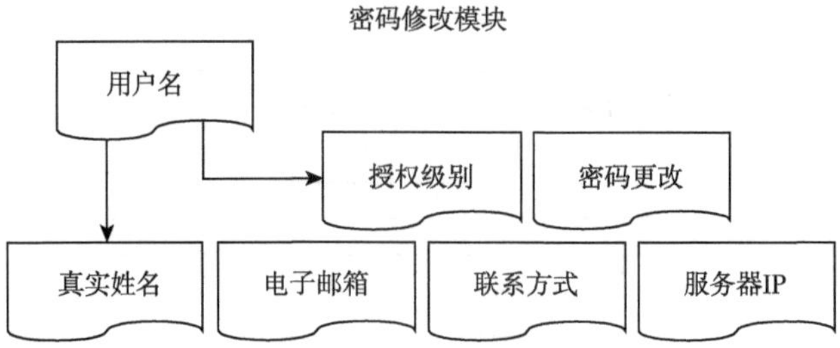

图 6.12　密码修改模块结构

6.2.5　系统开发技术选择

在完成系统设计的基础上，该工程项目管理平台的开发人员为了使开发出的系统稳定可靠、实用高效，对选择何种开发环境、开发语言和系统结构进行了详细的调查与分析。通过对该工程建设有关单位在信息管理方面现状的实际考察，进一步了解和掌握这些单位工程管理人员的技术水平和管理能力。同时发现这些工程参建单位尽管已在工程建设中不同程度地使用了工程项目信息管理系统，但这些系统互不兼容，系统输出数据不能共享，致使工程信息系统在工程实际中没有得到有效的使用。也正因如此，工程项目管理人员的计算机使用能力和操作水平普遍较低，一旦系统发生故障，也就不再发挥什么作用。系统管理人员对系统的维护和管理也仅仅是给不同使用人员赋权和编码，基本没有对系统软硬件故障进行处理的能力。因此，这就要求开发出的该大型工程项目管理平台不仅在性能方面要系统稳定、易于维护和实用有效，而且在系统使用方面要操作简单、简洁明了、直观清晰，为用户使用提供最大的便利。

基于这些因素并为今后系统的扩展留有余地，同时考虑到与工程建设单位现有系统的兼容性，在系统开发环境方面，系统开发人员最终选择了 VS 2005 作为软件开发平台，C#语言作为系统的程序设计语言，SQL Server 2005 作为数据库的开发工具。

在系统结构方面，通过对现行 C/S 与 B/S 两种模式的详细对比分析，并结合系统开发人员的业务水平和技术能力，同时考虑到该系统平台的多数据处理特点和多业务流程情况，最终选用了较为稳定的 C/S 模式作为该系统平台的基础构架。

6.2.6　系统的开发

在明确系统开发工具和开发方法后，即可进入信息系统的实质性开发阶段。按照系统开发的工作流程，系统开发人员最终选择了 VS 2005 作为系统开发环境，C#语言作为系统的程序设计语言，SQL Server 2005 作为数据库的开发工具。在系统软硬件配置方面，根据 VS 2005 系统开发环境对计算机的要求，系统开发至少要有 600 兆赫兹的中央处理器处理能力，内存空间必须保证在 1 GB 以上，系统盘存储空间需要在 10 GB 以上；系统安装机需要配置 Windows XP 系统及其以上级别的操作系统，安装机可用空间须在 20 GB 以上。至此，系统开发人员便具备了系统开发的所需条件。

在系统开发中，按照系统开发的一般性规律，首先开发出了大型建设工程项目管理平台的登录界面，如图 6.13 所示。从大型建设工程项目管理平台的登录界面可知，该界面包含的内容有用户名、密码、登录按键、用户名记忆选项、用户角色（专家、项目经理、管理员和普通用户四类）、系统简要说明和系统注册七个部分。一般情况下，初访者均无直接登录权限，此时可在界面右侧的【注册】中进行权限设定或向系统管理员提出申请要求。完成注册并经管理员认证后，即可根据分配的角色进行登录。如果未经管理员认证，也可在完成注册后，以普通用户的身份进行登录，只是系统的很多内容无法查阅或下载，很多使用权限将会受到限制。

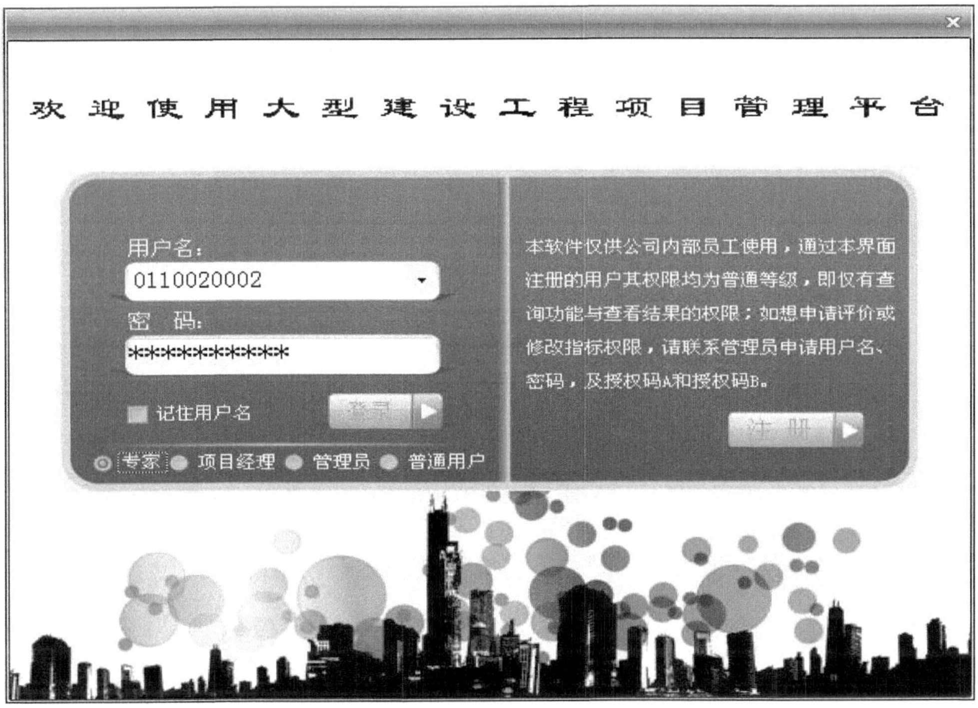

图 6.13　大型建设工程项目管理平台的登录界面

被管理员认证的用户登录时，需填写相应的用户名和密码，并确定登录的身份。确认无误后，点击登录即可进入系统。登录的用户名与登录角色必须一致，否则系统会提示认证失败，影响用户的正常登录。对于经常登录的用户，如项目经理和专家，可在输入相应的用户名和密码并确定登录的身份后，选择用户名记忆选项，使系统记住用户的选择。当用户今后再次进入系统时，通过系统用户名下拉菜单选定用户名或直接输入密码，即可立刻进入系统，不再需要进行身份认证。

用户登录系统后，随即会弹出大型建设工程项目管理平台的首页界面，如图 6.14 所示。该界面由三部分构成，即模块功能键、功能简介板块和用户及软件信息栏。其中，模块功能键主要由【工程概况】、【信息系统】、【诊断系统】、【预警系统】、【查询系统】、【公示通告】和【密码修改】七个一级模块组成。这七个一级模块的界面分别参见图 6.15~图 6.21。

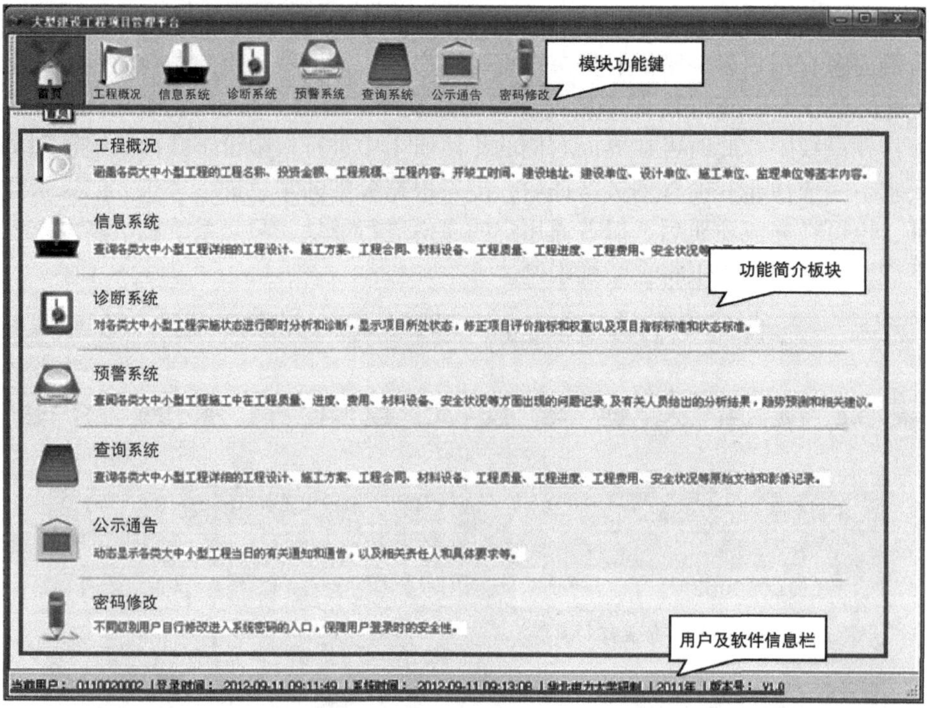

图 6.14　大型建设工程项目管理平台的首页界面

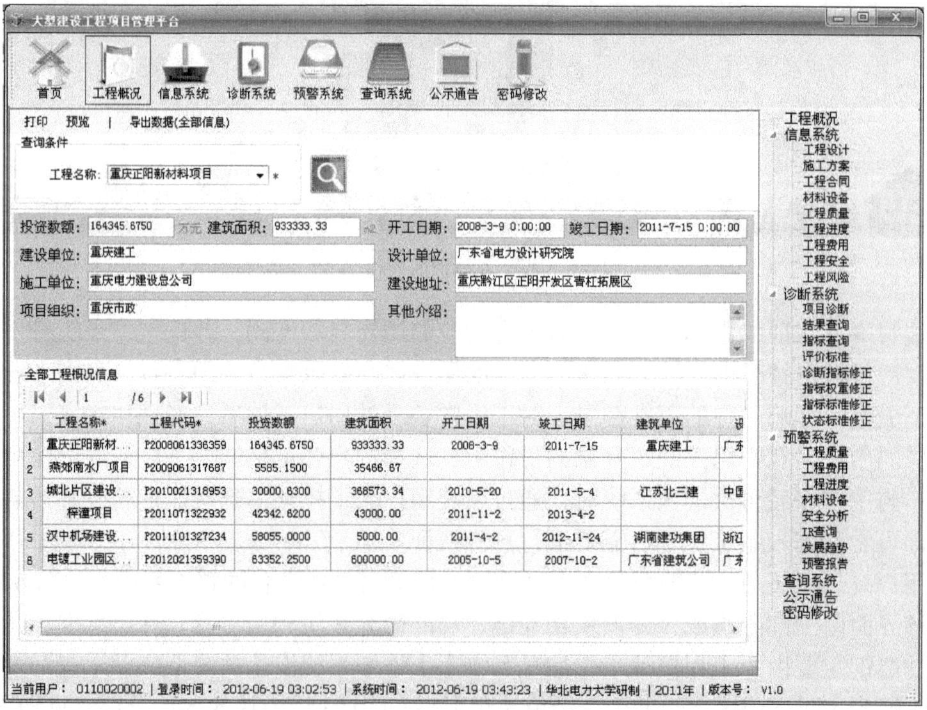

图 6.15　工程概况界面

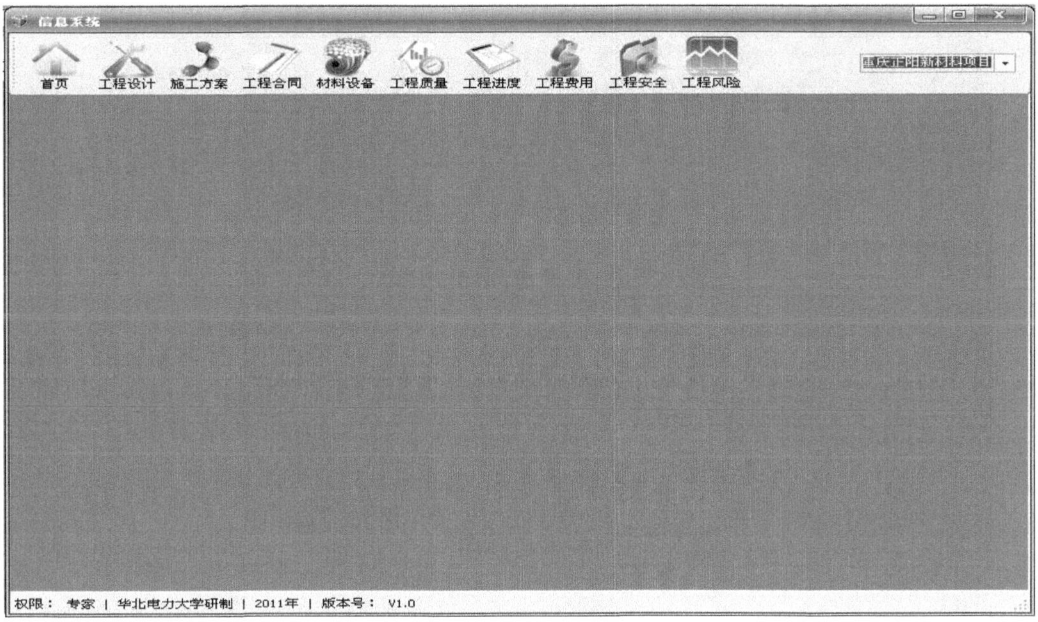

图 6.16　信息系统界面

图 6.17　诊断系统界面

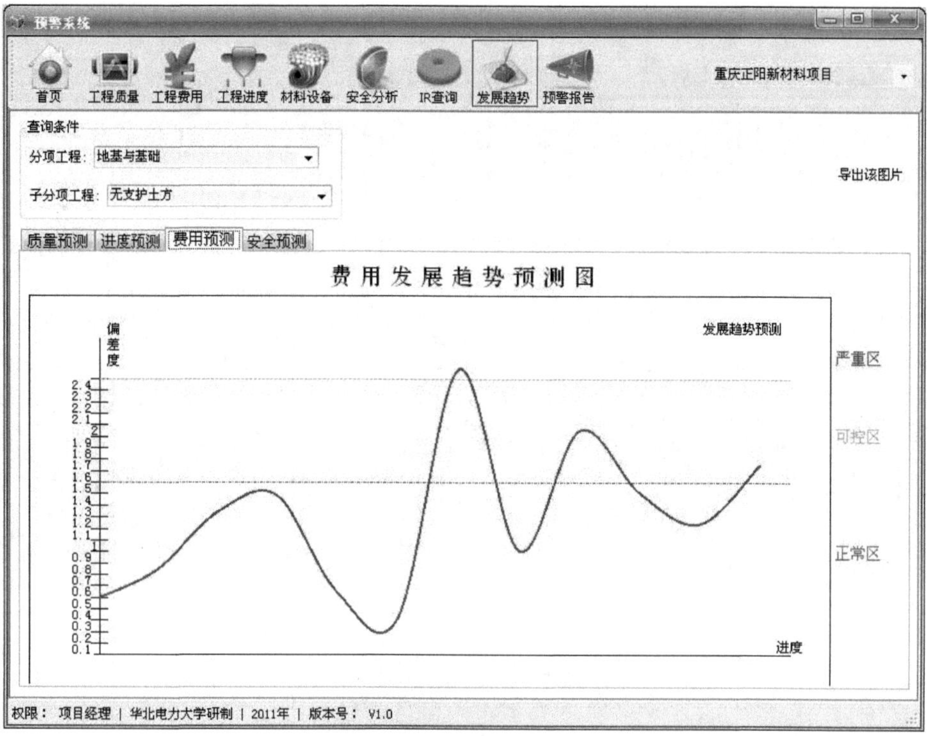

图 6.18 预警系统界面

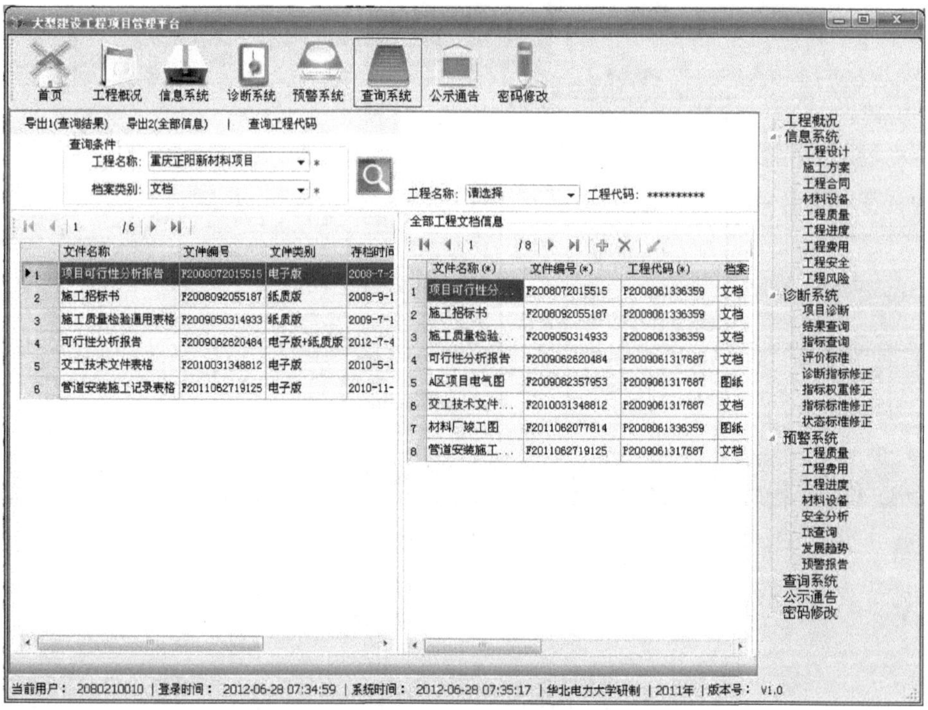

图 6.19 查询系统界面

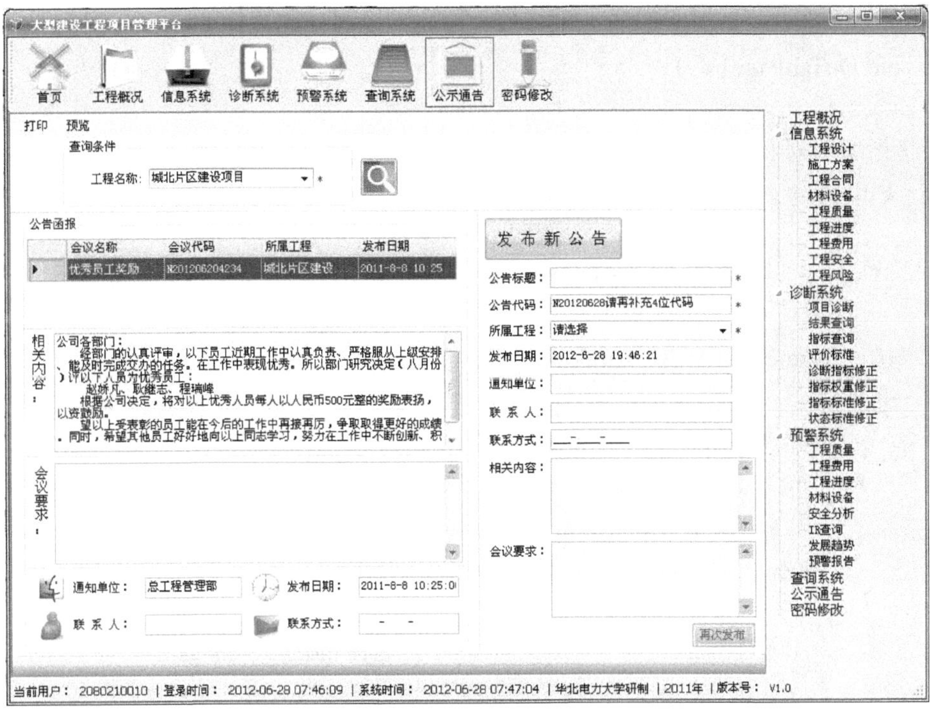

图 6.20　公示通告界面

图 6.21　密码修改界面

在这些模块中，最为主要的工程项目实施状态诊断代码与预警代码分别如下。

```
public void DoTabPage1（）
{
    //指标编号列 label 控件名循环遍历
    for（int index = 1; index < 88; index = index + 1）
    {
foreach（Control c in this.panel1.Controls）
{
        if（c.Name == （"lb" + index））
        {
          //指标名称列 label 控件名循环遍历
          for（int index1 = 1; index1 < 88; index1 = index1 + 1）
          {
              foreach（Control cc in this.panel1.Controls）
              {
                if（cc.Name == （"id" + index1） && index == index1）
                {
                  //诊断得分列 label 控件名循环遍历
                  for（int index2 = 1; index2< 88; index2 = index2 + 1）
                  {
                    foreach（Control ccc in this.panel3.Controls）
                  {
                    if（ccc.Name == （"ir" + index2） && index == index2）
                }
              }
          }
          private void FillCrystalReport1（）
          {
          DataTable dt1 = new DataTable（）;
          DataTable dtx = new DataTable（）;
          SqlDataAdapter da = new SqlDataAdapter（）;
          //如果要实现任意列，只要更改此处的 SQL 为具体的字段即可
          da = new SqlDataAdapter("SELECT Number, SPName, PrePUnit, PrePAmount,
      PrePrice, PreTotal, PreEquipPrice, PreEquipTotal from CMSInfo where CMPID = '" +
      smpid + "' and （PreTotal is not null or PreEquipTotal is not null）", con);
          da.Fill（dt1）;
          clsDyCrystalReportCore xCore = new clsDyCrystalReportCore（）;
          dtx = xCore.dtx（dt1）;
```

```
        ReportDocument myReport = new ReportDocument ( );
        string reportPath = Application.StartupPath + "\\" + "CrystalReport2.rpt";
        // reportPath 为自定义的读取水晶报表路径
        myReport.Load ( reportPath );
//绑定数据集，注意一个报表用一个数据集。
        myReport.SetDataSource ( dtx );
        crystalReportViewer1.ReportSource = myReport;
        FormatReportViewer1 ( );
        crystalReportViewer1.Zoom ( 1 );
        crystalReportViewer1.RefreshReport ( );
  dataGridView1.EndEdit ( );
  this.dataGridView1.CurrentCell = this.dataGridView1.Rows[0].Cells[0];
  sqlCommandBuilder= new SqlCommandBuilder ( sqlDataAdapter );
  sqlDataAdapter.Update ( dataset );
  dataGridView1.Update ( );
  MessageBox.Show
}
```

6.2.7　系统测试与运行

为了检测系统的开发效果，该系统开发人员根据该工程的特点，在综合考虑用户使用方法、系统使用频度、系统主机与终端分布状况、工程信息的采集与分析频次、工程项目参建各方的管理水平等多种因素基础上，通过小组讨论，决定选用黑盒测试方法作为该系统的测试手段。其测试内容如下：功能测试→性能测试→安装测试。其中，功能测试是系统测试的第一步，也是系统测试的关键，部分功能测试用例参见表 6.9~表 6.13。

表 6.9　用户登录用例

测试用例	前提条件	测试步骤	预期结果
用户登录	1. 保证网络畅通 2. 拥有用户名、密码和权限	填写用户名、密码，选择相应的权限，点击【登录】键	登录成功

表 6.10　用户注册用例

测试用例	前提条件	测试步骤	预期结果
用户注册	保证网络畅通	点击登录界面的【注册】键，进入【注册】，填写个人信息，点击【注册】按钮	注册成功

表 6.11　工程项目添加用例

测试用例	前提条件	测试步骤	预期结果
工程项目添加	1. 用户成功登录 2. 拥有相应的权限（管理员）	进入【工程概况】，在【全部工程概况信息】栏目中，点击【添加】按钮；输入项目信息，点击【保存】按钮	添加成功

表 6.12 工程项目删除用例

<table>
<tr><th>测试用例</th><th>前提条件</th><th>测试步骤</th><th>预期结果</th></tr>
<tr><td rowspan="2">工程项目删除</td><td>1．用户成功登录</td><td rowspan="2">进入【工程概况】，在【全部工程概况信息】栏目中，点击【删除】按钮；选中项目信息，点击【保存】按钮</td><td rowspan="2">删除成功</td></tr>
<tr><td>2．拥有相应的权限（管理员）</td></tr>
</table>

表 6.13 工程项目诊断用例

<table>
<tr><th>测试用例</th><th>前提条件</th><th>测试步骤</th><th>预期结果</th></tr>
<tr><td rowspan="3">工程项目
状态诊断</td><td>1．用户登录系统成功</td><td rowspan="3">进入【诊断系统】，点击【项目诊断】，输入授权码，进入【项目诊断】，按诊断指标进行项目评价，最后点击【提交评价信息】按钮</td><td rowspan="3">评价成功</td></tr>
<tr><td>2．拥有相应的权限（专家）</td></tr>
<tr><td>3．拥有授权码</td></tr>
</table>

在系统性能测试方面，系统开发人员将测试分为两类：一类是系统未修正错误前的初次测试；另一类是修正系统错误后的末次测试。在测试前，预先定义了五个错误等级（Bug），即 A 级、B 级、C 级、D 级和 E 级。当 Bug 为 A 级时，错误问题最严重，甚至可以使系统崩溃；当 Bug 为 E 级时，错误最轻，可以忽略不计。开始系统性能测试前所选用的测试环境与条件如表 6.14 所示，测试的内容包括正常启动、正常关机、瞬间断电、中间重启、数据缺陷和病毒感染六个方面。

表 6.14 系统性能测试表

<table>
<tr><td>软件名称</td><td colspan="2">大型建设工程项目管理平台</td><td>版本号</td><td>V1.0</td></tr>
<tr><td>测试单位</td><td colspan="2">华北电力大学工程技术与管理研究所</td><td rowspan="2">项目负责人</td><td rowspan="2"></td></tr>
<tr><td>送测时间</td><td colspan="2">2011-11-23</td></tr>
<tr><td>测试时间</td><td colspan="2">2011-12-03 至 2012-01-20</td><td>测试人</td><td></td></tr>
<tr><td>测试地点</td><td colspan="4">工程技术与管理研究所　　浙福特高压输电工程项目部</td></tr>
<tr><td>测试依据</td><td colspan="4">大型建设工程项目管理平台需求规格书</td></tr>
<tr><td rowspan="12">测试环境</td><td rowspan="6">服务器端硬件环境</td><td colspan="3">CPU：AMD Athlon II P340 双核</td></tr>
<tr><td colspan="3">主板：联想 019957C</td></tr>
<tr><td colspan="3">内存：2 GB</td></tr>
<tr><td colspan="3">主硬盘：西数 WDC WD3200BEVT-08A23T1</td></tr>
<tr><td colspan="3">显卡：ATI Mobility Radeon HD 5470</td></tr>
<tr><td colspan="3">网卡：RTL8168D(P)/8111D(P)PCI-E Gigabit Ethernet NIC</td></tr>
<tr><td rowspan="6">客户端硬件环境</td><td colspan="3">CPU：英特尔 Atom（凌动）N450@1.66GHz</td></tr>
<tr><td colspan="3">主板：惠普 3660</td></tr>
<tr><td colspan="3">内存：2 GB</td></tr>
<tr><td colspan="3">主硬盘：希捷 ST9250410AS</td></tr>
<tr><td colspan="3">显卡：ATI Mobility Radeon HD 5470</td></tr>
<tr><td colspan="3">网卡：RTL8102E/8103E Family PCI-E Fast Ethernet NIC</td></tr>
<tr><td>测试方式</td><td colspan="4">黑盒手动测试</td></tr>
<tr><td>测试结论</td><td colspan="4">年　月　日</td></tr>
</table>

根据功能测试结果可知，系统所设计的功能全部可以实现，因此，系统在功能设计方面实现了预期的目标。但在系统性能测试中，由测试结果可知，在初次测试时，A 级 Bug 出现的次数为 0，B 级 Bug 出现的次数为 1，C 级 Bug 出现的次数为 21，D 级 Bug 出现的次数为 32，E 级 Bug 出现的次数为 7，仅 D 级 Bug 就达到了错误总数的 60%。在完成系统错误的修正后，A 级、B 级和 C 级的 Bug 数都为 0，D 级 Bug 出现的次数为 3，E 级 Bug 出现的次数为 2。D 级和 E 级出现的这五个问题已不会对系统的正常运行产生实质性影响，也不影响用户的正常使用，可在后续工作中采取关闭相应控件或增加忽略代码等措施来保证系统的正常运行。因此，该系统性能最终达到了系统设计的预定要求。系统性能初次和末次的测试结果如图 6.22 所示。

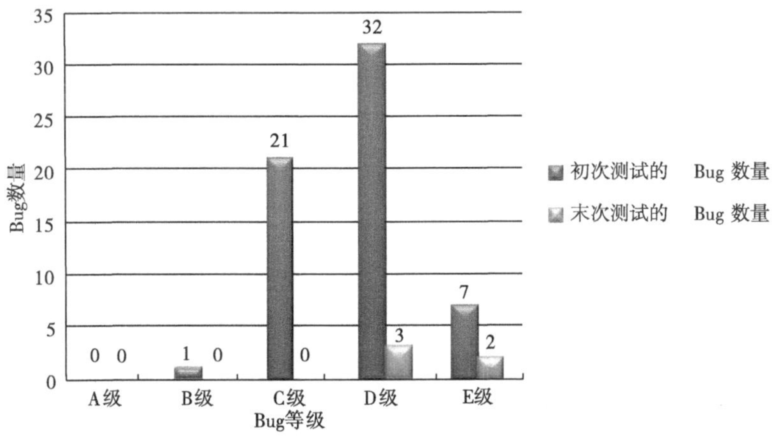

图 6.22　初次和末次的测试结果

在系统功能和系统性能符合设计要求后，系统测试组先后在 12 台不同性能的客户端进行了安装测试，对客户端的最低要求如下：运行软件的硬件最低主频为 1.6 GB，内存不小于 1 GB，客户端硬盘空间不小于 10 GB。由于系统软件被封装在 CD 光盘上，所以，安装电脑需配置光驱。具备这些条件后，在 12 台不同性能的客户端全部一次性安装成功，安装测试一次性通过，达到了预定的设计要求。

【本章拓展材料】

第7章

工程项目的后评价理论与应用

——以工程项目财务后评价为例

工程项目在其建设之前，每项工程都有其预期的目标和为实现这一目标预定的计划与实施方案。当工程项目建设完成之后，工程项目是否实现这一目标，工程项目的整个建设过程是否都是按照原定计划实施的，原有的工程设计和实施方案是否正确，原定的措施与对策是否有效，都需要工程项目管理者对之进行详细的分析与总结，并给出相应的判定和评价，以便从中发现工程项目建设中可能存在的问题，获得工程建设的宝贵经验与教训。在工程项目中，对这些内容开展的分析、总结与评价就是工程项目的后评价。由于这一评价是基于既成事实对已完工程项目进行的系统分析与评价，是从客观角度就工程项目是否达到预期目标、是否达到预期效果、工程项目的各个管理对象是否达到预定要求等各个方面进行的系统性总结与评价，对工程项目管理者今后提高工程项目管理水平和决策能力极为有益，因此，工程项目后评价就成为工程项目管理中一项非常重要的工作。

7.1 理论论述

7.1.1 工程项目后评价

工程项目后评价是一种通过分析与评判事物状态来提高管理者认知能力、改善管理者后期行为方式、提高管理者管理能力的有组织活动，是在工程项目建成后，对工程项目的预定目标、实施过程、经济效益、实施效果、作用影响等方面进行的系统性研究。通过这一研究，工程项目有关管理者和决策者可以获知工程项目实践活动是否能够达到预期的建设目标、是否获得了预期的效益，以及在工程项目的建设中存在哪些问题。并通过对这些问题的分析，了解和掌握工程项目实施效果与预期目标的偏差，从中发现问题的根源和问题产生的机理，总结项目成功的经验和失败的教训，为工程项目管理者和决策者今后提高工程项目管理水平与决策能力提供科学的依据。据此可知，在工程项目中，开展工程项目后评价具有非常重要的意义和作用。其意义主要体现在以下几个方面。

1）了解和掌握工程项目的真实状态

当工程项目完成之后，工程项目的质量、进度、费用、安全、设备、材料等管理对象所处的状态已成事实，这样，即可通过对其真实状态的分析与评价，了解和掌握工程项目的真实状态。同时通过与工程项目预期目标的对比分析，发现实际状态与预期目标之间的差距，对工程项目的实施效果给出科学正确的判定。

2）总结和提炼工程项目的管理经验和教训

工程项目的建设过程是一个较为复杂的系统工程。工程项目建设目标能否实现，不仅与工程项目参建各方的管控能力直接相关，还与参与各方之间的相互配合状况有关。但在工程项目的建设过程中，由于受到系统内外多种因素的影响，工程项目的建设会面临许多问题。在这些问题的处理过程中，一定会有很多的经验和教训。通过项目后评价，即可对这些经验和教训进行科学系统的总结，为今后工程项目管理提供有益的指导和帮助。

3）提工程项目管控能力

通过工程项目后评价，对工程项目各个阶段的各个管理对象进行系统性的全面的分析，从中发现在各个阶段对各个管理对象进行管理时出现的问题和管理方法存在的缺失。通过对这些问题及其处理方式方法的系统总结，可以发现产生这些问题的机理和根源，为今后提高工程项目的管理水平和管控能力提供实证性依据。

4）提高工程项目的决策水平

工程项目的前期决策都是在很多条件假设满足预定需求的前提下制定的，但在工程项目的实施中，很多不确定因素会产生干扰，极有可能使工程项目前期决策中所设想的条件无法实现。此外，在进行工程项目的前期决策中，还有可能由于考虑不周等原因，存在着决策失误等问题。但这些问题是否真实存在，决策是否科学正确，还必须通过工程项目实施后的效果来证明。因此，通过工程项目的后评价，可以验证和判断工程项目前期决策的科学性和正确性，并发现其中存在的问题与不足，为今后的工程项目决策提供有价值的参考依据。

5）为有关政策和制度的改进提供科学依据

工程项目的建设是在相关政策的指导下开展的系统性活动，这些政策与制度是否在工程建设中发挥了正确的引导与促进作用、是否给工程项目的建设给予了必要的支持、是否有利于工程项目的建设与发展，都需要通过工程实践的检验后方可得到有效的证明。通过工程项目后评价，可以将工程建设中发现的政策与制度的不足反馈给有关部门，为有关政策和制度的改进、修正或完善提供有力依据。

7.1.2　工程项目后评价的内容

工程项目的后评价是对已完工程的分析与评价。评价的对象不仅包含工程项目前期阶段的可行性研究结果、初步设计方案、项目预定目标、项目立项与决策等内容，还包含工程项目准备阶段的组织管理模式、项目招投标状况、工程设计方案和项目实施计划等工作内容，实施阶段的工程项目质量、进度、费用、安全、风险、物资等管理状况，竣工阶段的工程验收、工程决算等管理对象，以及工程项目后期运行的经济效益与环境状况等评价。其中，项目前期决策效果、工程项目前期准备状况、工程实施过程中管理对象的管控效果、工程项目的经济效益是后评价的重点评价对象。

1. 前期决策效果后评价

在工程项目的建设前期，工程项目建设单位或业主需要对拟建项目进行全面的思考和调研，并就工程建设的可行性进行深入系统的研究，根据研究结果做出最终的决策。因此，工程项目的前期工作及其决策结果就对工程项目的建设具有决定性的作用，事关工程项目的成败。因此，在工程项目建设完成后，以事实为依据，对工程项目前期工作进行评价具有非常重要的价值。据此，工程项目的前期决策效果后评价就是以工程项目前期阶段的项目可研和项目投融资等内容及其决策结果为分析对象，以工程项目实施效果为事实依据，通过对二者之间的对比与分析，来判定前期分析是否客观、考虑问题是否全面、方案计划是否科学、有关决策是否正确、目标制定是否合理，以便从中找出计划或目标与实际执行效果之间的偏差及其原因，为今后工程项目的立项与决策提供有价值的参考依据。

一般来讲，在工程项目的前期决策效果评价中，后评价的主要内容如下。

（1）工程项目的建设是否满足了国民经济或地方经济的发展需求，是否在推动当地经济发展和社会进步方面发挥了应有的作用。

（2）工程项目的建设是否有利于国家或地方产业结构的调整，是否提高了现有产业经济的服务功能或结构层次。

（3）工程项目的建设是否获得了预期的经济效益和社会效益。

（4）工程项目的建设是否在增加社会就业或改善当地人民生活质量、提高人民生活水平、促进人民身体健康等方面发挥了作用。

（5）工程项目的选址是否符合科学，是否遵循科学发展观，是否有利于节约土地资源，是否有利于保护生态环境。

（6）工程项目的建设是否在保护自然环境、减少环境污染、改善环境质量等方面发挥了应有的作用。

（7）工程项目可行性研究方法是否科学正确，考虑问题是否全面可靠，研究内容和研究深度是否满足工程项目的决策要求。

（8）预想的项目可行性是否与实际相符，相符的程度如何。

（9）项目预定目标是否正确合理，是否全部实现，实现的程度如何。

（10）投入的资源是否合理，是否发挥了应有的作用，是否获得了预期的效益。

（11）预定的项目投资是否可以收回。

（12）当地群众和有关单位对工程项目的有关评价。

（13）是否在加快少数民族和边远地区的经济发展、维护少数民族和边远地区的社会稳定及和谐发展方面发挥了应有的作用。

（14）工程项目决策程序是否科学合理。

除这些内容外，评价单位还可结合工程建设单位或委托单位的要求，对工程项目的其他前期工作进行评价，主要目的就是找出预期目标与工程建设结果之间的差异及其原因，通过全面系统的客观总结，汲取有关经验或教训，为工程项目管理者和决策者提高项目投资决策水平，帮助有关部门修改和完善有关宏观政策、产业政策、投资和金融政策提供实证依据。

2. 工程项目前期准备状况后评价

工程项目前期准备阶段是为工程项目的施工而预先开展各项准备工作的阶段，其工作特点是涉及工作内容较多，涉及范围较广，参与单位较多，准备工作耗时较长。如果前期准备工作不到位，就会给工程项目的后期实施带来不同程度的约束和影响。但由于这些工作的开展方法与工作人员的工作效率、项目组织的管理效果、参与各方的协作程度、项目资金的准备情况等多个方面紧密相关，因而，根据工程项目的后期实施效果，分析和检验工程项目前期准备工作的情况，为今后开展类似工作提供相应的借鉴和参考就具有非常重要的意义和价值。在这一阶段，后评价的主要内容包含以下几个方面。

1）项目组织工作

在工程项目实施前，建立一个科学、合理、高效的项目组织是至关重要的工作。对此，评价的内容主要包括：项目组织机构是否健全，机构人员构成及其素质是否满足项目管理要求；项目组织模式是否科学合理，项目组织管理是否得力；管理范围是否清晰明确，岗位职责是否得到落实；领导者是否发挥了应有的作用；组织制度是否健全，组织工作效率如何，项目参与各方的工作协调效果如何，发生冲突与矛盾的次数以及主次原因；等等。

2）勘察设计工作

对勘察设计工作评价的内容主要包括：勘察设计单位的资质是否符合相应的要求，其技术力量是否满足工程勘测设计要求；工程勘测设计是否签订了合同，合同的内容是否符合相关规定；工程勘测设计是否按时完成，完成的质量是否达到规定的要求；工程勘测设计的依据是否符合国家行业规定，工程勘测设计方案是否满足工程建设要求，是否存在违背相关规定的内容；工程勘测设计对工程建设的技术指导是否及时有效；等等。

3）征地拆迁工作

在征地拆迁工作方面，评价的主要内容如下：征用土地的标准和拆迁工作及其工作程序是否符合国家有关规定，征地数量和拆迁范围是否严格执行有关部门批准的规定，征地工作是否存在多征少用或征而不用的情况；拆迁中是否损害群众或集体利益，征地拆迁的社会反应是否良好，征地拆迁工作是否顺利，是否按时完成，以及征地拆迁工作中出现的其他问题及其所产生的各方面影响。

4）工程项目招投标工作

对于招投标工作，后评价的内容主要如下：工程项目招投标过程是否公开公正，是否存在行政干预或其他不正常情况；是否严格按照招投标程序进行，招投标过程是否规范，是否进行了资格审查，审查的结果情况是否属实；工程项目的评标和开标是否符合相关法律规定，所有参建单位是否都是通过招投标程序选择的，是否签订了工程合同，合同内容是否规范，工程项目采用了何种承包方式及承包方式是否合理。

5）工程开工手续

在工程项目实施前，工程建设单位必须按照国家有关规定和当地政府工程建设主管部门的规定办理工程建设的开工手续，这些手续是否齐全合规合法，是否已按规定缴纳有关费用，办理中存在哪些问题，问题的原因是什么以及问题的处理方式方法等都是工程开工手续后评价的主要内容。

6）资金落实情况

在项目开工前，项目的资金落实情况是否能够满足工程建设需求也是准备阶段后评价的内容之一，它包括银行贷款资金落实情况、自筹资金来源是否正当、是否存在挪用资金现象、社会集资是否符合国家规定、筹资额度是否合理、资金使用程序是否规范等方面。

7）计划方案编制情况

在工程项目施工前，需要预先编制相应的施工计划和施工方案，这些计划与方案是否制订，制订得是否科学合理，制订的依据是否正确可靠，后期有何变化，变化的程度如何，给工程项目带来怎样的影响等都是工程项目后评价的内容之一。

3. 工程项目施工过程后评价

工程项目实施阶段是工程项目最为重要的阶段。尽管在工程项目施工前，项目管理者已制订出详细的计划与实施方案，但由于在工程施工中可能会遇到各种不确定因素的干扰，工程项目的质量、进度、费用、安全等管理对象会受到不同程度的影响。而这些影响就有可能使原定的计划与方案发生改变、工程设计出现变更、工程材料出现替代等多种情况，进而给工程项目预期目标的实现带来不同程度的约束和影响。因此，这些内容就成为工程项目后评价的内容之一。

1）施工项目组织管理

评价的主要内容如下：施工组织与管理是否科学合理，项目参与各方是否协调，过程中出现的问题是否得到及时的处理，工作是否高效；项目管理人员是否管理到位，各项制度的执行情况，发生的冲突与矛盾数量及其原因以及给工程项目带来的影响。

2）工程质量管理

评价的主要内容如下：是否编制了工程质量管控计划，质量管控计划是否详细具体，是否具有指导作用，是否得到有效的执行，工程质量的总体状况和分部分项工程的质量状况如何，工程项目是否按质量计划实施和完成，工程质量是否达到预期规定，是否存在重大质量问题，问题的原因及处理效果如何，工程质量问题对工程项目带来的其他影响。

3）工程进度管理

评价的主要内容如下：是否编制了工程进度计划，进度计划是否详细具体，是否具有指导作用，是否得到有效的执行，工程项目是否按进度计划实施和完成，实际进度与计划进度的偏差，偏差的原因及处理效果如何，进度偏差对工程项目的影响程度。

4）工程费用管理

评价的主要内容如下：是否编制了工程费用计划，费用计划是否详细具体，是否具有指导作用，是否得到有效的执行，工程项目是否按费用计划实施和完成。工程费用超支和结余的总体与具体情况，实际费用与计划费用的偏差，偏差的原因以及处理效果，费用偏差对工程项目的影响程度。建设期间工程费用是否得到了有效的保障，是否能够满足工程建设需求。建设资金运用是否合理有效，是否存在违规利用资金的情况。

5）工程安全管理

评价的主要内容如下：是否编制了工程安全管控计划，安全管控计划是否详细具体，是否具有指导作用，是否得到有效的执行；工程安全状况如何，工程安全是否达到预期目标，是否存在重大安全问题，问题的原因及处理效果如何，以及工程安全问题对工程项目带来的其他影响。

6）工程物资供应管理

评价的主要内容如下：是否编制了工程物资供应计划，物资供应计划是否详细具体，是否具有指导作用，是否得到有效的执行；物资供应的质量、数量、品种、规格、型号、价格是否与预期一致，是否存在设备材料的变更和替换情况，工程项目是否按物资供应计划实施和完成，物资供应是否及时到位，是否对工程项目产生影响及影响程度如何；实际情况与计划情况的偏差情况，偏差的原因及处理效果；工程建设中是否存在浪费现象；物资的存储、领用和调拨等情况是否符合规定。

7）工程风险管理

评价的主要内容如下：是否进行了风险识别，是否编制了工程风险管控计划，风险管控计划是否详细具体，是否具有指导作用，是否得到有效的执行；工程风险管控实际状况如何，项目实施中是否存在重大风险，是否给工程项目带来危害；工程发生过哪些风险问题，问题的原因及处理效果如何，以及已发生的工程风险对工程项目带来的其他影响。

8）项目变更情况

评价的主要内容如下：项目设计变更内容及其变更的数量与原因、项目施工方案变更内容及其变更原因、项目设备材料变更内容及其变更原因、项目其他方面变更内容及其变更原因，以及各种变更给工程项目带来的影响程度。

9）技术服务与指导

评价的主要内容如下：工程项目技术人员在项目中进行技术指导的效果、解决问题的效率、技术服务的态度、在工程建设中发挥的作用等。

4. 工程项目的其他后评价

除上述工程项目后评价的内容外，还包含对工程项目竣工阶段的验收工作情况后评价、工程项目试运行效果后评价、仅从工程项目技术角度进行的工程技术状况后评价、仅从财务角度进行的工程财务后评价、仅从环境角度进行的工程环境后评价、仅从宏观经济角度进行的国民经济后评价。这些后评价的主要内容分别如下所述。

1）验收工作情况后评价

在工程项目竣工结束后，工程建设主管单位需要组织有关单位对工程项目进行验收。验收工作是否按照规定程序进行、验收标准是否遵循有关规定、验收资料是否齐全合格、验收工作是否公正客观、验收中发现的问题是否得到整改、验收工作的参与各方是否相互合作等都是验收工作情况后评价中需要分析和考虑的内容。

2）工程项目试运行效果后评价

工程项目试运行效果后评价的主要内容如下：工程试运行的计划与方案是否编制，编制的方案是否科学正确；是否有试运行效果的检测指标及其标准，检测的方法是否具体可行；是否制订了可能出现问题的应急计划与方案；试运行的结果是否达到预定要求，与预期目标的差异、试运行中出现的问题、产生问题的原因及其处理结果。

3）工程技术状况后评价

工程技术状况后评价主要是从技术角度，对工程项目整体进行分析与评价，并给出工程项目总体技术水平的判定。它包含工程项目的技术指标是否科学正确，技术标准是否合理，技术指标的检测结果，技术指标的预期值，实际结果与预期的差异，差异的程度与原因，解决的方式方法；工程建设中存在哪些技术问题，是否有技术创新（含新材料、新工艺、新思想、新方法等），创新程度如何。

4）工程财务后评价

财务后评价是工程项目后评价的重要组成部分。它从财务角度出发，基于工程项目建设后的实际生产或运营数据（如生产成本、产品价格、销售收入、销售利润等），对工程项目的经济效益进行分析。分析的内容主要有工程投资效果分析、经济效益分析、盈亏平衡分析和敏感性分析。其中，工程投资效果分析是以工程项目的概算、预算和结算为主要依据，对工程各项内容所用费用状况的分析。经济效益分析是基于工程决算，对工程投资后的经济效果分析。盈亏平衡分析是通过计算项目达产年的盈亏平衡点来确定项目成本与收入的平衡关系，以此来判断项目的适应能力和抗风险能力。敏感性分析是分析和预测项目的收入、运行成本等关键因素发生变化时，对财务内部收益率、财务净现值、投资回收期等评价指标的影响程度。财务后评价分析的指标主要有内部收益率、财务净现值、财务净现值率、投资回收期、投资利润率和投资利税率。这些指标的具体含义与计算公式可参见工程经济学的有关教材。

5）工程环境后评价

工程环境后评价是从环境角度对工程项目建成后给周围环境带来的影响进行的分析和评价，这个环境既包含自然环境，也包含社会环境。

在自然环境评价方面，主要是根据工程项目建成后给自然带来的实际影响以及对现场环境的调查结果，分析工程项目前期制定的环境保护标准是否科学正确，环境保护措施是否有效；其在建设中是否执行了国家和地方制定的环境质量标准和污染物排放标准，是否存在污染环境事件，出现的污染是否得到有效控制，对区域环境质量的影响程度如何，是否影响了生态平衡，以及自然资源利用和保护等有关情况。

在社会环境评价方面，主要是从以人为本的原则出发，就工程项目在社会上所产生的影响、群众对工程项目的看法、与所在地区的互适性状况以及可能存在的风险进行的相关性分析。分析的内容主要有工程项目对当地居民收入水平、消费水平、消费结构、生活质量、人均寿命变化的影响，对当地文化教育的影响，对当地风俗习惯的影响，对当地居民的就业影响，对当地社会安全和谐与稳定的影响，项目所在区域的现有技术水平、文化状况能否适应工程建设和发展的需要，工程项目在当地今后的发展前景如何，是否存在社会风险，等等。

6）国民经济后评价

国民经济后评价是从国民经济角度出发，根据项目的实际数据和国家颁布的影子价格以及有关参数，分析和评价工程项目国民经济的成本与盈利状况。与工程财务后评价相比，国民经济后评价侧重于分析项目对国家产生的效益，评价的依据主要是社会折现率，其结果主要是考察项目的国民经济可行性。评价指标分为两大类：一类是反映工程项目国民经济实际效果的指标，即经济内部收益率、经济净现值、经济净现值率和投资净效益率；另一类是反映国民经济实际效果与项目决策前预期的国民经济计划偏离程度的指标，即内部收益变化率、经济净现值变化率和投资净效益率变化率。这些指标的具体含义与计算公式可参见工程经济学的有关教材。

7.1.3　工程项目后评价的原则

为了达到工程项目后评价的目的，在开展工程项目后评价时，应当遵循国家工程项目建设的有关指导方针和法律法规，并在国家有关产业政策的指导下，通过科学的分析来完成工程项目的全面分析与评价。在开展工程项目的后评价过程中，应遵守以下几方面的原则。

1）独立性原则

独立性原则是工程项目后评价的首要原则，它是指工程项目后评价工作不能受到与工程项目有关部门或单位的影响，从事工程项目后评价的单位应当是参与工程建设项目之外的第三方，尤其要避免工程项目决策者、管理者或施工者对工程项目后评价的介入和干扰。

2）可靠性原则

可靠性原则是指在开展工程项目的后评价中，评价所用的一切数据和资料都要真实可靠，必须是既成事实的真实材料，不能将没有根据的个人言论作为评价依据。如果对有关数据和资料有所疑虑，应对这些数据和资料进行现场核实和再认证，以确保后评价结果的真实性和可靠性。

3）客观性原则

客观性原则是指开展工程项目后评价时，从事工程项目后评价的人员必须尊重客观事实，以工程实际为依据，既不能夸大成果，也不能掩盖问题，要真实客观地反映工程实际状况，并给出客观实际的评价结果。

4）科学性原则

为提高后评价结果的可信度，在后评价过程中，除必要的定性分析外，应从定量角度对工程项目进行分析和评价以增强客观性，使后评价结果更具有科学性。

5）针对性原则

评价中使用的评价方法具有针对性和有效性，特别是评价时所用的相关指标与参数，都需在结合工程实际的基础上，通过科学的方法来确定，而不能主观臆断，或仅靠个人经验来确定。

6）全面性原则

对工程项目进行后评价的目的是及时发现项目中存在的问题，总结工程建设中的宝贵经验，为今后提高工程投资决策和项目管理水平、改进和完善相关政策与制度提供科学的依据，因此，在评价中，要对项目进行全面系统的分析，总结正反两方面的经验和教训。

7.1.4 后评价依据

在工程项目的后评价中，需要用到很多数据、标准或规定，将其作为后评价的依据，这些依据主要有工程建设的有关法律法规、工程项目建设属地或所属行业的有关规章制度、工程项目建设前的有关政府批文、有关专业技术标准和规范、工程项目建设的原始文件、工程项目的有关规定和工程项目的有关记录等资料。为确保工程项目后评价结果的真实性和可靠性，使后评价结果能够为今后科学开展工程项目的建设活动提供有益的指导和帮助，在工程项目的后评价中所采用的这些数据、资料、标准和规则等后评价依据都必须符合国家关于《中央企业固定资产投资项目后评价工作指南》和《建设项目经济评价方法与参数》（第三版）的有关要求，即作为后评价的依据应为以下几种类型。

1）工程建设的有关法律法规

这些法律法规主要包含国家发展和改革委员会颁布的《中央企业固定资产投资项目后评价工作指南》（第三版），以及国家有关部委颁布的《建设项目经济评价方法与参数》、《中华人民共和国建筑法》、《中华人民共和国环境影响评价法》、《中华人民共和国招标投标法》、《工程质量管理条例》和《工程建设项目评价技术导则》等。

2）工程项目建设属地或所属行业的有关规章制度

此类依据主要是指工程建设属地的政府部门颁发的有关工程建设规章制度、基建项目管理规定、建设监理管理办法、行业工程项目评审管理办法、工程设计施工方面的有关规定、工程项目技术经济方面的规定和制度、工程评选管理等办法。

3）工程项目建设前的有关政府批文

此类资料主要包含工程项目的核准和批复文件、工程项目立项批文、项目开工许可证、项目规划许可证、工程建设许可证、工程项目用地批文等政府性批准文件。

4）有关专业技术标准和规范

这些专业技术标准和规范主要有工程质量标准、工程施工质量验收标准、工程项目招标范围和规模标准、工程物质设备和材料标准、工程设计标准、工程项目施工工艺规程、工程项目施工规范、工程验收规范等技术规则。

5）工程项目建设的原始文件

工程项目建设的原始文件是指评价工程项目的项目建议书、可行性研究报告、工程投资计划、工程项目融资计划、工程进度计划、工程费用计划、物资材料设备计划、工程项目设计文件、施工方案、工程建设管理纲要、工程项目招投标文件、工程项目有关合同等原始性文件。

6）工程项目的有关规定

工程项目的有关规定主要包含该工程的组织管理制度、质量管理办法、安全管理制度、物质管理制度、工程标准工艺管理办法、工程安全文明施工标准化管理办法、优质工程评定管理办法、工程结算管理办法、建设工程文件归档整理规范等。

7）工程项目的有关记录

工程项目的有关记录主要包含工程项目施工记录、现场签证单、设计变更单、评定表格、会议纪要、监理实施细则、竣工报告、工程总结、工程项目预决算书、工程物资供应计划、工程项目安全记录、工程风险管控方案、工程验收记录、工程质量保修合同书等资料。

7.1.5　工程项目后评价的方法

后评价方法是开展工程项目后评价必不可少的工具，目前，对工程项目进行后评价的方法有很多种，如逻辑框架法（logical framework approach）、比较评价法、层次分析法、模糊综合评价法等。这些方法选用的基本原则是在了解和掌握工程项目及其评价对象特点的基础上，根据各种评价方法的适用范围及其特点来综合确定。

1. 逻辑框架法

逻辑框架法是一种概念化描述和分析工程项目状况的方法，该方法起始于 20 世纪 70 年代美国国际开发署对项目工作的系统分析与评价。针对项目的设计、规划、实施和完工整个过程，该方法用一张简单框图来描绘出工程项目各对象内在因素之间的关系。在此基础上，通过分析各因素之间的逻辑关系来分析和评价工程项目目标实现程度和项目实施的效果、作用与影响，进而从中查找存在的问题及其原因，以达到改进和完善工程项目管理水平的目的。由此可以看出，逻辑框架法并不是一种对具体对象进行定量分析和评价的方法，而是一种分析问题的思维模式。但由于这种模式能够较好地分析和判定工程项目的宏观状况，便于评价者从中找出工程项目建设中存在的不足与缺陷，有利于行业部门对专业工程之间的对比与分析，改善工程项目建设的组织、运营与管理，因此，时常被应用于工程项目的后评价之中。

但在工程项目的后评价中，由于该方法过分强调工程项目宏观方面的状况，忽略工程建设中管理对象的细节，所以逻辑框架法主要用于分析和评价工程项目三个方面的问题：一是分析和评价项目是否可以达到原定目标，或工程实际与原定目标的差距；二是分析和评价项目预期效益是否实现以及实现的程度；三是分析和评价工程项目的风险情况及其对工程项目所产生的影响。在实际应用中，使用逻辑框架法的具体步骤是先将工程项目各阶段的目标、效益和风险用表格的形式罗列出来（表 7.1），然后根据工程项目的实施情况，进行预期和实际之间的相互对比，找出二者之间的差距。再从工程项目内外两个方面展开分析，寻找和发现产生差距的原因。通过对问题及原因的深入分析，给出相应的措施和对策，为今后开展类似工作、解决此类问题提供科学的依据。

表 7.1 逻辑框架分析法

比较目标		对比与分析			原因分析		对策或措施
		预期	实际	差异	内因	外因	
决策阶段	目标						
	效益						
	风险						
准备阶段	目标						
	效益						
	风险						
施工阶段	目标						
	效益						
	风险						
竣工阶段	目标						
	效益						
	风险						

2. 比较评价法

比较评价法是把工程项目实际建造情况与项目立项时确定的目标和指标相对比，从中找出目标偏差及其原因的方法。对比的方法主要有前后对比法和有无对比法两种模式，其中，前后对比法是指将工程项目完成之后与项目实施之前的情况加以对比，以确定工程项目实施效果的一种方法；有无对比法则是将工程项目建成投产后所产生的实际效果和影响与假设没有这个项目的情况进行对比，以分析和度量工程项目建成后产生效果的一种方法。

1）前后对比法

使用前后对比法时，必须具备的前提条件有三项：一是比较的对象必须有项目实施前的预期目标和具体内容，且在项目完成后也有相应的结果与之相对应；二是必须有与预期目标和具体内容相应的评价指标；三是能够获得各个指标的相应数据。具备这三个条件后，后评价者即可将所有的评价对象罗列出来，并以预定的评价指标为工具，通过工程实际数据和预期目标数据的相互对比，即可得知二者之间的差距，并据此来了解和掌握工程项目的实施效果，判定工程项目是否实现预期的目标。对比的方法可以采用简单的欧氏距离法，也可采用权值法，还可采用均值计算法，具体的方法由评价者来确定。前后对比法直接明了，简单实用，思路明确，易于操作，已成为工程项目后评价中最常用且最受欢迎的后评价方法。

2）有无对比法

使用有无对比法时，最重要的是要寻找到一个合适的比较对象，即寻找一个未建该工程项目的类似地区，获知在同类区域未建该项目和已建该项目之间的差异。同时，在采用该方法对工程项目实施状况进行对比分析时，还要分清楚对区域环境所产生的作用和影响是否来自项目本身。如果产生的影响与项目本身无关，那就不是比较的对象和内容。对于这些影响或因素，就要予以剔除。如果无法判断产生的影响是否与项目本身有关，则可假设没有该项目后是否会出现此类影响。如果有影响，则与项目有关，反之则无。如此可科学正确地分析和判断出工程项目的建设所产生的作用和价值。

基于这种分析模式，在工程项目后评价中，这种方法主要用于工程项目的效益评价和影响评价方面。但这种方法需要较多的数据，调查工作量也很大，完全一样的区域又很难找到，因此，在工程项目的后评价中使用得相对较少。

3. 层次分析法

层次分析法是根据问题的性质和要求，把复杂的研究对象和问题分解成若干层次，然后建立起一个有序的递阶系统，根据工程项目的客观实际情况，把同一层次的各种要素通过两两比较来确定层次中诸因素相对重要性的方法。这种方法可把复杂问题变得层次化，并从中找到最主要的因素，以此来确定这些因素对工程项目产生的影响程度，据此给出相应的工程项目后评价。

在工程项目后评价中，使用层次分析法之前，要明确评价对象的目标、范围和评价指标以及指标间的相互关系，并建立起基于评价指标的评价对象递阶层次结构模型。这个层次一般含有指标层、准则层和目标层三个层级。其中，指标层是最低层级，根据工程项目的实际情况，用指标层的结构模型可推测出工程项目准则层的状况。准则层是分析和描述工程项目分部工程或单位工程状况的指标，由准则层的结构模型可推测出工程项目目标层的状况。目标层是工程项目后评价的最高层，用来描述和表达工程项目的预期目标，进而评价和判定工程项目的总体建设情况。因而基于评价指标的评价对象递阶层次结构模型在工程项目的后评价中具有非常重要的作用。

在工程项目后评价中，建立这一模型是从目标层开始的，由目标层推出准则层，再由准则层推出指标层。在构建指标层的层次结构模型时，多采用标度法来完成指标间的两两对比。标度法的设置既可采用零一域值，也可采用自然数值（表 7.2）。确定好标度基准后，评价者通过两两对比，建立起相应的评价模型，然后采用层次分析法即可对管理对象进行分析与评价。层次分析法的具体使用步骤可参见本书 3.1.4 节所述内容。

表 7.2　自然数标度法

标度值	标度值对应的含义
1	K 与 G 指标同样重要
3	K 比 G 指标稍微重要
5	K 比 G 指标较为重要
7	K 比 G 指标非常重要
9	K 比 G 指标绝对重要
2、4、6、8	在上述对比值之间插入使用

4. 模糊综合评价

模糊综合评价是以模糊数学为基础，把一些边界不清晰的定性问题转化为定量问题后，用定量分析工具来分析和解决工程项目后评价中含有较多定性信息的评价方法。与其他后评价方法相比，采用模糊综合评价最大的优势就是在分析工程项目的大量定性问题中，可以尽可能地减少评价者的主观臆断和个人干扰，使评价结果更为客观可信。

采用该方法时，由于遇到的分析对象主要是定性问题，因此，在对定性问题分析前，需要预先给出评价对象的若干评价指标并组成指标集，同时给出定性问题的评语集，如很好、较好、一般、较差和很差，每个评语赋予相应的数值，如 9、7、5、3、1。评价者可根据评语集给出每个定性问题的相应数值，实现定性问题的量化转化，在此基础上即可用预定的评价指标对管理对象进行后评价。基于这一特点，在分析和评价工程项目的社会影响、环境影响、生态影响等目标时，多采用模糊综合评价。

需要注意的是，采用模糊综合评价进行工程项目的后评价时，由于项目后评价的层次较多，指标也较多，且不同层级的指标具有不同的权重，因而，和层次分析法一样，也需要预先建立起相应的多层多级模糊评价模型。该模型的构建方法及其具体步骤可参见本书 3.1.4 节所述内容。

7.1.6　工程项目后评价的程序

工程项目的后评价是一项较为系统复杂的工作，若要确保评价结果的科学性、可靠性和有效性，不仅需要以事实为依据，以法律规定和有关标准为准则，还需要通过科学的评价方法，遵循一定的规则、步骤和程序来进行。从开展后评价工作的先后顺序来看，工程项目后评价的程序主要包含接受后评价任务、成立后评价小组、确定后评价对象、开展后评价工作、编写后评价报告和汇报后评价结果这几个方面。

1）接受后评价任务

后评价任务既可以是上级主管部门来安排，也可以从后评价招标项目中获取。一旦获得后评价项目，首先就要与委托后评价的单位签订工程项目后评价合同或协议。通过合同，明确后评价的对象、评价目的、完成时间、所需费用、双方责任及其他要求，确保达到后评价的预期目的。

2）成立后评价小组

工程项目的后评价是一项涉及工程项目多个方面的工作，需要不同专业人员的共同合作才能完成。在开展工程项目的后评价之前，要预先成立后评价小组并确定相应的后评价人员。这些人员既要有一定的专业技能，又要有较强的责任心，以保证评价结果的真实性、客观性和可靠性。

3）确定后评价对象

根据后评价合同及合同条款，明确后评价对象及所需要评价的内容。在此基础上，组织后评价小组所有成员，研究和确定后评价所用的主要方法、主要评价指标、所需资料、评价程序以及各评价人员的具体工作任务，为科学高效地开展工程项目后评价奠定基础。

4）开展后评价工作

开展后评价工作首先要做的工作就是收集资料和阅读文件。在获得工程项目的工程档案后，先开始了解和掌握工程项目的基本情况，然后就每一个评价对象所涉及的内容进行更为深入的分析。在了解和掌握评价对象的基础上，为了进一步确定资料的真实性和可靠性以及工程项目的即时状况，还应进行必要的工程现场调查，更为详细地了解和掌握工程项目的运行或使用现状以及对当地所产生的各种影响。最后，利用已确定的后评价方法，以所获得的真实数据为依据，全面系统地开展工程项目的后评价工作。

5）编写后评价报告

完成工程项目的后评价后，要按照工程项目后评价报告的编写格式，编写出系统完整并能客观真实地表述评价过程与方法以及评价结果的评价报告。后评价报告一般由七个部分组成，即评价背景与评价目的、评价组织及其成员、评价对象概况和评价的具体内容、评价方法和评价原则与依据、详细评价过程、评价结果、相关对策与建议。

6）汇报后评价结果

完成工程项目的后评价并编写完后评价报告后，要将后评价成果提交给后评价委托单位，并向委托方汇报后评价的详细工作过程，对后评价结果进行汇报和答疑，对提出的有关意见和建议进行解释和说明，为有关部门和单位提高工程管理水平和决策水平提供有价值的参考依据。

7.1.7　工程项目后评价与前评估和中评判的区别

在工程项目的建设过程中，不同的阶段将对工程项目开展不同的分析与评价，从这一工作的总体来看，主要包含三大类，即在项目决策阶段开展的工程项目前评估、在项目实施阶段开展的工程项目中评判和在项目竣工阶段开展的项目后评价。与后评价相比较，项目前评估是指在工程项目立项前，根据有关规定或已建同类项目的相关数据，采用有关科学方法，对拟建项目在技术、经济、社会、环境、政策等方面的可行性进行的预测、分析与论证，以判定拟建项目是否可行的研究工作。而中评判是在工程项目的实施过程中对工程实施状态进行的分析与评价，它针对工程项目内外各种不确定因素给工程项目实施所带来的影响，或工程项目前期决策和编制方案中存在的漏缺和不足而给工程项目带来的不利影响，结合工程项目实施状态的有关即时数据，通过与项目预定目标的对比与分析，及时发现项目中存在的问题。并通过及时改正实现对工程项目的有效管理和控制，为工程项目的顺利实施提供有力保障。此外，还有如下几点不同之处。

1）评价时间不同

工程项目的前评估是在项目决策阶段开展的工作，而中评判是在工程项目实施阶段开展的工作，工程项目后评价则是在工程项目竣工后开展的工作。

2）评价目的不同

工程项目前评估是为了确保工程项目决策的科学性和正确性而开展的预测和分析工作，是在项目决策阶段开展的工作，是为工程项目的立项而提供科学依据；而中评判是在工程项目实施阶段开展的工作，检测项目实际状况与预测目标的偏离程度，是为了及时发现项目中存在的问题，将信息反馈到项目管理者，为制定相应的对策提供依据。工程项目后评价则是在工程项目竣工后开展的工作，是在项目建成之后，对工程项目的预定目标、实施过程、经济效益、实施效果、作用影响等方面进行的系统性分析，其目的是总结项目成功的经验和失败的教训，为工程项目管理者和决策者今后提高工程项目管理水平与决策能力提供科学的依据。

3）评价单位不同

工程项目的前评估工作一般由工程建设主管单位或工程建设主管单位认定的单位来进行，而工程项目的中评判主要由工程建设单位、监理单位或施工单位来进行，工程项目的后评价则是由与工程项目没有直接关联的第三方来进行。

4）评价使用的数据不同

在开展工程项目的前评估时，前评估使用的数据主要是相关历史数据、类似项目的数据或项目建设前的预测数据。工程项目的中评判采用的数据主要是工程项目实施中出现的即时数据。后评价则采用项目完工后既成事实且不可改变的数据。

5）评价的对象不同

前评估的分析对象主要是工程项目建设的多个方案或初步设计方案，工程项目的中评判的对象可以是刚形成的实体也可以是正在形成的部分实体，后评价的对象则是已完工的实体对象。

6）评价的准则不同

前评估的目的是为工程项目是否建设提供依据，因此前评估工作必须是科学的；中评判的目的是及时发现项目中存在的问题，因此分析的结果必须是正确的；后评价的目的是对已完工程做出结论，因此，分析的结果必须是客观的，不能含有主观臆断。

7）评价的结论不同

工程项目的前评估主要是分析和评价拟建项目是否在各个方面可行，是为项目立项提供依据，因此得出的结论是项目是否可行。工程项目的中评判是为了分析当前的管控对象是否达到了规定的标准，如果与预定的标准存在偏差，就要找出存在的问题，并进行处理。而工程项目的后评价则是分析和评价已完成的对象是否达到预期目标，其结论是工程项目在技术、经济和效益等方面是否达到预期目的。

工程项目后评价与前评估和中评判的主要区别如表 7.3 所示。

表 7.3 工程项目后评价与前评估和中评判的主要区别

评价类别	前评估	中评判	后评价
评价时间	项目立项前	项目实施中	项目完成后
评价目的	项目决策	发现问题	总结经验
评价单位	项目主管单位	工程建设单位	项目第三方
评价数据	参考数据不能肯定	即时数据可以修正	事实数据不可改变
评价对象	拟建虚体或多个方案	正在形成的实体	已成事实的实体
评价准则	科学性	正确性	客观性
评价结论	项目是否可行	是否达到规定标准	是否实现预期目标

7.2　应用案例

为加强国家电网的投资管理，及时发现已完工程与其计划目标的差距，从中总结工程项目建设管理的经验和教训，改进工程项目的投资决策机制，根据《中央企业固定资产投资项目后评价工作指南》和国家电网公司的《固定资产投资项目后评价实施细则》的有关要求，某大型电力公司决定对该公司已完工程——110 千伏变电站进行工程财务后评价，以期通过对该工程全面系统的经济分析和财务评价，对该工程实施后的经济状况做出科学、正确的判定。同时要求，通过对工程实施现状的分析和预测，了解和掌握该工程的后期效益发展趋势，为进一步提高企业的工程项目管理水平、最大限度地发挥所建工程的作用、提高工程项目的投资效益提供科学的管理依据。

7.2.1　工程项目简介

该 110 千伏变电站工程项目是于 2010 年 8 月经国家发展和改革委员会批准的、由某大型电网有限公司作为项目法人而实施的区域电网升级改造工程项目。该工程批准总投资额为 7 537 万元，建设内容主要包括新建 110 千伏变电站一座、新建 110 千伏双回架空线路、配套建设 35 千伏变电站及 35 千伏架空线路。其中，110 千伏变电站位于某市东南方向，站区自然地面标高为 108 米，抗震设防烈度为 7 度。变电站站区围墙内占地面积 3 937.50 平方米，约合 5.91 亩。总征地面积 5 193.54 平方米，约合 7.79 亩（包括阴地、进站道路），站址为非基本农田。为建设此项工程，变电站北部和中部乡间路需改道，西侧通信光缆电杆需改变路径，需对站址占用的农田进行赔偿。站内设 10 千伏配电室一座、35 千伏配电室一座，建筑面积 572.33 平方米。该变电站设计采用国家电网公司变电站典型设计 110-A-2 方案、110 千伏设备室外布置、35 千伏及 10 千伏设备室内布置采用国家电网公司变电站典型设计方案。

1. 工程建设内容

从工程建设内容来看，110 千伏变电站工程建设内容主要分为三个部分：一是 110 千伏变电站的土建工程；二是 110 千伏变电站的线路工程；三是 110 千伏变电站的设备安装工程。

1）土建工程

变电站为矩形建筑，站内设综合配电室和 35 千伏开关室，总建筑面积为 584.22 平方米。综合配电室有 10 千伏配电室、主控室、站用变室、工具间及值班室等，建筑面积为 410.75 平方米。10 千伏配电室层高 4.8 米，主控制室层高 4.2 米。35 千伏开关室建筑面积为 173.47 平方米，层高为 4.8 米。设备房间地面为自流平地面，主控室等房间为地砖地面。内墙为中级抹灰涂白色乳胶漆，顶棚采用矿棉板吊顶，卫生间顶棚为聚氯乙烯吊顶，其他板底刷乳胶漆。门窗以塑钢双层中空玻璃门窗为主，设备之间门均为钢质乙级防火门。外墙外侧 20 毫米厚水泥聚合物砂浆，外刷自洁性好的弹性涂料，埋入地下墙体采用实心砖做防水。屋面保温层采用 70 毫米厚聚苯板，防水层为两道卷材设防。

在建筑结构上，结构形式均为一层框架结构建筑。基础采用钢筋混凝土柱下条形基础，基础埋深约为 2.5 米。内墙砌筑采用混凝土空心砖，墙体材料采用 250 毫米厚加气混凝土砌块。现浇钢筋混凝土梁、板、柱、基础混凝土强度等级为 C30，垫层混凝土强度等级为 C15，钢筋采用 HPB235 级、HRB335 级，钢材为 Q235B。根据建构筑物基底设计标高，建筑物基础直接座至老土层，变压器等屋外设备基础采用对浅层工程性质较差的杂填土层进行挖除换填工作，换填材料可考虑级配砂石，压实系数不小于 0.96。

在排水方面，该工程采用雨水、污水分流排水系统。场区内雨水实施有组织排水，排入站外排水沟。配电室内的生活污水经过化粪池排入渗水井。在采暖通风方面，二次设备室及办公、厕所、值班室等采暖设施采用空调及电暖气采暖。通风采用自然进风和机械排风系统，排风采用低噪声通风设备，进风为百叶窗自然进风。

在照明方面，站内动力及照明系统采用三相五线制供电，电源由站用电屏分别引接放射式供电，线路电压为 380 伏/220 伏。在各个设备间、设备区设动力检修箱或动力检修插座。根据使用功能及环境的不同，照明灯具选用荧光灯、投光灯、吸顶灯、防潮吸顶灯、壁灯、大门柱灯。所有灯具均选用节能型光源。

在消防方面，室内共设 26 个消防器材箱，每个箱内放 4 个干粉灭火器，共设 6 具 35 千克推车式干粉灭火器，分别放在 110 千伏 GIS（gas insulated switchgear，即气体绝缘组合电气设备）室、10 千伏开关室及室外主变压器旁。站内设停电事故照明与火灾疏散应急照明两个系统。在各设备间设事故照明灯，并设有专用事故照明电源箱。站内设置一套火灾自动报警系统，采用集中报警方式，保护对象等级为二级。

屋外设备支架柱采用 Φ300 毫米、等径钢筋混凝土环形杆。设备支架柱基础为钢筋混凝土插入式杯口基础。主变压器基础采用大块式混凝土基础。事故贮油池及事故油水分离池为砖砌。厂区电缆沟为混凝土或钢筋混凝土沟壁，角板边框为轻型盖板，设备构支架及沟内支架为镀锌角钢、圆钢加工制作。避雷针采用钢管型。

变电站围墙采用砖砌实体围墙，墙高 2.5 米，占地面积为 3 937.50 平方米。站内设混凝土道路，与站外道路相连，设备区场地做硬化处理，敷设混凝土彩色透水砖。变电所设大门一座，控制开关设在 10 千伏综合配电室值班室。

2）线路工程

新建 110 千伏变电站电压等级为 110 千伏/35 千伏/10 千伏，与变压器相配套，需要新增 110 千伏出线终期 2 回，建设 2 回，采取内桥接线。35 千伏出线终期 6 回，建设 6 回，采用单母线分段接线。10 千伏出线终期 12 回，建设 12 回，采用单母线分段接线。

2 台主变压器布置在站区中部，配电综合室在站区南部，35 千伏开关室在站区东南部。110 千伏由北侧进线，10 千伏出线在西侧，35 千伏出线在东侧。

3）设备安装工程

在工程设备方面，该工程将新增 110 千伏主变容量 2*50 兆伏安，主变压器型号为 SZ9-50000/110，配置两台 6 000 千乏电容器。110 千伏配电装置采用室外设备布置，隔离开关额定电流为 2 000 安，断路器额定电流为 3 150 安，额定热稳定电流为 40 千安，额定动稳定电流为 100 千安。电流互感器额定电流选用 600~1 200 安。

配套的 35 千伏开关柜采用金属铠装中置式开关柜，内装真空断路器。开关室内开关柜为单列布置，电缆进线，电缆型号 ZR-YJLV02-26/35 千伏，35 千伏均为电缆出线，由变电站东侧引。10 千伏开关柜采用金属铠装中置式开关柜，内装真空断路器。10 千伏开关室内开关柜为双列布置，室内进线桥 2 跨及母线桥两跨母线型号 2（TMY-120×10），10 千伏均为电缆出线，由变电站西侧引出；10 千伏电容器采用室外布置，位于变电站西北侧。

为保障设备安全，该站接地网采用边缘闭合的方孔式复合接地网，网孔距离 5 米。在 110 千伏母线处、35 千伏开关柜母线处、10 千伏主变压器出口及开关柜母线处配置避雷器。各级电压配电装置对雷电侵入波的过电压保护装置均采用氧化锌避雷器。此外，设两基 35 米独立避雷针，一基 35 米架构避雷针用于室外设备的防直击雷保护。

在通信方面，该站采用微机监控系统实现全站的遥控、遥测、遥信、遥调及远动功能。监控系统采用网络式分层分布式结构，分站控层、间隔层。站控层采用双以太网，间隔层采用双以太网或现场总线。

2. 工程建设目标

根据该工程设计和规划批复文件要求，工程建设的总目标为工程质量须符合设计及国家有关验收规范，满足国家电网公司达标投产的要求，力争创建优质工程，具体要求分别如下。

（1）在质量方面，分项工程合格率为 100%，单位工程优良率为 100%，观感得分率大于 95%，工程无永久质量缺陷，工程带负荷一次启动成功。工程进行零缺陷移交。

（2）在费用方面，投资目标为工程建成后，最终投资符合审批概算中的静态和动态投资要求，进度结算款不得超过结算期实际工程总量应结算的价款，工程结算款不超过合同价，结算价不超过概算费用，概算中各单项费用不得超过批准概算。

（3）在安全方面，不得发生人身伤亡事故，不发生因工程建设引起的电网和设备事故，不发生一般机械设备损坏事故，不发生火灾和环境污染事故，不发生重大交通事故。

（4）在进度方面，根据工程计划要求，该工程计划于 2011 年 3 月开工，2011 年 10 月竣工。实际为于 2011 年 3 月 15 日开工，2011 年 12 月 25 日竣工，2011 年 12 月 26 日试运行，2011 年 12 月 27 日完成 24 小时试运行。在经验收委员会确认符合验收交接条件后，于 2011 年 12 月 28 日移交生产运行单位并正式投入运行。

3. 工程投资情况

经国家发展和改革委员会批准，该工程总投资额为 7 537 万元，核定初步设计概算总投资为 7 419 万元。

（1）110 千伏变电站工程概算总投资为 33 324 285.54 元，实际投资为 22 913 260.71 元。

（2）站端系统通信工程初步设计概算为 363 万元，其中，建设期贷款利息 4 万元。

（3）35 千伏变电站工程初步设计概算为 1 702 万元，其中，建设期贷款利息 20 万元。

（4）110 千伏线路工程初步设计概算为 285 万元，其中，建设期贷款利息 7 万元。

（5）110 千伏 OPGW 光缆工程初步设计概算为 9 万元，其中，建设期贷款利息为 0 元。

（6）35 千伏线路切改工程初步设计概算为 1 613 万元，其中，建设期贷款利息 39 万元。

（7）ADSS（all dielectric self-supporting，即全介质自承式）光缆工程初步设计概算为 114 万元，其中建设期贷款利息 3 万元。

工程投资由业主负责筹建，并实行统借统还，建设单位代表业主对工程资金实行专项存储，专款专用。

7.2.2 评价原则

按照国家工程建设主管部门和国家电网公司关于工程项目后评价的有关规定，项目后评价应遵循独立、客观、公正、科学的原则。为了对该工程进行科学的分析和评价并得出正确有效的结论，为今后提高工程投资决策和项目管理水平、改进和完善相关政策与制度提供科学的依据,该项目的后评价还规定在评价中必须遵循以下几个方面的原则。

1）基础数据的客观性原则

在对该工程项目进行财务后评价的过程中，所用的第一手数据要完全以该工程的实际数据为基础数据，与此相关的其他二手数据也必须是基于一手数据且依据科学理论而推导出的数据，不能使用任何非客观数据。

2）相关数据的可靠性原则

在对该工程项目进行财务后评价的过程中，如果不可避免地需要参阅该工程以外的其他类似工程相关数据，这些数据必须具有显著的可靠性和可信性，且数据来源的工程也必须是本地区的具有完全近似背景的工程，确保所用数据的高相关性、可靠性和可用性。

3）所用方法的有效性原则

评价中所使用的方法必须是成熟可靠的方法，必须有科学的理论做基础，以确保评价结果的科学性和有效性。

4）评价结论的客观性原则

最后给出的评价结果必须源于评价所得出的相关分析数据，且评价结论与分析数据必须相互对应。在评价结果中指出的问题或给出的建议也必须有相应的客观依据，不能包含评价者的任何主观臆断。

7.2.3 评价依据

为确保该工程后评价结果的科学性、客观性、真实性和有效性，在该工程项目的后评价中，评价所采用的若干标准和规则等都是以《中央企业固定资产投资项目后评价工作指南》、《国家电网公司固定资产投资项目后评价实施细则（试行）》（国家电网发展〔2005〕656 号）、《输变电工程经济评价导则》（DL/T5438—2009）和《建设项目经济评价方法与参数》为后评价的依据。此外，国家的有关税收政策和规划要求、当地发展和改革委员会批准的文书、该工程相关单位提供的原项目建议书、可行性研究说明书、工程概预算决算报告、工程核准和批复文件、工程建设管理纲要、工程会议纪要、监理实施细则、竣工报告、工程总结、有关合同、工程建设的有关手续等也是该工程项目财务后评价的主要依据。

除上述资料外，为了满足该工程财务后评价深度分析的需求，以便提出有价值的分析结果，工程项目后评价以这些工程资料和文件为基础数据，通过必要的数学建模和数理推导，结合若干该工程的初始建设设想与要求，设定该工程财务评价的几个重要参数分别如下。

（1）设计水平年取至 2015 年。

（2）经营期按 25 年计取。

（3）折旧期按 12 年计，残值率按 5%取值。

（4）行业基准折现率按 7%计取。

（5）工资福利及劳保费每年按 2%的比例递增。

（6）保险费按照资产原值的 1.237 2%比率计提。

（7）收入分摊系数设定为 0.326。

（8）综合线损率按 6.17%计取。

（9）变损率按 0.30%计取。

7.2.4 评级内容与方法

根据该工程后评价委托单位的评价目的可知，通过对该工程的后评价，建设单位拟了解和掌握该工程建设费用中是否存在有关问题，这些问题与预期目标的偏差程度以及对工程费用所造成的影响。在此基础上，还希望通过后评价，了解和掌握该工程的内部收益率、财务净现值、投资回收期、投资利润率和投资利税率等财务状况，为分析和预测工程项目的经济效益提供科学的依据。据此，后评价小组将该项目的后评价内容分为如下四大部分。

1）工程投资效果后评价

在对该工程投资效果的评价中，可依据该工程的概算和决算有关数据，全面系统地了解和掌握该工程各个子项的费用状况，并通过相互之间的对比与分析，发现工程建设费用中存在的问题和偏差，为企业提高工程项目管理水平提供科学的依据。

2）工程经济效益后评价

工程经济效益后评价是基于工程决算和财务报表进行的工程项目经济指标分析。通过这一分析，即可获知该工程的内部收益率、财务净现值、投资回收期、投资利润率等主要财务数据，据此即可从财务管理角度，分析该工程的投资状况及其经济效益。

3）盈亏平衡分析

在获取该工程若干主要财务数据后，通过盈亏平衡分析即可得知该工程在其今后运营中的总体经济效益与发展趋势，为今后类似工程的投资与决策提供有价值的参考。

4）敏感性分析

同样，在获取该工程若干主要财务数据后，通过敏感性分析即可得知该工程在其今后运营中，必须对哪些因素进行管控才能实现工程项目的预期目标，为提高工程项目的管控能力提供科学依据。

基于这两个方面的分析与评价要求，该工程后评价采用了成熟经典的工程经济学财务后评价分析方法。

7.2.5 工程财务后评价

根据该工程财务后评价的需求，后评价内容将从四个方面展开，即工程投资效果后评价、工程经济效益后评价、盈亏平衡分析和敏感性分析，现分述如下。

1. 工程投资效果后评价

根据该工程 110 千伏变电站工程竣工决算报表可知，该工程概算投资为 3 332.43 万元，实际费用为 2 291.33 万元，实际费用比概算投资减少 1 041.1 万元，节约资金 31.24%。该工程主要项目变化的具体情况如表 7.4 所示。

表 7.4 110 千伏变电站概决算分值对比表（单位：%）

栏目/行次	工程项目	建筑工程增减率	安装工程增减率	设备价值增减率	其他费用增减率
01	主辅生产工程	6.51	−0.11	−43.66	
01.01	主要生产工程	8.99	−0.11	−43.63	
01.01.01	主变压器系统		0.00	−57.34	
01.01.01.01	主变压器		0.00	−57.34	
01.01.02	配电装置		0.00	−3.49	
01.01.02.01	屋内配电装置		0.00	−2.69	
01.01.02.01.01	35 千伏配电装置屋内		0.00	−0.84	
01.01.02.01.02	10 千伏配电装置屋内		0.00	−4.48	
01.01.02.02	屋外配电装置		0.00	−6.24	
01.01.02.02.01	110 千伏配电装置屋外		0.00	−6.24	
01.01.03	无功补偿		−43.37	−56.69	
01.01.03.01	电容器		−43.37	−56.69	
01.01.04	控制及直流系统		0.00	−96.94	
01.01.04.01	计算机监控检测系统		0.00	−100.00	
01.01.04.02	继电保护		0.00	−100.00	
01.01.04.03	直流系统		0.00	−70.90	
01.01.04.04	图像监视及安防系统			−90.46	
01.01.04.05	火灾报警系统			−90.46	
01.01.05	站用电系统		0.00	−0.11	
01.01.05.01	站用变压器		0.00	−0.08	

续表

栏目/行次	工程项目	建筑工程增减率	安装工程增减率	设备价值增减率	其他费用增减率
01.01.05.02	站用配电装置		0.00	−0.14	
01.01.06	电缆及接地		−8.20		
01.01.06.01	全站电缆		−5.50		
01.01.06.02	全站接地		−15.94		
01.01.07	主要生产建筑	0.00		−100.00	
01.01.07.01	主控制室	0.00		−100.00	
01.01.08	屋外配电装置建筑	0.00		−100.00	
01.01.08.04	电缆沟道	0.00		−100.00	
01.02	辅助生产工程	0.00	0.00	−52.41	
01.02.03	辅助生产系统			−52.41	
01.02.03.01	试验设备			−52.41	
02	其他单项工程	0.00	0.00	0.00	
03	其他费用				−32.59
03.01	场地征用及清理费				−45.92
03.01.01	土地征用费				−38.31
03.01.02	余物清理费				−100.00
03.02	项目建设管理费				−26.92
03.02.01	项目法人管理费				−4.47
03.02.02	招标费				−84.07
03.02.03	工程监理费				−12.00
03.02.04	设备监造费				−77.50
03.03	项目建设技术服务费				−4.12
03.03.01	项目前期工作费				220.25
03.03.02	勘察设计费				−10.95
03.03.02.01	勘察费				−59.25
03.03.02.02	设计费				−0.50
03.03.03	设计文件评审费				−22.54
03.03.03.01	初步设计评审费				−20.00
03.03.03.02	可研设计文件评审费				−25.93
03.03.04	项目后评价费				−100.00
03.03.05	工程建设监督检测费				−93.24
03.03.05.01	工程质量检测费				−50.00
03.03.05.02	环境监测验收费				−70.00
03.03.05.03	水保验收及补偿费				−100.00
03.03.06	标准编制管理				−100.00
03.04	分系统调试				0.00
03.04.01	分系统调试费				0.00

续表

栏目/行次	工程项目	建筑工程增减率	安装工程增减率	设备价值增减率	其他费用增减率
03.05	生产准备费				−100.00
03.05.01	管理车辆购置费				−100.00
03.05.02	工器具及家具购置费				−100.00
03.05.03	职工培训及进厂费				−100.00
03.06	基本预备费				−100.00
04	编制年价差	0.00	−100.00		
05	建设期贷款利息				−100.00
	合计	5.06	−6.46	−43.66	−38.40

通过对该工程概算与决算实际数据变化量与变化率的对比分析，从工程项目管理与投资决策角度，可得出以下结果。

（1）该工程概算投资为 3 332.43 万元，实际造价为 2 291.33 万元，总体节约资金 1 041.1 万元，节约率为 31.24%。其中，建筑工程增加额为 22.56 万元，相应的增加率为 5.06%；设备费用减少额为 773.62 万元，相应的设备价值增减率为 43.66%；安装工程费减少额为 27.9 万元，相应的减少率为 6.46%；其他费用减少额为 262.14 万元，相应的减少率为 38.40%。

（2）在建筑工程费用中，实际发生的建筑工程费为 468.3 万元，比概算超出了 22.56 万元。从工程档案查阅得知，这笔费用主要用于三个方面：一是在地基施工中，由于地质问题出现了超挖现象，增加了土方量和混凝土用量；二是在施工中由于天气影响，暴雨冲塌了站外壕沟，土方挖掘和毛石护坡长度发生较大的设计变更，增加了工程费用；三是施工中出现了电缆沟积水问题，进行了设计变更，由此出现了费用超资现象。

（3）在设备费用中，实际发生的工程设备费为 998.38 万元，比概算减少了 773.62 万元，这笔费用主要发生在主变压器、电容器、计算机监控和检测系统、继电保护器件、直流系统、图像监视及安防系统以及火灾报警系统等设备的价格调整上。

（4）在安装工程费用中，实际发生的工程安装费为 404.13 万元，比概算减少了 27.9 万元，这笔费用主要发生在电容器和电缆及接地两个项目上。

（5）在其他工程费用中，实际产生的其他费为 420.5 万元，比概算减少了 262.14 万元，这笔费用主要发生在建设场地征用及清理费、建设管理费、技术服务费、生产准备费和基本预备费等科目上。

（6）项目前期工作费超资 31.31 万元，经调查后得知，项目前期工作费超资的原因主要是在项目决策前期，企业套用的概算定额为 2006 版电力工程概算定额，该定额条目划分不够全面，尚有许多未列的明细项，因此，在套用定额的过程中，容易缺项漏项，导致实际价格超出概算价格。

2. 工程经济效益后评价

对工程项目的经济效益进行后评价需要预先确定工程项目若干基本参数，在此基础上方可对工程项目进行经济效益后评价。这些基本参数主要包含工程项目投入类基本参数和产出类基本参数。其中，投入类基本参数是指工程项目建设投资和运营中发生的各项成本费用等数据，产出类基本参数主要是售电收益相关的电价、售电量、分摊系数和税费计算的相关参数等数据。

1）工程项目建设投资相关参数

根据该工程竣工决算报表可知，该工程实际完成总投资为 22 913 260.71 元，全部为自有资金。结合公司管理规定和电力生产实际现状，变电站投运后不需流动资金。实际建设期为 1 年，经营期为 25 年。考虑银行利率和风险因素，折现率取行业基准折现率 7%为财务后评价的基本参数。

2）变电站运营期成本费用相关参数

此类数据主要包括折旧费、工资福利及劳保费、保险费率、维护修理费及其他费用。

（1）折旧费：按照国家固定资产管理有关规定，该项目采用双倍余额折旧方法计提各年折旧费，折旧期为 12 年，残值率取 5%。

（2）工资福利及劳保费：工资福利及劳保费按照该站分摊的工作人员及值守人员总工资福利及劳保费用取值，每年按 2%的比例递增。据该公司财务人员所提供的数据可知，2013 年，该站工资福利及劳保费为 480 000 元。

（3）保险费率：按照国家固定资产管理规定，保险费按照资产原值 1.237 2%比率进行计提。

（4）维护修理费：按照该地区相同容量 110 千伏变电站的维护修理情况，前两年不产生维修费用。结合该公司的管理能力，从第三年开始，维护修理费为 78 000 元，以后各年按 3%的比例递增。

（5）其他费用：该公司结合自身管理能力，设定其他费用初始值为 130 000 元，以后每年按 1%的比例递增。

3）税费计算的相关参数

按照国家有关规定，电力产品增值税税率为 17%。销售税金包括教育费附加和城市维护建设税，以增值税税额为计算基数，税率分别为 3%和 7%。企业利润按应纳税所得额计算，税率为 25%；税后利润提取 15%的盈余公积后的剩余部分为可分配利润。

4）产出类相关参数

此类数据主要包括电量、电价和变电站收入分摊系数三项数据。

（1）电量：根据该变电站实际用电负荷及该企业实际测量可知，2013 年售电量为 0.8 亿千瓦时，2014 年售电量为 0.9 亿千瓦时，2015 年售电量为 1.05 亿千瓦时，以后各年按照 5%的比例递增。

（2）电价：该变电站所在地区平均购电价（不含税）为 365.07 元/兆瓦时，平均售电价（不含税）为 513.74 元/兆瓦时。

（3）变电站收入分摊系数：根据该公司其他已建的同类项目可知，该站收入的分摊系数取 0.326 最为合理。

据该公司历史管理有关数据可知，该变电站所在地区综合线损率为 6.17%，变损率为 0.3%。财务后评价主要基本参数如表 7.5 所示。

表 7.5 财务后评价主要基本参数

序号	项目	取值	备注
1	总投资	22 913 260.71 元	
2	建设期	1 年	
3	经营期	25 年	
4	平均购电价（不含税）	365.07 元/兆瓦时	
5	平均售电价（不含税）	513.74 元/兆瓦时	
6	综合线损率	6.17%	
7	变损率	0.30%	
8	收入分摊系数	0.326	
9	工资福利及劳保费	480 000 元	每年按 2%比例递增
10	保险费率	1.237 2%	
11	其他费用	130 000 元（2013 年）	每年按 1%比例递增

在完成上述主要参数分析之后，为分析和预测该工程的财务状况及其寿命周期内的预期收益与费用变化情况，基于该工程建成后运行一年多的实际数据，后评价组分别编制了该工程实际建设投资构成表、销售收入分摊及税金计算表、总成本费用估算表、损益表、资金来源与运用表、现金流量表及资产负债表，这些表的具体科目及各年份的数据分别如表 7.6~表 7.12 所示。在各项报表中，统一规定该工程的项目运营期计算值取 25 年，第 0 年为该工程的建设期，第 1 年开始运行至第 25 年结束，不计流动资金。此外，由于该工程的资金来源完全是该公司自有资金，故债务方面的会计科目均未考虑，现金流量表也没有进行全部投资和资本金的核算。

表 7.6 实际建设投资构成表

序号	项目	建筑工程	安装工程	设备价值	其他费用	合计
1	固定资产费用/元	4 683 006	4 041 341.99	9 983 838.4	4 205 074.3	22 913 260.69
1.1	变电站工程/元	4 683 006	4 041 341.99	9 983 838.4	4 205 074.3	22 913 260.71
1.2.1	主辅生产工程/元	3 690 545.7	4 041 341.99	9 983 838.4	0	17 715 726.09
1.2.2	相关单项工程/元	484 727	0	0	0	484 727
1.2.3	其他费用/元	0	0	0	4 205 074.3	4 205 074.30
1.2.4	编制年价差/元	507 733.21	0	0	0	507 733.21
2	无形资产费用/元	0	0	0	0	0
3	其他资产费用/元	0	0	0	0	0
4	预备费/元	0	0	0	0	0
4.1	基本预备费/元	0	0	0	0	0
4.2	涨价预备费/元	0	0	0	0	0
5	建设投资合计/元	4 683 006	4 041 341.99	9 983 838.4	4 205 074.3	22 913 260.69
	比例/%	20.44	17.64	43.57	18.35	100.00

表 7.7　销售收入分摊及税金计算表

年数	销售量/亿千瓦时	购入电价/（元/兆瓦时）	销售电价/（元/兆瓦时）	销售收入/元
1	0.8	365.07	513.74	11 893 600.00
2	0.94	365.07	513.74	13 974 980.00
3	1.05	365.07	513.74	15 610 350.00
4	1.1	365.07	513.74	16 382 736.13
5	1.16	365.07	513.74	17 201 872.94
6	1.21	365.07	513.74	18 061 966.59
7	1.28	365.07	513.74	18 965 064.92
8	1.34	365.07	513.74	19 913 318.16
9	1.41	365.07	513.74	20 908 984.07
10	1.48	365.07	513.74	21 954 433.28
11	1.55	365.07	513.74	23 052 154.94
12	1.63	365.07	513.74	24 204 762.69
13	1.71	365.07	513.74	25 415 000.82
14	1.79	365.07	513.74	26 685 750.86
15	1.88	365.07	513.74	28 020 038.40
16	1.98	365.07	513.74	29 421 040.33
17	2.08	365.07	513.74	30 892 092.34
18	2.18	365.07	513.74	32 436 696.96
19	2.29	365.07	513.74	34 058 531.81
20	2.41	365.07	513.74	35 761 458.40
21	2.53	365.07	513.74	37 549 531.32
22	2.65	365.07	513.74	39 427 007.88
23	2.78	365.07	513.74	41 398 358.28
24	2.92	365.07	513.74	43 468 276.19
25	3.07	365.07	513.74	45 641 690.00
年数	变电站分摊收入/元	销售税金及附加/元	城市维护建设税/元	教育费附加/元
1	3 877 313.600	65 914.33	46 140.03	19 774.30
2	4 555 843.480	77 449.34	54 214.54	23 234.80
3	5 088 974.100	86 512.56	60 558.79	25 953.70
4	5 340 771.980	90 793.12	63 555.19	27 237.90
5	5 607 810.579	95 332.78	66 732.95	28 599.80
6	5 888 201.108	100 099.42	70 069.59	30 029.80
7	6 182 611.163	105 104.39	73 573.07	31 531.30
8	6 491 741.721	110 359.61	77 251.73	33 107.80
9	6 816 328.808	115 877.59	81 114.31	34 763.20
10	7 157 145.248	121 671.47	85 170.03	36 501.40
11	7 515 002.510	127 755.04	89 428.53	38 326.50
12	7 890 752.636	134 142.79	93 899.96	40 242.80
13	8 285 290.268	140 849.93	98 594.95	42 254.90
14	8 699 554.781	147 892.43	103 524.70	44 367.70
15	9 134 532.520	155 287.05	108 700.90	46 586.10
16	9 591 259.146	163 051.41	114 135.90	48 915.40

续表

年数	变电站分摊收入/元	销售税金及附加/元	城市维护建设税/元	教育费附加/元
17	10 070 822.100	171 203.98	119 842.70	51 361.10
18	10 574 363.210	179 764.17	125 834.90	53 929.20
19	11 103 081.370	188 752.38	132 126.60	56 625.70
20	11 658 235.440	198 190.00	138 733.00	59 457.00
21	12 241 147.210	208 099.50	145 669.60	62 429.80
22	12 853 204.570	218 504.48	152 953.10	65 551.30
23	13 495 864.800	229 429.70	160 600.70	68 828.90
24	14 170 658.040	240 901.19	168 630.80	72 270.30
25	14 879 190.940	252 946.25	177 062.30	75 883.80

表 7.8 总成本费用估算表（单位：元）

年数	工资福利费	保险费	运行修理费	其他费用	经营成本	折旧费	总成本费用
1	480 000	28 348.29	0	130 000	638 348.29	3 818 876.79	4 457 225.07
2	489 600	28 348.29	0	131 300	649 248.29	3 182 397.32	3 831 645.61
3	499 392	28 348.29	78 000	132 613	738 353.29	2 651 997.77	3 390 351.05
4	509 379.84	28 348.29	80 340	133 939.13	752 007.26	2 209 998.14	2 962 005.40
5	519 567.44	28 348.29	82 750.2	135 278.52	765 944.44	1 841 665.12	2 607 609.56
6	529 958.79	28 348.29	85 232.71	136 631.31	780 171.08	1 534 720.93	2 314 892.01
7	540 557.96	28 348.29	87 789.69	137 997.62	794 693.55	1 278 934.11	2 073 627.66
8	551 369.12	28 348.29	90 423.38	139 377.6	809 518.38	1 065 778.42	1 875 296.80
9	562 396.5	28 348.29	93 136.08	140 771.37	824 652.24	888 148.69	1 712 800.93
10	573 644.43	28 348.29	95 930.16	142 179.09	840 101.97	740 123.91	1 580 225.87
11	585 117.32	28 348.29	98 808.07	143 600.88	855 874.55	1 277 478.25	2 133 352.80
12	596 819.67	28 348.29	101 772.31	145 036.89	871 977.15	1 277 478.25	2 149 455.39
13	608 756.06	28 348.29	104 825.48	146 487.25	888 417.08	—	888 417.08
14	620 931.18	28 348.29	107 970.24	147 952.13	905 201.84	—	905 201.84
15	633 349.81	28 348.29	111 209.35	149 431.65	922 339.09	—	922 339.09
16	646 016.8	28 348.29	114 545.63	150 925.96	939 836.68	—	939 836.68
17	658 937.14	28 348.29	117 982	152 435.22	957 702.65	—	957 702.65
18	672 115.88	28 348.29	121 521.46	153 959.58	975 945.20	—	975 945.2
19	685 558.2	28 348.29	125 167.1	155 499.17	994 572.76	—	994 572.76
20	699 269.36	28 348.29	128 922.12	157 054.16	1 013 593.93	—	1 013 593.93
21	713 254.75	28 348.29	132 789.78	158 624.71	1 033 017.52	—	1 033 017.52
22	727 519.85	28 348.29	136 773.47	160 210.95	1 052 852.56	—	1 052 852.56
23	742 070.24	28 348.29	140 876.68	161 813.06	1 073 108.27	—	1 073 108.27
24	756 911.65	28 348.29	145 102.98	163 431.19	1 093 794.1	—	1 093 794.1
25	772 049.88	28 348.29	149 456.07	165 065.5	1 114 919.74	—	1 114 919.74

表 7.9　损益表（单位：元）

年数	分摊收入	销售税金及附加	总成本费用	利润总额	弥补以前年度亏损	未分配利润
1	3 877 313.6	65 914.3	4 457 225.1	0.0	0.0	0.0
2	4 555 843.5	77 449.3	3 831 645.6	646 748.5	645 825.8	549 540.2
3	5 088 974.1	86 512.6	3 390 351.1	1 612 110.5	0.0	1 027 720.4
4	5 340 772.0	90 793.1	2 962 005.4	2 287 973.5	0.0	1 458 583.1
5	5 607 810.6	95 332.8	2 607 609.6	2 904 868.2	0.0	1 851 853.5
6	5 888 201.1	100 099.4	2 314 892.0	3 473 209.7	0.0	2 214 171.2
7	6 182 611.2	105 104.4	2 073 627.7	4 003 879.1	0.0	2 552 472.9
8	6 491 741.7	110 359.6	1 875 296.8	4 506 085.3	0.0	2 872 629.4
9	6 816 328.8	115 877.6	1 712 800.9	4 987 650.3	0.0	3 179 627.1
10	7 157 145.3	121 671.5	1 580 225.9	5 455 247.9	0.0	3 477 720.5
11	7 515 002.5	127 755.0	2 133 352.8	5 253 894.7	0.0	3 349 357.9
12	7 890 752.6	134 142.8	2 149 455.4	5 607 154.5	0.0	3 574 561.0
13	8 285 290.3	140 849.9	888 417.1	7 256 023.3	0.0	4 625 714.8
14	8 699 554.8	147 892.4	905 201.8	7 646 460.5	0.0	4 874 618.6
15	9 134 532.5	155 287.1	922 339.1	8 056 906.4	0.0	5 136 277.8
16	9 591 259.2	163 051.4	939 836.7	8 488 371.1	0.0	5 411 336.6
17	10 070 822.1	171 204.0	957 702.7	8 941 915.5	0.0	5 700 471.1
18	10 574 363.2	179 764.2	975 945.2	9 418 653.8	0.0	6 004 391.8
19	11 103 081.4	188 752.4	994 572.8	9 919 756.2	0.0	6 323 844.6
20	11 658 235.4	198 190.0	1 013 593.9	10 446 451.5	0.0	6 659 612.8
21	12 241 147.2	208 099.5	1 033 017.5	11 000 030.2	0.0	7 012 519.2
22	12 853 204.6	218 504.5	1 052 852.6	11 581 847.5	0.0	7 383 427.8
23	13 495 864.8	229 429.7	1 073 108.3	12 193 326.8	0.0	7 773 245.9
24	14 170 658.0	240 901.2	1 093 794.1	12 835 962.8	0.0	8 182 926.3
25	14 879 190.9	252 946.3	1 114 919.7	13 511 325.0	0.0	8 613 469.7

年数	所得税（25%）	净利润	可供分配利润	提取法定盈余公积金（10%）	提取任意盈余公益金（5%）
1	0.0	0.0	0.0	0.0	0.0
2	230.7	646 517.9	646 517.9	64 651.8	32 325.9
3	403 027.6	1 209 082.9	1 209 082.9	120 908.3	60 454.1
4	571 993.4	1 715 980.1	1 715 980.1	171 598.0	85 799.0
5	726 217.1	2 178 651.2	2 178 651.2	217 865.1	108 932.6
6	868 302.4	2 604 907.3	2 604 907.3	260 490.7	130 245.4
7	1 000 969.8	3 002 909.3	3 002 909.3	300 290.9	150 145.5
8	1 126 521.3	3 379 564.0	3 379 564.0	337 956.4	168 978.2
9	1 246 912.6	3 740 737.7	3 740 737.7	374 073.8	187 036.9
10	1 363 812.0	4 091 435.9	4 091 435.9	409 143.6	204 571.8
11	1 313 473.7	3 940 421.0	3 940 421.0	394 042.1	197 021.1
12	1 401 788.6	4 205 365.8	4 205 365.8	420 536.6	210 268.3

续表

年数	所得税（25%）	净利润	可供分配利润	提取法定盈余公积金（10%）	提取任意盈余公益金（5%）
13	1 814 005.8	5 442 017.4	5 442 017.4	544 201.7	272 100.9
14	1 911 615.1	5 734 845.4	5 734 845.4	573 484.5	286 742.3
15	2 014 226.6	6 042 679.8	6 042 679.8	604 268.0	302 134.0
16	2 122 092.8	6 366 278.3	6 366 278.3	636 627.8	318 313.9
17	2 235 478.9	6 706 436.6	6 706 436.6	670 643.7	335 321.8
18	2 354 663.5	7 063 990.4	7 063 990.4	706 399.0	353 199.5
19	2 479 939.1	7 439 817.2	7 439 817.2	743 981.7	371 990.9
20	2 611 612.9	7 834 838.6	7 834 838.6	783 483.9	391 741.9
21	2 750 007.6	8 250 022.6	8 250 022.6	825 002.3	412 501.1
22	2 895 461.9	8 686 385.7	8 686 385.7	868 638.6	434 319.3
23	3 048 331.7	9 144 995.1	9 144 995.1	914 499.5	457 249.8
24	3 208 990.7	9 626 972.1	9 626 972.1	962 697.2	481 348.6
25	3 377 831.2	10 133 493.7	10 133 493.7	1 013 349.4	506 674.7

表 7.10 资金来源与运用表（单位：元）

年数	资金来源				
	合计	利润总额	折旧费	自有资金	回收固定资产余值
0	22 913 260.71	—	—	22 913 260.71	—
1	3 173 050.99	-645 825.80	3 818 876.79	—	—
2	3 829 145.85	646 748.53	3 182 397.32	—	—
3	4 264 108.26	1 612 110.49	2 651 997.77	—	—
4	4 497 971.60	2 287 973.46	2 209 998.14	—	—
5	4 746 533.36	2 904 868.24	1 841 665.12	—	—
6	5 007 930.60	3 473 209.67	1 534 720.93	—	—
7	5 282 813.22	4 003 879.11	1 278 934.11	—	—
8	5 571 863.73	4 506 085.31	1 065 778.42	—	—
9	5 875 798.98	4 987 650.29	888 148.69	—	—
10	6 195 371.82	5 455 247.91	740 123.91	—	—
11	6 531 372.92	5 253 894.67	1 277 478.25	—	—
12	6 884 632.70	5 607 154.45	1 277 478.25	—	—
13	7 256 023.25	7 256 023.25	—	—	—
14	7 646 460.51	7 646 460.51	—	—	—
15	8 056 906.38	8 056 906.38	—	—	—
16	8 488 371.06	8 488 371.06	—	—	—
17	8 941 915.48	8 941 915.48	—	—	—
18	9 418 653.83	9 418 653.83	—	—	—
19	9 919 756.23	9 919 756.23	—	—	—
20	10 446 451.51	10 446 451.51	—	—	—

续表

年数	资金来源				
	合计	利润总额	折旧费	自有资金	回收固定资产余值
21	11 000 030.19	11 000 030.19	—	—	—
22	11 581 847.54	11 581 847.54	—	—	—
23	12 193 326.83	12 193 326.83	—	—	—
24	12 835 962.75	12 835 962.75	—	—	—
25	14 656 988.00	13 511 324.96	—	—	1 145 663.04

年数	资金运用			盈余资金	累计盈余资金
	合计	固定资产投资	所得税		
0	22 913 260.71	22 913 260.71	—	0.00	0.00
1	0.00	—	0.00	3 173 050.98	3 173 050.98
2	230.68	—	230.68	3 828 915.17	7 001 966.15
3	403 027.62	—	403 027.62	3 861 080.63	10 863 046.78
4	571 993.37	—	571 993.37	3 925 978.23	14 789 025.02
5	726 217.06	—	726 217.06	4 020 316.30	18 809 341.32
6	868 302.42	—	868 302.42	4 139 628.19	22 948 969.50
7	1 000 969.78	—	1 000 969.78	4 281 843.44	27 230 812.94
8	1 126 521.33	—	1 126 521.33	4 445 342.40	31 676 155.35
9	1 246 912.57	—	1 246 912.57	4 628 886.41	36 305 041.75
10	1 363 811.98	—	1 363 811.98	4 831 559.84	41 136 601.59
11	1 313 473.67	—	1 313 473.67	5 217 899.25	46 354 500.84
12	1 401 788.61	—	1 401 788.61	5 482 844.08	51 837 344.92
13	1 814 005.81	—	1 814 005.81	5 442 017.44	57 279 362.36
14	1 911 615.13	—	1 911 615.13	5 734 845.38	63 014 207.75
15	2 014 226.59	—	2 014 226.59	6 042 679.78	69 056 887.53
16	2 122 092.76	—	2 122 092.76	6 366 278.29	75 423 165.82
17	2 235 478.87	—	2 235 478.87	6 706 436.61	82 129 602.43
18	2 354 663.46	—	2 354 663.46	7 063 990.37	89 193 592.81
19	2 479 939.06	—	2 479 939.06	7 439 817.17	96 633 409.98
20	2 611 612.88	—	2 611 612.88	7 834 838.63	104 468 248.60
21	2 750 007.55	—	2 750 007.55	8 250 022.64	112 718 271.30
22	2 895 461.88	—	2 895 461.88	8 686 385.65	121 404 656.90
23	3 048 331.71	—	3 048 331.71	9 144 995.12	130 549 652.00
24	3 208 990.69	—	3 208 990.69	9 626 972.06	140 176 624.10
25	3 377 831.24	—	3 377 831.24	11 279 156.75	151 455 780.80

表 7.11　现金流量表（单位：元）

年数	现金流入	分摊收入	回收固定资产余值	现金流出	建设投资	经营成本
0	0.0			22 913 260.7	22 913 260.7	
1	3 877 313.6	3 877 313.6	0.0	704 262.6		638 348.3
2	4 555 843.5	4 555 843.5	0.0	726 697.6		649 248.3
3	5 088 974.1	5 088 974.1	0.0	824 865.9		738 353.3

续表

年数	现金流入	分摊收入	回收固定资产余值	现金流出	建设投资	经营成本
4	5 340 772.0	5 340 772.0	0.0	842 800.4		752 007.3
5	5 607 810.6	5 607 810.6	0.0	861 277.2		765 944.4
6	5 888 201.1	5 888 201.1	0.0	880 270.5		780 171.1
7	6 182 611.2	6 182 611.2	0.0	899 797.9		794 693.6
8	6 491 741.7	6 491 741.7	0.0	919 878.0		809 518.4
9	6 816 328.8	6 816 328.8	0.0	940 529.8		824 652.2
10	7 157 145.3	7 157 145.3	0.0	961 773.4		840 102.0
11	7 515 002.5	7 515 002.5	0.0	983 629.6		855 874.6
12	7 890 752.6	7 890 752.6	0.0	1 006 119.9		871 977.2
13	8 285 290.3	8 285 290.3	0.0	1 029 267.0		888 417.1
14	8 699 554.8	8 699 554.8	0.0	1 053 094.3		905 201.8
15	9 134 532.5	9 134 532.5	0.0	1 077 626.1		922 339.1
16	9 591 259.2	9 591 259.2	0.0	1 102 888.1		939 836.7
17	10 070 822.1	10 070 822.1	0.0	1 128 906.6		957 702.7
18	10 574 363.2	10 574 363.2	0.0	1 155 709.4		975 945.2
19	11 103 081.4	11 103 081.4	0.0	1 183 325.1		994 572.8
20	11 658 235.4	11 658 235.4	0.0	1 211 783.9		1 013 593.9
21	12 241 147.2	12 241 147.2	0.0	1 241 117.0		1 033 017.5
22	12 853 204.6	12 853 204.6	0.0	1 271 357.0		1 052 852.6
23	13 495 864.8	13 495 864.8	0.0	1 302 538.0		1 073 108.3
24	14 170 658.0	14 170 658.0	0.0	1 334 695.3		1 093 794.1
25	16 024 854.0	14 879 190.9	1 145 663.0	1 367 866.0		1 114 919.7

年数	销售税金及附加	所得税前净现金流量	累计所得税前净现金流量	调整所得税	所得税后净现金流量	累计所得税后净现金流量
0		−22 913 260.7	−22 913 260.7		−22 913 260.7	−22 913 260.7
1	65 914.3	3 173 051.0	−19 740 209.7	0.0	3 173 051.0	−19 740 209.7
2	77 449.3	3 829 145.9	−15 911 063.9	230.7	3 828 915.2	−15 911 294.6
3	86 512.6	4 264 108.3	−11 646 955.6	403 027.6	3 861 080.6	−12 050 213.9
4	90 793.1	4 497 971.6	−7 148 984.0	571 993.4	3 925 978.2	−8 124 235.7
5	95 332.8	4 746 533.4	−2 402 450.7	726 217.1	4 020 316.3	−4 103 919.4
6	100 099.4	5 007 930.6	2 605 479.9	868 302.4	4 139 628.2	35 708.8
7	105 104.4	5 282 813.2	7 888 293.2	1 000 969.8	4 281 843.4	4 317 552.2
8	110 359.6	5 571 863.7	13 460 156.9	1 126 521.3	4 445 342.4	8 762 894.6
9	115 877.6	5 875 799.0	19 335 955.9	1 246 912.6	4 628 886.4	13 391 781.0
10	121 671.5	6 195 371.8	25 531 327.7	1 363 812.0	4 831 559.8	18 223 340.9
11	127 755.0	6 531 372.9	32 062 700.6	1 313 473.7	5 217 899.3	23 441 240.1
12	134 142.8	6 884 632.7	38 947 333.3	1 401 788.6	5 482 844.1	28 924 084.2
13	140 849.9	7 256 023.3	46 203 356.6	1 814 005.8	5 442 017.4	34 366 101.7

续表

年数	销售税金及附加	所得税前净现金流量	累计所得税前净现金流量	调整所得税	所得税后净现金流量	累计所得税后净现金流量
14	147 892.4	7 646 460.5	53 849 817.1	1 911 615.1	5 734 845.4	40 100 947.0
15	155 287.1	8 056 906.4	61 906 723.4	2 014 226.6	6 042 679.8	46 143 626.8
16	163 051.4	8 488 371.1	70 395 094.5	2 122 092.8	6 366 278.3	52 509 905.1
17	171 204.0	8 941 915.5	79 337 010.0	2 235 478.9	6 706 436.6	59 216 341.7
18	179 764.2	9 418 653.8	88 755 663.8	2 354 663.5	7 063 990.4	66 280 332.1
19	188 752.4	9 919 756.2	98 675 420.0	2 479 939.1	7 439 817.2	73 720 149.3
20	198 190.0	10 446 451.5	109 121 871.5	2 611 612.9	7 834 838.6	81 554 987.9
21	208 099.5	11 000 030.2	120 121 901.7	2 750 007.6	8 250 022.6	89 805 010.5
22	218 504.5	11 581 847.5	131 703 749.3	2 895 461.9	8 686 385.7	98 491 396.2
23	229 429.7	12 193 326.8	143 897 076.1	3 048 331.7	9 144 995.1	107 636 391.3
24	240 901.2	12 835 962.8	156 733 038.9	3 208 990.7	9 626 972.1	117 263 363.4
25	252 946.3	14 656 988.0	171 390 026.8	3 377 831.2	11 279 156.8	128 542 520.1

表 7.12　资产负债表（单位：元）

年数	资产	货币资金	在建工程	固定资产净值	负债及所有者权益
0	22 913 260.71	0.00	—	22 913 260.710	22 913 260.71
1	22 267 434.91	3 173 050.983	—	19 094 383.930	22 267 434.91
2	22 913 952.76	7 001 966.154	—	15 911 986.600	22 913 952.76
3	24 123 035.62	10 863 046.79	—	13 259 988.840	24 123 035.62
4	25 839 015.72	14 789 025.02	—	11 049 990.700	25 839 015.72
5	28 017 666.90	18 809 341.32	—	9 208 325.581	28 017 666.90
6	30 622 574.15	22 948 969.5	—	7 673 604.651	30 622 574.15
7	33 625 483.49	27 230 812.94	—	6 394 670.542	33 625 483.49
8	37 005 047.47	31 676 155.35	—	5 328 892.119	37 005 047.47
9	40 745 785.19	36 305 041.75	—	4 440 743.432	40 745 785.19
10	44 837 221.12	41 136 601.59	—	3 700 619.527	44 837 221.12
11	48 777 642.12	46 354 500.84	—	2 423 141.281	48 777 642.12
12	52 983 007.96	51 837 344.92	—	1 145 663.036	52 983 007.96
13	58 425 025.40	57 279 362.36	—	1 145 663.036	58 425 025.40
14	64 159 870.78	63 014 207.75	—	1 145 663.036	64 159 870.78
15	70 202 550.57	69 056 887.53	—	1 145 663.036	70 202 550.57
16	76 568 828.86	75 423 165.82	—	1 145 663.036	76 568 828.86
17	83 275 265.47	82 129 602.43	—	1 145 663.036	83 275 265.47
18	90 339 255.84	89 193 592.81	—	1 145 663.036	90 339 255.84
19	97 779 073.01	96 633 409.98	—	1 145 663.036	97 779 073.01
20	105 613 911.60	104 468 248.60	—	1 145 663.036	105 613 911.60
21	113 863 934.30	112 718 271.20	—	1 145 663.036	113 863 934.30
22	122 550 319.90	121 404 656.90	—	1 145 663.036	122 550 319.90

续表

年数	资产	货币资金	在建工程	固定资产净值	负债及所有者权益
23	131 695 315.10	130 549 652.00	—	1 145 663.036	131 695 315.10
24	141 322 287.10	140 176 624.10	—	1 145 663.036	141 322 287.10
25	151 455 780.80	151 455 780.80	—	0.000	151 455 780.80
年数	负债小计	所有者权益	资本金	累计盈余公积	累计未分配利润
0	0	22 913 260.71	22 913 260.71	—	—
1	0	22 267 434.91	22 913 260.71	0.00	−645 825.80
2	0	22 913 952.76	22 913 260.71	96 977.68	−96 285.63
3	0	24 123 035.62	22 913 260.71	278 340.11	931 434.81
4	0	25 839 015.72	22 913 260.71	535 737.12	2 390 017.89
5	0	28 017 666.90	22 913 260.71	862 534.80	4 241 871.39
6	0	30 622 574.15	22 913 260.71	1 253 270.89	6 456 042.56
7	0	33 625 483.49	22 913 260.71	1 703 707.29	9 008 515.49
8	0	37 005 047.47	22 913 260.71	2 210 641.88	11 881 144.87
9	0	40 745 785.19	22 913 260.71	2 771 752.54	15 060 771.94
10	0	44 837 221.12	22 913 260.71	3 385 467.93	18 538 492.48
11	0	48 777 642.12	22 913 260.71	3 976 531.08	21 887 850.33
12	0	52 983 007.96	22 913 260.71	4 607 335.96	25 462 411.29
13	0	58 425 025.40	22 913 260.71	5 423 638.573	30 088 126.11
14	0	64 159 870.78	22 913 260.71	6 283 865.381	34 962 744.69
15	0	70 202 550.57	22 913 260.71	7 190 267.349	40 099 022.51
16	0	76 568 828.86	22 913 260.71	8 145 209.093	45 510 359.06
17	0	83 275 265.47	22 913 260.71	9 151 174.584	51 210 830.18
18	0	90 339 255.84	22 913 260.71	10 210 773.14	57 215 221.99
19	0	97 779 073.01	22 913 260.71	11 326 745.72	63 539 066.59
20	0	105 613 911.60	22 913 260.71	12 501 971.51	70 198 679.42
21	0	113 863 934.30	22 913 260.71	13 739 474.91	77 211 198.67
22	0	122 550 319.90	22 913 260.71	15 042 432.75	84 594 626.47
23	0	131 695 315.10	22 913 260.71	16 414 182.02	92 367 872.33
24	0	141 322 287.10	22 913 260.71	17 858 227.83	100 550 798.60
25	0	151 455 780.80	22 913 260.71	19 378 251.89	109 164 268.20

依据表 7.6~表 7.12 有关数据，按照工程经济学中经济数据的分析方法，即可获知该工程的财务内部收益率、财务净现值、投资回收期、投资利润率等主要财务数据，据此即可从财务管理角度，分析该工程的投资状况及其经济效益。

（1）财务内部收益率 FIRR。

内部收益率是项目计算期内各年净现金流量累计现值为零时的折现率，其计算公式为

$$0=\sum_{t=1}^{n}(\mathrm{CI}-\mathrm{CO})_t(1+\mathrm{FIRR})^{-t}$$

其中，CI 为现金流入量；CO 为现金流出量；t 为年限。根据上述现金流量表，通过对该工程相关数据的分析得出，其税后内部收益率 FIRR 为 18.60%，行业基准值为 7%，高出行业基准值 11 个百分点。当内部收益率大于或等于行业基准值时，即可认为项目投资是成功的。由此可知，该项目投资是很成功的。

（2）财务净现值 FNPV。

财务净现值是反映项目生命期内动态营利能力的指标。当其大于或等于零时，认为项目是成功的。其计算公式为

$$\mathrm{FNPV}=\sum_{t=1}^{n}(\mathrm{CI}-\mathrm{CO})_t(1+i_c)^{-t}$$

其中，i_c 为基准折现率。按照电力行业的基准收益率所设定的折现率 7%，通过对该工程相关数据的分析可知，该工程的税后财务净现值为 34 861 148.10 元。由此可知，该项目的投资决策是正确的。

（3）财务净现值率 FNPVR。

财务净现值率是全部财务净现值与全部投资的比值，是反映单位投资现值的净现值。其计算公式为

$$\mathrm{FNPVR}=\frac{\mathrm{FNPV}}{I_p}$$

其中，I_p 为项目总投资现值。通过测算相关数据，得知该工程的税后财务净现值率是 162.75%。由此可知，该项目投资是获益的。

（4）投资回收期。

投资回收期指的是各年净现金流量抵偿实际全部投资所需要的时间，根据净现金流量是否折现分为静态投资回收期和动态投资回收期。以项目的投资回收期和行业基准回收期进行比较，如果小于等于行业基准回收期则项目可行，否则不可行。其计算公式为

$$\sum_{t=1}^{p_t}(\mathrm{CI}-\mathrm{CO})_t=0$$

通过测算相关数据，得知该工程的静态投资回收期为 6.99 年，动态投资回收期为 8.83 年，与行业基准回收期基本一致。

（5）投资利润率。

投资利润率指的是项目在生产经营期内年平均利润总额占建设期总投资的比率，是考察项目单位投资营利能力的静态指标。其计算公式为

投资利润率=年平均利润总额/建设期总投资×100%

通过对该工程损益表和投资总额的分析可以得知，该工程的投资利润率为 29.92%，与同类项目相比，该项目的投资利润率较高，这主要是因为该工程投资不存在贷款，全部为自有资金投资。

（6）投资利税率。

投资利税率指的是在项目生产经营期内年平均利税总额占建设期总投资的比率，是反映项目单位投资营利能力和对财政做出贡献的判定指标。其计算公式为

投资利税率=年平均利税总额/建设期总投资×100%

通过相关测算得知，该工程的投资利税率为 30.57%，对国民经济和区域经济发展是有较大贡献的。基于上述分析结果，该工程营利能力分析汇总表如表 7.13 所示。

表 7.13 该工程营利能力分析表（税后）

指标	财务内部收益率/%	财务净现值/元	财务净现值率/%	动态投资回收期/年	静态投资回收期/年	投资利润率/%	投资利税率/%
指标值	18.60	34 861 148.10	162.75	8.83	6.99	29.92	30.57

3. 盈亏平衡分析

在该项目的后期运营中，电力市场及其相关环境必然会出现若干变化，这就对该项目是否可以实现预期目标具有较大的影响。为了分析和判定后期市场环境变化中不确定性因素对项目产生的影响，有必要进行盈亏平衡分析。该分析通过计算项目达产年的盈亏平衡点（BEP）来确定项目成本与收入的平衡关系，并以此来判断项目的适应能力和抗风险能力。根据工程经济学理论可知，盈亏平衡点的生产能力利用率越低，经营安全率越高，表明该项目的抗风险能力越强。其计算公式为

$$\text{BEP(生产能力利用率)}=\frac{\text{年固定成本}}{\text{年销售收入}-\text{年可变成本}-\text{年营业积金及附加}}\times 100\%$$

依据上述总成本费用估算表和销售收入分摊及税金计算表分析可知，该工程以生产能力利用率表示的盈亏平衡点 BEP 为 20.45%。该结果表明，若该变电站寿命期内总体运营的实际生产能力利用率 $S>20.45\%$，则该项目总体盈利；若 $S=20.45\%$，则该项目保本（不亏不盈）；若 $S<20.45\%$，则该项目亏损。

4. 敏感性分析

敏感性分析是指分析和预测项目的收入、运行成本等关键因素发生变化时，对财务内部收益率、财务净现值、投资回收期等评价指标的影响程度。对于敏感性高的因素，企业应予以足够重视，以确保该项目的稳定运行并实现预期目标。

敏感性因素一般可选择销售收入、经营成本、生产能力、初始投资、寿命期、建设期、达产期等管理指标进行分析。对变电站项目进行敏感性分析时，销售收入、经营成本这两项因素是最为关键的因素，而销售收入由销售电价、购入电价和输出电量决定，销售电价由国家发展和改革委员会制定，故不可作为敏感性因素。因此，用于分析和判断该工程财务状况的敏感性因素即为输出电量、经营成本和购入电价这三个因素。考虑到这些因素分别再提高或降低 ± 5%和 ± 10%的情况下，考核该项目税后财务内部收益率、税后财务净现值、税后投资回收期的变化，即可确定出各因素的敏感度。其具体计算结果如表 7.14 所示。

表 7.14　敏感性分析数据汇总表

不确定因素	变化率/%	内部收益率/%	敏感度	财务净现值/年	敏感度	税后投资回收期/年	敏感度
基本方案	0	18.59	—	34 851 922.34	—	6.99	—
输出电量	−10	16.29	1.24	26 832 068.46	2.30	7.82	1.18
	−5	17.45	1.22	30 841 995.40	2.30	7.37	1.09
	5	19.69	1.19	38 861 849.28	2.30	6.65	0.98
	10	20.78	1.18	42 871 776.21	2.30	6.35	0.92
经营成本	−10	18.87	0.15	35 756 343.21	0.26	6.89	0.15
	−5	18.73	0.15	35 304 132.77	0.26	6.94	0.15
	5	18.44	0.15	34 399 711.90	0.26	7.04	0.15
	10	18.30	0.15	33 947 501.47	0.26	7.09	0.15
购入电价	−10	23.85	2.83	54 545 256.94	5.65	5.65	1.92
	−5	21.27	2.89	44 698 589.64	5.65	6.23	2.19
	5	15.75	3.05	25 005 255.04	5.65	8.05	3.02
	10	12.67	3.18	15 158 587.74	5.65	9.61	3.75

通过以上计算分析可知，该工程最敏感的因素是购入电价，其次是输出电量，最后是经营成本。从实际来看，购入电价虽有变化的幅度，但在市场外部环境基本稳定的前提下，购入电价一般也会维持在一个相对稳定的范围，即使今后引入电价竞争机制，变化幅度也不会出现较大的变化。因此，输出电量和经营成本就成为相对主要的影响因素。

同时，在各单因素变化时，项目财务净现值均大于 0，内部收益率均大于基准收益率 7%，证明本项目投资风险较小。根据表 7.14 的数据，各指标值的变化规律图如图 7.1~图 7.3 所示。

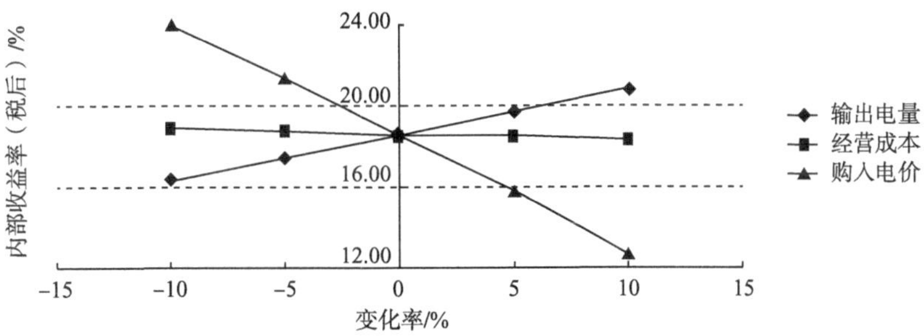

图 7.1　内部收益率（税后）变化图

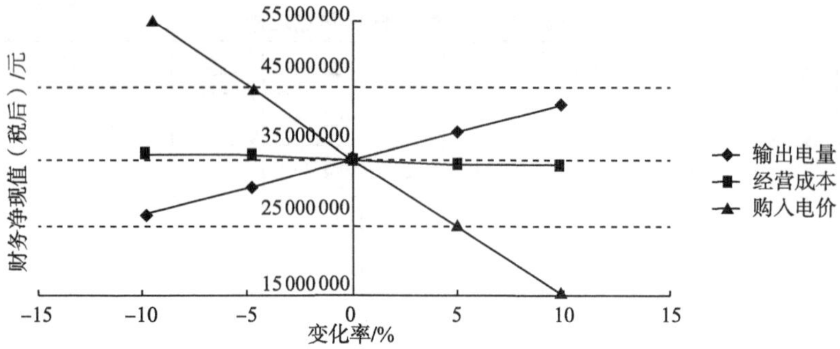

图 7.2　财务净现值（税后）变化图

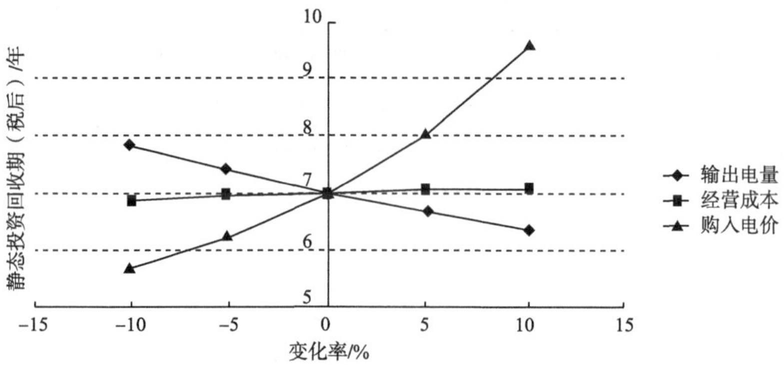

图 7.3　静态投资回收期（税后）变化图

7.2.6　该工程财务评价结果

依据《中央企业固定资产投资项目后评价工作指南》、《国家电网公司固定资产投资项目后评价实施细则（试行）》（国家电网发展〔2005〕656 号）、《输变电工程经济评价导则》（DL/T5438—2009）和《建设项目经济评价方法与参数》的有关规定，根据某电力公司所提供的 110 千伏变电站工程相关资料，后评价组对该工程进行了详细的现场调查和工程建成后的有关实际数据采集。在明确财务分析所需数据并确保这些数据真实可靠的基础上，对该工程的投资效果和经济效益分别进行了分析。通过翔实的数据分析，得出以下结论。

（1）通过该工程概算和决算的对比分析可知，该工程概算投资为 3 332.43 万元，实际造价为 2 291.33 万元，总体节约资金 1 041.1 万元，节约率为 31.24%。由此可以证明，该项工程最终投资符合审批概算中的投资要求，工程结算款不超过合同价，结算价不超过概算费用。在项目投资管理和费用控制方面实现了项目费用管理的预期目标，工程投资效果良好。

（2）通过对该工程财务指标的分析可知，其税后内部收益率为 18.60%，税后财务净现值为 34 861 148.10 元，税后财务净现值率是 162.75%，静态投资回收期为 6.99 年，动态投资回收期为 8.83 年，投资利润率为 29.92%，投资利税率为 30.57%。由此可以证明，该工程投资是成功的，决策是正确的，项目的投资在其今后的运行期内是可以收回并获得预期效益的，并对今后国民经济和当地区域经济的发展具有较大的贡献。

基于上述结果，可以判定该工程的项目立项合理，决策正确，工程投资效果良好。同时根据分析结果预测，在正常情况下，该工程可以实现预期经济效益目标。

7.2.7　相关对策与建议

工程项目财务后评价是对已完项目在工程经济方面所带来的投资效果和今后的经济效益所进行的分析与评价。在完成对该工程的财务后评价后，评价小组结合该项目管理单位的实际情况，提出以下建议，以供该单位在今后类似工程的建设管理、运营维护及项目决策中参鉴。

1）提高资源利用率

据财务指标分析结果可知，该工程所得税后财务内部收益率为 18.60%，大于基准内部收益率 7%，税后财务净现值达到 3 486.1 万元，静态投资回收期为 6.99 年，投资利润率是 29.92%，并且在计算期内年均利润总额为 685.6 万元，计算期内累计未分配利润为 10 916.4 万元。由此可以预测，该项目将能达到项目投资的预期要求。

但从财务效益角度来看，尽管该工程在其今后的正常运行中能够带来较高的利润，但是所需投入的资金也较高，主要集中体现在后期维护成本方面。特别是由于该地区对电力供应保障能力要求很高的特殊性,使变电站的实际运行负荷远低于规定的设计标准，因此，这就使该项目的设备设施不能充分发挥其最大效能，这反而使该项目投资回收期将会相对较长。为此，在该项目的后期使用中，要提高设备利用率，避免变电站长期无法达到设计运行负荷的现象出现，造成资源闲置和投资失败。

2）做好设备运营能力的优化与调整

从盈亏平衡分析可以看出，该项目的盈亏平衡点较低，说明经营安全率相对较高，该项目投产后生产经营潜力较大，将具有较强的抗风险能力。但是从企业利润相对大小的角度来分析和评价企业未来的经营状况时，按照电力企业经营安全率的常规判定范围可知（生产能力利用率 S 大于 40%表示安全，10%以下表示危险），当该变电站的生产能力在其盈亏平衡点 20.45%基础上提高 9 个百分点时，该项目就能处于良好的运行状态；当提高 7 个百分点时，该项目就能处于较好的运行状态；提高 4 个百分点时，该项目就能处于一般的正常运行状态。据此，建议该变电站设备运营管理单位结合不同时段的电力供应和保障需求制定出适当的运营策略，做好设备运营能力的优化与调整，使其最大限度地发挥不同阶段的效能，既能满足稳定供电需求，又能提高设备的生产能力利用率。

【本章拓展材料】

参 考 文 献

高新波. 2004. 模糊聚类分析及其应用[M]. 西安：西安电子科技大学出版社.

管宇. 2011. 实用多元统计分析[M]. 杭州：浙江大学出版社.

蓝敏. 2007. 建设项目的自组织智能管理模式研究[M]. 成都：四川大学出版社.

李国朝. 2011. Matlab 基础及应用[M]. 北京：北京大学出版社.

李红镝. 2010. 工程项目评估[M]. 成都：电子科技大学出版社.

李红管. 2011. 管理信息系统[M]. 北京：电子工业出版社.

李金海. 2009. 项目评价方法论[M]. 天津：南开大学出版社.

刘国靖. 2002. 现代项目管理形成发展体系与模式[M]. 西安：西安交通大学出版社.

刘则毅. 2001. 科学计算技术与 Matlab[M]. 北京：科学出版社.

罗希. 2007. 评估方法与技术[M]. 重庆：重庆大学出版社.

戚振强. 2015. 工程项目管理[M]. 北京：中国建筑工业出版社.

史开泉. 2005. 粗集与动态信息处理[M]. 北京：冶金工业出版社.

唐辉. 2012. 大型建设工程项目管理仿真平台的构建与开发[D]. 华北电力大学硕士学位论文.

王冬梅. 2012. 基于差异度排比技术的工程项目管理指标赋权新方法[D].华北电力大学硕士学位论文.

王毅，侯学良. 2014. 大型建设工程项目实施状态综合判定标准的分析与确定[J]. 建筑经济，35（11）：42-45.

吴洪波. 2011. 管理信息系统[M]. 北京：科学出版社.

许晓峰. 2000. 建设项目后评价[M]. 北京：中华工商联合出版社.

杨华峰. 2008. 项目评估[M]. 北京：科学出版社.

杨纶标. 2011. 模糊数学原理及应用[M]. 广州：华南理工大学出版社.

杨颖蓉. 2014. 基于 MOTOKARO 建设工程基本预备费测算[J]. 电力建设，35（9）：109-113.

叶茂林. 2007. 科技评价理论与方法[M]. 北京：社会科学文献出版社.

张甲雷. 2013. 特高压电网工程建设管理模式研究[D]. 华北电力大学硕士学位论文.

张金城. 2012. 管理信息系统[M]. 北京：清华大学出版社.

张三力. 2008. 项目后评价[M]. 北京：清华大学出版社.

Hou X L，Liu Z M. 2012. Study on a new project management system for large-scale construction industry[C]. The 5th International Conference on Management Engineering & Technology of Statistics：131-135.

Li Y，Yang Y R. 2014. Significance analysis on the affecting factors of basic reserve fund in power engineering based on FAT[C]. The 4th International Conference on Civil Engineering，Architecture and Building Materials：1023-1026.

Qi K. 2012. Statistic to all kinds of problems in engineering project management[C]. The 3rd International Conference on E-Business and E-Government：465-469.